文化政策の現在

1

文化政策の思想

小林真理 編
Kobayashi Mari

東京大学出版会

Cultural Policy Studies
vol.1
Concepts

Cultural Policy Studies
Vol.1 Concepts
Mari KOBAYASHI, editor
University of Tokyo Press, 2018
ISBN 978-4-13-003495-1

文化政策の現在

1

文化政策の思想——目次

目　次

目　次

シリーズ刊行にあたって

文化芸術、アート・プロジェクト、フェスティバル、創造都市、おもてなし、クール・ジャパン、観光立国、文化外交、知的財産立国、オリンピックの文化プログラム、明治一五〇年を記念する行事の展開等々、文化という名称を直接的に冠していなくとも文化的事象に関係する政策、施策、事業が様々なレベルで展開されてきている。戦後の日本において、文化政策という言葉が国レベルで正式に使われるようになったのは二〇〇〇年代に入ってからであった。二〇〇一年に制定された文化芸術振興基本法に則って、行政改革の一環としての中央省庁再編によって設置された文化審議会が文化振興の基本方針を文部科学大臣に答申をし、それに基づいて政策が事業化され、実施されるという仕組みが構築されたことがその契機となっている。国による文化を対象とした政策の始まりである。戦前には、文化政策論などが積極的に論じられていたことを考えると、戦後の空白が何を意味したかについては慎重に検討する必要があるだろう。また、文化の概念は多様であり、その含意をどの範囲まで拡大して捉えるかという問題もよく考えなくてはならない。

とはいえ、この領域の行政的な問題に関して、先進的な各地方自治体においてはすでに一九七〇年代から積極的に議論と実践が試みられてきており、また一九九〇年代からは研究分野においても多様な実績が積み上げられてきた。前者について、地方自治体の文化政策の現場では、行政改革の進行により文化行政を行う環境が急速に変化してきた上、政府主導の文化関連政策への参加要請も強まっているが、七〇年代からの実践や議論の連続性は断絶している。このことをどのように考えればよいか。また後者について、関連する学会の動向を見ると、一九九二年に文化経済学会〈日本〉、一九九八年に日本アートマネジメント学会、そして二〇〇二年には文化資源学会が設立された。これら各学会に通底している基調テーマが文化政策である。さらには二〇〇六年には日本文化政策学会が設立された。以降現在に至るまで、文化政策の研究や実務に携わる人々は着実に増加を続けている。

文化を対象とした政策は、ある文化を、どのような方向性へ、いかに誘導するのかという問題を含んでいる。しかし、そうした問題について十分考察されないまま、中央省庁においても、地方自治体や公立文化施設においても文化に関連する具体的な施策が展開されてきている。確かに、モデルケースとなる事例も現れてきているものの、そうした事例は一部にとどまり、結局のところ停滞している状況も多く見受けられる。

この状況を改善するために、二〇一七年度においては、文化芸術振興基本法を文化芸術基本法として改正し、障害者の文化芸術活動の推進に関する法案や文化財保護法の改正も議論されており、実践的課題に対応するための動きが加速している。

一方、現在だけではなく、過去の実践も見ると、文化それ自体の諸相は各国において多様であるにもかかわらず、それぞれの文化政策の現象や実践、文化政策論には共通点が見られる。第二次世界大戦時の各国における文化統制の事例は歴史的によく知られているし、近代国家をはじめとして共同体の多くにおいて、文化に関する何らかの政策がとられないことはない。それでは、そこに共通する原理とは一体何か。文化政策における文化とは何であるのか、文化を何らかの形で政策として扱うことにはどのような意味があるのか。こうした問いは歴史的に繰り返されてきたにもかかわらず、その論点も整理されないまま、個人や集団・共同体の教養・娯楽、生活の充実、国際交流、都市や国家のアイデンティティ、産業振興、福祉、社会的包摂など文化はその含意や領域を果てしなく広げ、時に国内外で政治的・経済的摩擦も生んでしまっている。

そこで、過去および現在の具体的な諸現象に徹底的に注目しながら、「文化政策」と冠された政策に含まれる課題と可能性を抽出し、改めて基礎づけることで現在の多様な状況に対応し、さらにこれからの文化政策の目指すべき方向性や方法論を構想し、理論化する一助となること、それが本シリーズ刊行の目的である。

最後に、このシリーズを刊行するきっかけとなっている研究会について記しておきたい。二〇〇四年頃から文化政策について研究する会を、二カ月に一度くらいの割合で様々な研究者を招いて開催していた。メンバーの多くの関心が文化政策の歴史にあったことから、途中から文化政策史研究会と名前を改めて活動を継続した。サントリー文化財団からも助成をいただきながら、植民地時代の文化政策に焦点を絞った研究を行っていた時期もあり、二〇〇九年頃までは活発に活動を続けていた。中心メンバーとしては、本書にも複数の論考を執筆している武田康孝さん、新藤浩伸さん、山内文登さん、そして今回は執筆がかなわなかったが宮崎刀史紀さん（京都市音楽芸術文化財団）がいた。それぞれが多忙になる中で、新藤浩伸さんはこのシリーズのコンセプトをまとめるのに力を尽くしてくれただけでなく、東京大学出版会の木村素明さんを紹介してくれた。この出会いがなければ、このシリーズを刊行することはなかったと思う。また、複数巻を同時進行するにあたって原稿の整理、執筆者への連絡等について、東京大学大学院人文社会系研究科博士後期課程の松本郁子さん、そして執筆者の一人でもある東京大学政策ビジョン研究センター特任研究員の李知映さんには大変お世話になった。ここに感謝の気持ちを記しておきたい。

二〇一八年一月

シリーズ編者　小林真理

はじめに

小林真理

本書の目的は、文化政策とは何か、あるいは何であったかを問うことにある。これは本シリーズ全体を貫く問題意識でもある。「シリーズ刊行にあたって」で述べたように、第二次世界大戦後の日本において、国レベルの政策で文化政策という言葉が正式に使われるようになったのは二〇〇〇年代に入ってからのことである。二〇〇一年に、行政改革の一環として行われた中央省庁の再編によって文部科学省に文化審議会が設置された。そして同年一二月には議員立法による文化芸術振興基本法が制定された。文化振興の基本方針を文化審議会が文部科学大臣に答申をし、それに基づいた政策が事業化され、実施の運びとなる仕組みが文化芸術振興基本法で構築されたのである。毎年、文化庁から出される白書の表現も「我が国の文化行政」から「我が国の文化政策」へと変更され、文化を対象とした政策が実務レベルで始まった。二〇一五年度は、すでに文化振興の基本方針も第四次を数え、二〇一七年度には、文化芸術振興基本法を改正して、文化芸術基本法が成立した。二〇一二年の通商白書では、「外との繋がりによる日本経済の新たな成長に向けて」の第四章で、「我が国の魅力を活かしたクール・ジャパン戦略」において、海外におけるファッション、コンテンツ、デザイン、伝統工芸など（経産省はこれらをまとめて「クール・ジャパン」と呼んでいる）のニーズの高まりを受けて、ニーズの変化に対応した支援体制の構築を明らかにした。さらに、二〇二〇年度に開催される東京オリンピック・パラリンピックに関連して「史上最大規模の文化プログラム」を展開することが文化庁長官官房政策課から発表された。また、明治一五〇年を契機に内閣官房が大規模なアーカイブ事業を推進する等、政府主導の文化事業が地方自治体の協力を得ながら展開される状況になっている。しかしながら、このような動きはごく最近の出来事であり、政府が、公式に「文化政策」と名の付いた政策を展開してから、それほど時間が経っているわけではない。政府はようやく文化の価値に気づいたのだろうか。これまでにも文化政策に取り組む契機は何度かあった。たとえば、第二次世界大戦が終結して、日本国憲法が施行された一九四七年当時、戦後の日本が歩むべき方向性として文化国家が盛んに議論されたにもかかわらず、文化の問題は政策レベルでは長らく等閑視されていた。それはなぜなのか。

戦後の歴代政権において、文化の問題を正面から取り扱ったのは、現代から遡ること約四〇年前、一九七〇年代後半の大平正芳首相の時代である。佐藤栄作首相の時代も、明治一〇〇年事業を通じて、「全国の美術館・博物館の建設ラッシュの火蓋を切った」という側面を有していたが、「佐藤政権は、決して「文化」を中心的な方針に据えたわけではない」という[1]。大平政権が文化を明示的に目標に掲げたことは特徴的であり、「文化政策」を志向する現象の胎動であった。大平首相は、九つの政策研究会を発足し、将来の日本のビジョンを識者に構想させた。大平首相は施政方針演説で「文化の時代の到来」について言及し、「文化の時代」研究会を、経済政策や安全保障など、それ以外の政策研究会の筆頭に位置づけた。そしてさまざまな政策研究会をまとめる「文明史観」であり、「歴史観」として「文化の時代」を位置づけた[2]。施政方針演説では、「文化の時代」の到来を総論的に述べつつ、明治以来の日本の文化の現状を経済、行政、教育、地域、国際社会との関わりの中で論じ、「今後の対応の方向性―現行文化行政の見直し」について提言している。そしてその提言では、政府が文化に関与することへのある種の危惧が述べられ、自国の文化を肯定的に捉えることへの躊躇に関連して、「戦争中に猖獗をきわめた自己絶対的な独善的・排外的な万邦無比的な行き方」の記憶が文化への政策的関与への困難さの原因になっていると指摘している。ここで提言された文化行政刷新の根幹として、当時まだ存在しなかった文化振興の法律について言及されているが、文化振興法が実現するのはそれから約三〇年後である。その意味では、「文化の時代」研究会の報告書が実際の政策運営にどれだけの影響を与えたかについては、報告書が提出される前に行われた選挙の最中に大平首相が亡くなってしまったことで、日の目をみなかったということになるかもしれない。しかしながら、文化政策に踏み込むための丁寧な議論と期待をその報告書に垣間みることができる。政策は実行されてこそ意味があるが、実践に先立ち、議論しなければならないことがある。

本巻『文化政策の思想』では、文化政策が論じられ、実践される際にその底流に流れていた思想や主義、原理原則等を解説することによって文化政策の論じられ方を明らかにする。その際、特定の国の文化政策を通時的にみるのではなく、文化政策全般を俯瞰したときに浮かび上がる中核となる複数の概念に注目をし、それらがどのように構想され、実践の際にどのように導入され、具体的にどのような成果を及ぼしたのかを検証した上で、文化政策という現象の輪郭を描き出すとともに、文化に込められた意味を抽出する。

本書は3部で構成されるが、それぞれの章を概観しておきたい。

1　第Ⅰ部「国家との相克」

第Ⅰ部「国家との相克」は、六本の論考で構成される。近代国家が成立し、国民国家を形成していく中で、国家と文化の関わりは重要な局面へと移っていった。近代国家の初期は、既存の共同体を前提に、理念的に国民の権利を最大限尊重するという立場から夜警国家的な役割を期待されていたが、現実具体的に国家を存立させようとするとき、国家が民族や文化（言語、伝統、歴史、風習、伝承等）を基盤として構想されることになる。ナショナリズムの台頭である。人と人、人と共同体、そして共同体と共同体を結びつける紐帯に文化が存在しているところにナショナリズムの特徴がある。そこにはある特定の文化を認めることによって、他を排除する思想とも結びつく。そのことを考察するのが第Ⅰ部である。

第1章の「文化と政治」（武田康孝）では、第二次世界大戦後の日本における文化政策の不在の原因を、戦前から戦中期にかけての政府や軍部が強力に推し進めてきた「文化政策」の影響とみる。日中戦争勃発後の日本は、ドイツにおけるナチス政権下の国家主導型の文化政策を受容しようとしていた。大政翼賛会の文化部長に就任した劇作家で演出家の岸田國士は、文化に関する施策の必要性を新聞等で論じており、「国家の政策の中に、哲学や科学性がないことを政治における文化性の不在」と主張し、国家主導による文化政策の不十分さに危機感を抱く層からの支持を得る。しかしながら、理念を実現しようとする岸田の試みは、政府や軍部の圧力の下で潰える。

第2章「検閲」（李知映）では、国家によって構築された検閲という制度が、国民の表現の自由を具体的にどのように制限してきたかを植民地朝鮮における演劇の事例から検証する。検閲には、あらかじめ提出させた台本を対象とする事前検閲と、公演そのものを監察する事後検閲がある。そして、検閲による思想統制の影響が苛烈になることで、「国家による痕跡が残らない、最初から表現自体が存在しなかったようになる」自己検閲が行われるようになる。検閲の内面的制度化である。検閲が、韓国として独立国家の歩みを始めてからも、文化統制装置として独裁政権時代に行われていたことを明らかにする。

第3章は「文化国家」（中村美帆）である。文化国家とは、ある国家の特性を表現するものなのか、それとも目指すべき国家像なのか。本章では、ドイツにおける文化国家概念の生成を確認し、戦後に積極的に展開される文化国家議論が一九五〇年の朝鮮戦争勃発を契機に潮目が変わり、経済国家へと取って代わられたことを明らかにする。

第4章「文明の思想——帝国主義・植民地主義の胎動」（山内文登）では、帝国主義という概念が、一九世紀後半から西洋諸国の領土拡張と支配を正当化する植民地主義と結びつけ展開されていくが、二〇世紀には普遍的な文明軸と固有の文化軸を併用することによって植民地政策を遂行する様子を考察する。そして第5章「文化の思想——帝国主義・植民地主義の転生」（山内文登）では、文明と区別する概念として文化を位置づけ、文化国家概念により他者を排除する論理を構築したドイツの事例を確認する。

第6章「文化政策論」（新藤浩伸）では、日本で文化政策の語が使われるようになるのは第一次世界大戦期の一九一四年であり、初期の文化政策論には二つの系譜があることを浮かび上がらせる。一つは、文明発達を進化論的な生存競争や文明の淘汰としてみなして自国の優位性を主張するもので、もう一つが、社会事業論の系譜に位置づけられるものである。一〇〇年以上にわたる文化政策論をめぐる言説について、その多様さを明らかにする。

2　第Ⅱ部「権利概念の創出」

第Ⅱ部は「権利概念の創出」である。第Ⅰ部で論じた国家と文化の相克の結果、国家が敗北せざるをえなくなったときに、文化側は自己正当化を試みるはずである。それは文化への関与の仕方について規範を定めたり、独自の機関を創設したりすることによって、または、国家的なるもののあり方を変化させる。

最初の論考は、第7章「文化権」(中村美帆)である。文化権は、第二次世界大戦後の国際社会で誕生した新しい権利であるが、経済的・社会的権利に比して、あまり注目されてこなかった。本章ではその理由を、文化という用語の範囲の問題、文化的アイデンティティをめぐる個人・集団・国家との相克、そして文化相対主義と人権の普遍性の衝突から明らかにし、文化権の今後の可能性を展望する。

第8章は「芸術の自由」(小林真理)である。芸術の自由とは、芸術振興施策の一環として国や地方自治体からの公的助成を受けて運営される美術館や劇場といった文化施設で働く職員や芸術家が、政府からの不必要な関与を受けずに自立的に判断できる権利である。この概念の日本への導入に関して、これまでの重要な判例から、芸術家の権利がどのように判断され、文化の専門職がどのように法的に統制される可能性があるかを検討する。

第9章は「アーツ・カウンシル」(菅野幸子)である。アーツ・カウンシルは、政府からは独立した専門性をもったイギリス発祥の芸術文化助成機関である。アームズ・レングズの原則の下、アーツ・カウンシルは、政府とは一定の距離を保つことが求められ、多くの国において文化政策の中核を担うモデル機関として位置づけられる。本章ではイギリスのアーツ・カウンシルの設立の理念と政策目標が時代の要請に応じて変遷していく過程をみる。

第10章は「分権」(長嶋由紀子)である。一九七〇年代は、日本とフランスの自治体文化政策が、歴史、景観、芸術、市民の文化活動、公共空間のデザインなどに基軸を置く「文化のまちづくり」を指向していたという意味で共通項の多い時期である。その実践の中核をなしていたのが、中央から地方へ、域内での個人や集団へという分権の思考であったことを明らかにする。

第11章「文化の民主化、文化デモクラシー」(土屋正臣)では次のことを明らかにする。「文化の民主化」とは上からの文化政策であり、政府あるいは当局が優れた内容とは何かについて決定のうえ、国民(あるいは市民)に広く享受させることであり、文化デモクラシーとは文化を形成し、さらには文化政策を決定する過程に国民(あるいは市民)が参加していくことを意味する。この両者の葛藤について日本の埋蔵文化財行政の発掘調査を事例に扱う。

3 第Ⅲ部「制度規範と文化」

第Ⅲ部「制度規範と文化」では、様々な領域や既存の制度規範との関係の中で、文化に新たな価値が発見されたり、制度規範の変革が促されたりすることを考察する。八つの論考から論じる。

第12章は「社会教育」(新藤浩伸)である。公民館、図書館、博物館などの社会教育施設において「文化活動は量的にも中核」を占めるのにもかかわらず、文化政策と社会教育の関係は明瞭ではない。その曖昧になってしまった過程を、一九七〇年代の自治体文化行政推進をめぐる主導的言説を通して自治体政策の迷走を確認する。

第13章の「文化的発展」(長嶋由紀子)では、一九七六年に第一九回ユネスコ総会で採択された「大衆の文化的生活への参加及び寄与を促進する勧告」を支える思想として、フランスにおける「文化的発展」をめぐる議論、とりわけジョフル・デュマズディエとフランシス・ジャンソン、そしてフランスの第六次国家計画で示されたシティズンシップ政策に注目して論を紡ぐ。

第14章は「文化と経済」(阪本崇)である。芸術文化の支援の根拠は「市場の失敗」に求められることがあるが、

「市場の失敗」を引き起こす要因はすべて公的支援の根拠となる可能性をもっている。それに対して、文化は経済の発展に貢献すると位置づけて文化支援を正当化する議論は芸術間の競争をゆがめるという観点では「政府の失敗」の様相を帯びる。本章は、文化支援の根拠を経済学の理論に求めようとすると重大なジレンマに陥ることを明らかにする。

第15章の「地域・コミュニティ」（友岡邦之）では、第二次世界大戦後の日本において、地域づくりやコミュニティといったテーマが「きわめて大きな位置」を占めてきており、地方自治体が主導し推進する地域振興の問題として文化振興が関心の対象となってきたことを明らかにする。

第16章は「文化多様性」（河野俊行）である。二〇〇五年ユネスコ総会は、「文化的表現の多様性の保護と促進に関する条約」を採択した。この条約の採択の裏には欧米におけるオーディオ・ビジュアル産業をめぐる対立があり、本章ではその対立を確認し、条約採択の経緯を分析する。

第17章は「文化資源」（小林真理）である。政府や行政が規定する政策用語が一般に普及していくのに対して、文化資源とは文化政策の実践における問題点の発見や学問領域の新たな展開の中で見いだされてきた言葉である。自治体や学問領域が、既存の制度や領域を見直し、大きな活用可能性の期待を込めて「文化資源」を使用している状況をみる。

第18章「仲介者」（佐藤李青）における仲介者とは、芸術と社会を「つなぐこと」を目指すアートマネジメントが普及していく中で、これを職務とするアートマネージャーのことである。一九八〇年代の公立文化施設の急増によりその必要性が認識され、多様化した芸術文化活動の調整役として、また市民社会に芸術を位置づける翻訳者として、仲介者の役割が拡張してきている様子を明らかにする。

第19章における「アーツアドミニストレーション」（鬼木和浩）とは、文化政策の具現化を目指す行為、すなわち文化行政のことである。行政機関における文化政策の目的は国や地方自治体固有の文化を生み出し、その文化によって国民・市民のアイデンティティを形成し、国民や市民の統合・融和ないしは共存作用の浸透を図ることである。それを具体化する人材の専門性に関して、自治体職員、文化協会・文化分野協会、外郭団体等の財団の役割と課題を明らかにする。

文化政策は、他の政策領域に比して、その導入や実践が遅れてきた分野である。そのために現在、文化政策を語るときに用いられる原理や原則が独り歩きしている傾向が多々ある。文化は、政策の領域や対象を表すものであるにもかかわらず、曖昧にみえる。そのような現状に対して、文化政策の基本的な論点や概念の原点に再度立ち戻り検討することによって、その歴史的な言説の変遷を確かめ、文化政策という思想の根源的な姿を浮かび上がらせる。関心に応じて、いずれの章から読み進めてもらっても差し支えないが、通読すると、文化政策を巡る言説それぞれが独立・孤立して存在するわけではなく、網の目のようにつながりながら拡張していく様子を知ることができる。なぜ文化という言葉を使わなければならないのか、なぜ文化でなければならないのか。文化にかける期待が朧気ながら輪郭を現してくる。

注

（1）歴代政権の中でも、文化政策に力を入れたのが佐藤栄作首相の時代である。梅原宏司「文化政策の転換期としての佐藤栄作政権時代――モニュメント建設と「芸術文化振興」とのあいだで」『文化政策研究』第二号、二〇〇八年、九一―一〇六ページを参照のこと。

（2）研究会の報告書のすべてに「21世紀へ向けての提言（総説）」が最初に掲載されており、その最初に、「政策研究会の各研究グループの報告書をお読みになると、各報告書を通じて、ひとつの文明史観というか、歴史の大きな流れが背景にあることを、気づかれるだろう。それは「文化の時代」の到来と提唱される歴史観である」とある。大平首相の政策研究会報告書1「文化の時代」一ページ。なお、大平首相の政策研究会は、「文化の時代」を筆頭に、「田園都市構想」、「家庭基盤充実」、「環太平洋連帯」、「総合安全保障」、「対外経済政策」、「文化の時代の経済運営」、「科学技術の史的展開」、「多元化社会の生活関心」の各研究グループで構成されていた。

第I部　国家との相克

第1章　文化と政治

武田康孝

1　はじめに

文化政策に多少なりとも関心を持っている人であれば、日本が戦後五〇年近く国レベルでの文化政策を積極的に講じてこなかった理由の一つに、戦前から戦中期にかけ政府や軍部による「文化政策」が強力に推進されたことに対する反省と批判が存在したことを知っているだろう。声高に叫ばれた「文化政策」は、全体主義、軍国主義に文化・芸術活動を取り込みつつ、国威発揚や戦争遂行の具として文化を利用したとされてきたが、当時の文化政策とはいったい何だったのか、その実態を具体的に検証しようという動きは戦後長らく見られなかった[1]。

近年、国家レベルでの文化政策推進の必要性が強調されるなかで、同じ語が用いられた戦前・戦中期の文化政策が文化と政治とをどのように関係づけようとしたのか、当時の「文化人」たちが文化を取り巻く環境の何を問題と考え何を変えようとしたのか振り返ってみることは無益ではない。

本章は、昭和一〇年代半ばの二つの具体的事例から当時の文化と政治の関わりを検討するものである。はじめに、日本において様々な文化関連施策を「文化政策」として見なしていく一因となった、ナチ政権下ドイツの文化政策の日本での受容過程と評価について検討する。次に、一九四〇（昭和一五）年の大政翼賛会発足に伴い文化部長に就任した岸田國士の言説と行動に着目し、文化の担い手が主体的に「文化政策」の構築を模索しようとした過程を見る。

2 「積極的文化政策」への転換――ナチ文化政策の示唆

一九三七（昭和一二）年七月に勃発した日中戦争を契機として、文化関連の諸施策は、それまで重要視されていた検閲や禁止などといった内務省（警察）主導による取り締まりがさらに厳しさを増す一方で、「国民精神総動員運動」の開始など、国の積極的関与のもと国民戦時体制に沿った文化の創造と発信を推進する方向へと舵を切っていった。一九三九（昭和一四）年一〇月には、「初の文化立法」と呼ばれた映画法が施行された(2)。また「国民文化の向上、国民的自覚の強化、情操の涵養に資する(3)」ことを目的とした「映画、演劇、音楽等改善委員会」が同年末から二年間文部省内に設置され、「文部大臣賞映画」の選定や演劇法の制定が目指されるなどした。

一九四〇（昭和一五）年に入ると、皇紀二六〇〇年奉祝に関連した国体に沿った文化事業が全国各地で大々的に開催される一方で、文化活動に対する組織面や内容面の統制が強化されていった。芸能・公演活動を例にとれば、各領域で活動する個人を対象とした取り締まりに代わり、各領域を組織化した上で、組織が各々「上意下達機能」を効果的に運用しながら統制を進める方法が採られ、「芸能統制ともいえる興行統制は、一九四〇年にひとつの到達点に達した」とされる(4)。後述の通り、近衛文麿主導による新体制運動の活発化と大政翼賛会設立の動きとも連動しながら、各文化分野において一元的に統括する団体が相次いで設立されるとともに、国家レベルでの文化・情報統制機関の設立が本格的に検討されていった。この流れは、同年末に設立された情報局の誕生によって、不完全な点はあるものの、省庁横断的統制を行うための組織の完成を見る。

これら一連の動きの中で参考にされたのは、諸外国の文化関連政策であった。なかでも日本の「文化政策」の模範とされたのは同時期のドイツ、つまりナチズムの文化政策である。日本において文化政策という語が一般的に認知されたのは、ナチ政府が講じた Kulturpolitik の訳語として採用されたことが大きい。それでは、ナチ文化政策はいかにして日本に流入し、どのような点が評価されたのか。

ドイツでは一九三三（昭和八）年一月にアドルフ・ヒトラーを党首とする国家社会主義ドイツ労働者党（ナチ党）が政権を掌握し、三月の総選挙後「全権委任法」が可決され、ナチ党による独裁体制が合法化された。文化関係では、「国民への精神的影響、国家・文化・経済にたいする関心喚起、かかる目的に役立つあらゆる制度の統括などの任務すべて[5]」を掌握することを目的として、同月国家啓蒙宣伝省が新設された。また、九月には「文化の創造者を総括し、組織的に編制し、その間に現れる障害や抵抗を除去し、且つ又其の援助の下に、既存の或は又将来生長して来る文化財を、ドイツ国民の利益のために適切に管理すること[6]」を目的として帝国文化院が設立され、ヨーゼフ・ゲッベルス国家啓蒙宣伝相が総裁を兼任した。それまで個々の領域で発展してきたドイツの文化・芸術活動は、以後、国家啓蒙宣伝省および帝国文化院を頂点として一元化され、ナチズムの世界観に基づいた芸術文化の創造が促進される一方で、それに適合しないとされたユダヤ人その他を対象とする人的・思想的排除も強力に推進された[7]。

こうした動きに対し、日本では当初数年の間、文化を抑圧、排除するものとして批判的な論調が展開されたが、一九三八（昭和一三）年ごろを境に大きく変化する。背景には、一九三六（昭和一一）年のベルリン・オリンピック開催および日独防共協定締結、一九三八（昭和一三）年の日独文化協定締結などを通じて強化されたドイツとの外交関係の変化がある[8]。いわば「ドイツブーム」のなかでナチの文化政策も一挙に注目を浴び、これ以降、日独伊三国間条約（軍事同盟）が締結された一九四〇（昭和一五）年をピークとして、様々な領域の識者がナチズムと「文化」、「文化政策」、「文化統制」という語を関連付けた論考を数多く発表していった[9]。

では、当時の識者はナチ文化政策の何に注目していたのか。それは、ドイツが、強い政治主導で新たな文化の創造に関与していることに対する共感と、そうした文化創造システムの日本への導入の必要性である。法学者の齋藤秀夫はそれを「積極的文化政策」と呼び、ナチ政府が国家啓蒙宣伝省や帝国文化院といった組織の創設、文化功労者制度や芸術家奨励資金、俳優のための社会的保護・養老事業の導入、ドイツ国民賞の授与など、文化関連の制度を構築したことを高く評価する。[10]

また、日本における文化政策の早急な確立を主張し著作を多く残した近藤春雄は、ナチ政府下で文化統制が整然と行われている背景には、「文化を囲る諸々の機関と、それを積載し包擁する社会的機構組織が、寸分の隙もなくがつちりと、しかも打てば響くといつた風に、有機的に結合してゐる」ことがあると述べる。[11] また「文化政策の真髄は、官民協力の精神的技術的動員の上に始《ママ》めて開花結実し得る」と述べ、「上」からの統制以上に文化の担い手が行動を起こし組織を強固なものとすることによって、文化は円滑な発展を遂げることが可能となると主張している。[12]

この時期に著されたナチ文化政策に関する論考は、ドイツ政府が講じる積極的文化政策に強い憧れを抱きつつ、日本政府にも国家啓蒙宣伝省や帝国文化院に匹敵する文化を管理するための一元的な機関の設置を求める一方で、積極的文化政策を進めるためには、「上」からの指導・統制に加え文化を担う主体による自律的な組織強化が重要であると主張しているものがほとんどである。[13] 近藤のこのころの言説を分析した白戸健一郎は、近藤がナチ文化政策の枠組みを利用して自らが主張する文化政策論、すなわち、①「階級主義的文化享受」から「国民的文化享受」への移行、②階級・文化あるいは教養を超克した上での「総親和体制」の形成、③それらを完遂する上での勤労、労働奉仕の重要性、を展開したと分析しているが[14]、これらの主張の一部は齋藤や他の識者も同様に行っている。またこうした動きは、青年運動やKdF（Kraft durch Freude 歓喜力行団）に代表される厚生運動など広義の文化にまで及んだ。[15] 文化を芸術のみならず生活一般まで広く捉えるという点では、次節で検討する大政翼賛会が目指した方向性とも共通する。

この時期に急速に人口に膾炙したナチ文化政策は、政治体制の違いはあれ、少なくとも、それまでバラバラに講じられてきた文化関連施策が国家の主導する「文化政策」という名のもとにその方向性を一にすべきであるという思想を日本側に提供するとともに、一握りの人々のための文化から「国民」のための（による）文化へと日本が舵を切るきっかけを作ったといえる。しかし、ナチ文化政策に関するこれらの論考は、あくまで国家による統制を肯定し、文化政策は統制とセットで講じられるべきものと認識されていた。例えば、ナチ政権が当初大々的に展開し、日本でも大きな批判が起こったユダヤ人排除などの「消極的統制」については、「当時の所謂「芸術的ボルシエヴイズム」の粉砕を目標に、断乎として弾圧粛正の手を下した所以は、この文化的アナルキーによつて代表される思想の混沌を統一醇化する捷径でもあつたのである」[16]という近藤の言葉に代表されるように、新たな文化の創造のためには講じざるを得ないプロセスであったとの認識が大勢を占めるようになっていったのである。[17]

さて、こうした文化政策確立の動きに対し、文化を創る、または文化活動を担う当事者の間では、積極的に協力すべしという賛同の一方で、「上」からの圧力が強まることに対する危機感も厳然と存在していた。その危機感が、次に検討する大政翼賛会への大きな支持へとつながっていったと考えられる。

なかでも、「岸田國士が文化部長として就任するや、文壇、劇壇始めジャーナリズムは絶大の後援を為すと共に、文化論は重要問題の一つとして取り上げられるに至つた」と評された通り[18]、岸田國士の大政翼賛会文化部長就任は、文化界のみならず一般の人々をも巻きこむ形で大きな反響を呼んだ。[19] 戦後GHQによって公職を追放された岸田の文化部長としての評価は現在でも定まっていないが、そもそも就任当時の彼が、文化を取り巻く当時の状況の何を問題と捉え、また文化部長として何をどのように変えたいと考えていたのかについて論じられることはほとんどなかった。次節では、文化部長就任前後の岸田の言説と行動を分析することを通じ、彼が当初目指そうとした文化のあるべき姿について検討する。

3　大政翼賛会発会と文化部長・岸田のビジョン

一九四〇（昭和一五）年一〇月に発会した大政翼賛会には、「文化機構の整備強化並に職域的組織の確立及其の運用の円滑化に関する事務を掌る」ことを目的として文化部が設置された[20]。劇作家・演出家の岸田國士は同年一〇月初代の文化部長に就任し、太平洋戦争開始をはさんで一九四二（昭和一七）年六月までの約一年八カ月の間、「文化翼賛運動」の先頭に立った[21]。

岸田は、昭和一〇年ごろからすでに、演出家の権利保護の問題、官立映画演劇学校の創設、文化勲章制度など国の講ずる様々な文化関連政策に関し新聞上で意見表明を行っており、一作家の枠を超えた文化・文明批評家としての地位を確立していた[22]。岸田のスタンスは一貫して「国策の基本は否定しない」という「現状を大枠で肯定し」たものであったが[23]、芸術・文化の環境を少しでも向上させていくためには、その時々においてできる限りの手段を講じる必要があるという彼の現実的なものの見方は、例えば一九三八（昭和一三）年の明治大学演劇・映画科の設置などを通じ一定の成果を上げていた。また、「映画、演劇、音楽等改善委員会」にも委員として名を連ね、演劇法の制定に向けた議論に加わっていることからも、彼の言動が政府の文化関連施策の策定に対し一定の影響力を持っていたといえる。

一九四〇（昭和一五）年に入り近衛文麿主導による新体制の動きが活発になってくると、岸田は六月に「風俗の非道徳性」を発表、以降「一国民としての希望」など一連の論考で文化のあり方や文化政策に対する自らの考えを矢継ぎ早に表明していった。岸田は、「百年先に出来上るものを五十年に切りつめたい。五十年かゝるものなら、二十年にちゞめたい」、「国民は、なにもかも政府に委せておいてはならないといふことを、もつと切実に感じなければならぬ[24]」などと発言し、この時点ですでに日本の新たな文化の創造に自らも何らかの形で具体的に関与したいという決意を抱いていたと考えられる。

一方、翼賛会側は、文化部は作ったものの具体的な活動内容および方針を特に有していなかったとされる[25]。文化部の設置は、哲学者の三木清が強く主張し受け入れられた。三木は、近衛の私的政策研究集団であった「昭和研究会」の文化研究会委員長として、芸術から教育や思想、科学までを包含した新たな時代の文化政策に関する議論を続け、「文化政策要綱」の試案をまとめていた。しかし研究会自体、三木の強力な活動継続要請にもかかわらず翼賛会発会の一カ月後に解散し、三木が文化部に対して直接の助言を行うことが困難となった。[26]

それまで昭和研究会とまったく関わりのなかった岸田を文化部長に推薦したのは一説では三木だといわれているが、[27]背景には、対談や論考を通じて岸田の考えを知るに至った三木には、研究会が取りまとめた要綱を岸田ならばより良い形で具現化してくれるのではないかという目論見があったと推察される。一方岸田としても経験や後ろ盾のないなかで、研究会の要綱をもとにしながら、自身の文化観や文化政策に対する見解を加味して、文化部の活動方針を決定したいという思いがあったと考えられる。

では、岸田は具体的にどのようなビジョンを持っていたのだろうか。参考となるのが、就任からまもない一〇月末に行われた座談会における彼の発言である。座談会で岸田は、翼賛会や文化部が進むべき方向性について、また自らの文化観について赤裸々に語っている。[28]

岸田はまず、「大政翼賛会の中核体そのものには物事を押進《ママ》める力がない」が、「現在国民全体に本当に信頼されてゐる国民の層がある」といい、それは知識層であるという認識を示す。そして、これまで「懐凝《ママ》的であるとか、退嬰的であるとか批評されてゐた知識層」が無力に見えた理由は「今日までの政治に文化性がなかつた」からだとする。その上で、翼賛会が「新しい国民運動を起して広い意味の政治の中に文化性を持たせる、さういふ傾向が見えるだけでも［知識層は：引用者注］立上る」、「文化部が出来ただけで広い意味の政治に変りつゝあるといふのは、知識層が動き出した証拠である」と述べ、文化部として知識層への働きかけの重要性を強調する。

また、岸田は文化部の今後の方針について、文化を科学、技術、文学、芸術、宗教、教育、ジャーナリズム、出版などを包含した幅広いものと捉え、各分野の実情を調査するとともに、現在抜け落ちている分野――生活文化、日本語教育、健康（厚生）など――を意識的に拾い上げる必要性を指摘する。さらに、自らの活動領域である文学を例に、「官庁の眼から見た文学調査では健全に育てあげる事はできない。指導もできない」とし、「現在文学に親しみつゝある人々の批判が指導精神として取入れられる」状態にならなければならないと主張する。そして、これまで「文化機構が余りに専門の領域に閉ぢ籠りすぎてゐたが、今後はあらゆる部門が協力して綜合的な文化機構をはつきりと打立てねばならん」、また「横の連繫、協力の結果、今日の政治の面に文化的な色彩を与へる。文化性を与へる、といふことは、逆に国民をして協力させることにもなると思ふ」と、政治の文化性を再び強調する。

岸田が主張する文化部の役割は、①広義の文化活動の現状をつぶさに調査し把握すること、②既存の文化領域・団体の連携を促進するとともに、既存の文化から抜け落ちている領域を拾い上げること、③文化政策の具体的参画に積極的に関与するよう知識層に働きかけ、官僚主導からの脱却を図ること、④政治そのものに文化的色彩や文化性を与えること、の主に四点に集約される。文化部長就任時に「今日の文化政策が、周到な用意を以て考へられ、国民の思想と日常生活の上に明確な指標と実行力を与へうるやう私はそれぞの方面に働きかける心算であります[29]」との談話を発表したように、文化部は、文化活動や内容を統制する立場として存在するのではなく、互いがバラバラかつ無関心に活動している既存の文化の担い手や知識層に対し「働きかけ」を行い、それらを有機的に結びつける行為を続けていくことを通じて、国民全体の責任において文化の重要性が高められるべきものであると岸田は考えていた。座談会の最後に述べた「国民は従来指導される立場だつたが、それではいけない。国民が自力で引張つて行かねばならぬ。今や国民は立上るべき機だ」という発言は、一部の特権階級によって占有されてきた文化の概念や行為を、いわば占有する側であった知識層の側から国民に歩み寄り国民全体のものとしていくことで、その特殊性を払拭していきたいという切実な思いを示している。

4 「政治の文化性」をめぐる議論、文化人の期待そして翼賛会の変質

文化部長就任後の岸田は、文字通り休日返上で部長としての業務に当たった。就任から二週間後の一一月二日には、「国防国家体制に即応し、世界的文化の母胎たる新国民文化の創造育成を期す」、「日本文化の伝統を高揚しつつ、他民族文化の長所を摂取し、以て東亜広域新文化の樹立を期す」、「従来の奇矯繊弱なる文化意識を克服

し、雄渾にして高雅なる新文化意識の培養、徹底を期す」との基本綱領案に加え、一二項目に及ぶ実践要綱案を部長会で示している。[30] 実践要綱案の「文化」の守備範囲は科学、宗教、衛生・医療など幅広いもので、三木が中心となって作成した昭和研究会の文化政策要綱案に先述の岸田の主張が盛り込まれたものと考えられる。その後、「文化政策樹立の為の諮問機関であり、又これが普及徹底を計《ママ》るための促進機関として、各文化部門に於ける民間の有識者を集めて結成され[31]」た「専門委員会」と「特別委員会」により、翌年初めにかけて各分野で集中的に討議が行われた。

そのかたわらで岸田は、雑誌の対談・座談を通じて、先に強調した知識層に対する働きかけを積極的に行っていった。ここでは、その際掲げたキーワードの一つである「政治の文化性」を例に取り、岸田が採った自らの考えの共有プロセスを見ていく。

『文藝春秋』では、河上徹太郎から質問を受ける形で岸田が自らの考えを述べている。[32] 岸田は冒頭、「今までの政治は、いはゞ文化性が無いといふことが欠点であつて、今度の新しい政治の体制は、文化性をもつことが重大だ」と述べた上で、「政治の文化性」という考え方は文化人には理解可能だが「今までの政治に結び付いて居た人には、この言葉自体が解らない」とし、「例へば国家の政策の中に、非常に大雑把に言ふと、哲学がないとか、或ひは或るものは非常に科学性が乏しいとか、それから声明なんかには文学性が非常に稀薄だとか、政治家の行動とか或ひは官僚の態度が非常に機械的である」と指摘する。これに対して河上は、「色々な文化機関が散在してそれぞれ勝手な指導原理を持つてゐるために一体にならないといふことが、日本の政治や生活に文化性のない原因だと思ひます」と自らの考えを述べ、「そこで、さういふものを統一した訓育上の依り所を、文化部の仕事として、何とか示す必要があるんぢやないでせうか？」と続け、対話が進んでいく。

また、『日本評論』での三木清、津久井龍雄との鼎談[33]では、岸田は二人に対し「例へば僕は政治に文化性を持たせたい、政治に文化性を与へる——これは分るでせう」と切り出し、「どうしても今までの政治に文化性がないといふことを先づ改めて行かなければならぬと思ふ」が、政治家や官僚には「それがどうも通じ難くて何も言へなくなつて来る」と投げかける。それに対し三木は、「それ［政治に文化性を与えること：引用者注］は非常に大事なことです」、「そこを何回も繰返して言ふことが、岸田さんの仕事ですよ」と発言するが、岸田はさらに「それを成程と分るやうに言ふ方法は色々あると思ふ。それを教へて欲しい」と畳みかけ、より具体的なコメントを二人から引き出していく。

こうしたやり取りからは、当初岸田のみで使われていた「政治の文化性」という言葉が、信頼できる他者との対話を経ることにより、相手の考えも加味されながらより普遍的な意味を持つ言葉へと変化していることがわかる。ここには、平易な言葉を用いながら対話する相手との間で深い議論を促すことを可能とするだけでなく、対話の過程を雑誌というメディアで公開することで、文化部の目指す政策に対して知識人・文化人の能動的参加を求めるとともに、読者である国民の幅広い理解を得たいという岸田の意図が感じられる。彼のこの手法は、「政治の文化性」に限らず地方文化の創生や生活文化の再評価といった点においても用いられており、そのどれもが後の文化部の主要な活動内容となった。

岸田のこのような熱心な動きに対し、文化界や知識人は大いに期待し応援した。岸田ら文化部の幹部三名の就任を祝って一二月一二日に開かれた「大政翼賛促進の会」には六五〇人もの文化関係者が参加し、席上、座長の柳田國男は「三人のこれからの仕事に関してわれわれ文化人は非常に大きな希望をつないでゐます」と激励した(34)。また、高村光太郎は、「岸田さんがやつてくれればむろん間違はないと思ふが、これは又一般文化に関係ある人々各自の責任でもあるのだから、これから皆がそれぞれの部門でそれぞれの考へた事を岸田さんに提出してその参考に資するやうにすべきであらう」と岸田へ期待を寄せるとともに、彼への惜しみない協力を呼びかけた(35)。

三木清も、同月に発表した論考で、「文化政策」という言葉を実に八〇回も用いるとともに、「文化政策にとつての一般的な前提は政治の文化性である」、「政治が文化性を担ふことによつて、従来とかく政治に対して冷淡であつた文化人をして政治に眼を向けさせ、かくして文化政策の遂行のために彼等を協力させ得るに至るのである」と、文化性の重視が文化人の政治参加を促し、結果として文化のパラダイム変換へとつながる重要性を力説し、岸田を側面からバックアップした。[36]

しかし、大政翼賛会自体が一二月ごろから大きく迷走を始めたことで状況は大きく変化していく。詳細については多くの先行研究に譲るが、政府や軍部の圧力により翌年三月には翼賛会の発会に中心的役割を果たした幹部全員が辞任し、四月の第一次改組以降の翼賛会は、主導権が内務官僚や警察へと完全に移行することで「軍と官僚の意図していた戦争遂行の機関となってしまった」[37]。これにより、文化部の活動内容は当初岸田が示した幅の広い構想から大きく後退し、結果として、地方文化運動の提唱・促進、生活文化、詩の朗読、素人演劇運動の展開、移動映画隊・演劇隊など個別の分野に限られることとなった。他方、岸田が当初重要視していた各文化領域の自立的連携や有機的結合は、同年一二月に成立した情報局の指導・統制拡大により、政府や軍部の意図に沿う形で推進されていった。

また、岸田が重要性を強調していた「政治の文化性」も、その後の文化部の各種方針には採用されず、逆に、「政治の文化性といふことが云はれるが、文化力の昂揚、文化の再創造といふことを、かくの如く国家総力への根源的形成力として解するならば、寧ろ文化が政治性をもつこと、文化力が政治の支柱になることこそ、現実日本が直面してゐる偉大な歴史創造への大業完遂の過程において必要なこと〻云ふべきであらう」と、「文化の政治性」という反対の表現に置き換えられていった。[38]

こうした状況の変化にもかかわらず、岸田は文化部長として留任する道をあえて選択し、その後さらに一年余にわたり文化翼賛運動の旗振り役を務めた。その理由について、彼は改組時に次のように述べている。「各文化部門の自主的な活動が始まりつ〻あるが、これ等は一応今までの翼賛会文化部の方針に歩調を合はせて来てゐると思ふ、改組に依り文化部の方針が変ればまた初めから出直さねばならぬが、文化活動の常として新しく盛り上ることは困難ではないでせうか、僕一人ではなく文化部員が従前通り各方面との連絡を中断してはならぬと決心したのです、新文化の芽生えをもう少し護りたい、(中略) 文化部を通して何か暖い流れを送りたい[39]［傍点は引用者］」。その後の文化部の動きが彼の希望に沿うものとなったかは、彼自身の言動を含め別途批判的に検討する必要がある。しかし岸田のこの時点でのこの発言には、各領域で興りつつあった、国民一人ひとりが文化の作り手・担い手として行動しようとする動きが消えることに対する危惧と、それゆえ自らの責任においてその動きを最大限後押ししようという決意が現れているといえよう。

5　おわりに

これまで見た例に限らず、この時期に展開された文化をめぐる動きの多くが、目指す方向性や手法、また程度の差はあれ、文化が特定の階級にのみ所有されている状態に対する批判と、その状態を文化と政治との距離を接近させることで解決できるのではないかという考えに基づいていた。「文化政策」や「政治の文化性」という新たな概念や語を通じて国民が文化を自らの側にあるものとして認識し、多様な人々が文化の創造や享受に対し主体的に関与することが可能となるという主張は、文化人自身の賛同や共感も得ながら一時期大きなうねりを生み出した。

しかし、その後の文化政策は時局の急激な変化のなかで大きく変質を遂げていった。太平洋戦争が開始されると、「まづ第一に国民の精神と生活とを国家目的にむかつて動員し訓練すること」[40]を目的とした「戦時文化政策」へと速やかにかつ混乱なく移行し、文化それ自体が人々を縛る役割を果たしていったことは私たちの知る通りである。本章で見た事例が、ただ時局に寄り添うためのものとは異なる位相の文化政策を提示し得たのか、あるいは戦時文化政策への移行に結果的に加担することになったのか、評価は人によって様々であろう。一方で、仮に私たちがその時代に文化と関わる立場にあったとしたら、果たしてどのような行動をとった、とり得たであろうか。文化と政治をめぐる過去の事例は、両者の関係性がいかにあるべきかというアクチュアルで根源的な問いを、現在の文化政策に携わる私たち一人ひとりに投げかけるのである。

注

（1）当時の文化諸施策の実態を領域横断的に検討する動きは一九九〇年以降になって多く見られるようになった。その嚆矢として、赤澤史朗／北河賢三編『文化とファシズム――戦時期日本における文化の光芒』日本経済評論社、赤澤史朗「戦中・戦後文化論」（朝尾直弘／網野善彦／石井進／鹿野政直／早川庄八／安丸良夫編『岩波講座日本通史　近代4』第一九巻、一九九五年）などがある。また、昭和一〇年代の「文化政策」に注目した論考として、永島茜「わが国における文化政策論の変遷――昭和10年代における出版物を中心として」（『文化経済学』第四巻第一号、二〇〇四年）などがある。

（2）映画法の成立過程については、加藤厚子『総動員体制と映画』（新曜社、二〇〇三年）、牧野守『日本映画検閲史』（パンドラ、二〇〇三年）を参照。

（3）「演劇映画音楽改善委員発令」『東京朝日新聞』一九三九年一二月三日付朝刊、一二ページ

（4）戸ノ下達也『音楽を動員せよ――統制と娯楽の十五年戦争』青弓社、二〇〇八年、五八ページ

（5）一九三三年六月三〇日省令。成瀬治／山田欣吾／木村靖二編『世界歴史大系　ドイツ史3――1890年～現在』山川出版社、一九九七年、二五〇ページ

（6）外務省調査部編『独逸の宣伝組織と其の実際』日本国際協会、一九四〇年、六三ページ

（7）ナチ文化政策の概要については、穴山朝子「「ナチズムの文化政策」研究の現状と課題」（『文化政策研究』第三号、二〇〇九年、一一四―一二八ページ）を参照。なおナチ文化政策は、政権成立後様々な権力闘争を経て一九三七年ごろまでにほぼ確立したとされる。この経緯については、田野大輔『魅惑する帝国――政治の美学化とナチズム』（名古屋大学出版会、二〇〇七年）第3章を参照。

（8）日独文化協定の締結とその後の日本における対ドイツ観の変化については、清水雅大「文化の枢軸同盟？――日独文化協定の成立と実施をめぐって1938―44年」（『横浜市立大学論叢　人文科学系列』第六六巻第一号、二〇一四年）を、当時の日本の新聞メディアによるドイツの社会制度や国民性に関するキャンペーンについては、岩村正史『戦前日本人の対ドイツ意識』（慶應義塾大学出版会、二〇〇五年）を参照。

（9）齋藤秀夫は自書で一三〇を超えるナチ文化政策関連の論考、著作、記事を紹介しているが、実際はこれ以上の数に上るものと考えられる（齋藤秀夫『ナチス・ドイツの文化統制』日本評論社、一九四一年）。

（10）齋藤、前掲、九ページ、二二―二六ページ
（11）近藤春雄『芸能文化読本』昭和書房、一九四一年、二二―二三ページ
（12）近藤春雄「ナチス・ドイツの文化政策」『教育』第六巻第一〇号、一九三八年、一八一―一八八ページ
（13）同様の主張をしている論考として、宮原誠一「文化・啓蒙・宣伝の機構――独逸と我が国」（『教育』第九巻第一号、一九四一年、一九―三〇ページ）などがある。
（14）白戸健一郎「近藤春雄におけるメディア文化政策論の展開」教育史フォーラム・京都編『教育史フォーラム』第四号、二〇一〇年、七二ページ
（15）近藤春雄『ナチスの青年運動――ヒットラー青少年団と労働奉仕団』三省堂、一九三八年、近藤春雄『ナチスの厚生文化――歓喜力行団（K・d・F）の研究』三省堂、一九四二年。なお当時の歓喜力行団と日本の厚生運動との関連性については、田野大輔「日本の歓喜力行団――厚生運動と日独相互認識」（『甲南大学紀要文学編』第一六一号、二〇一一年）を参照。
（16）近藤春雄『国防国家と文化』教材社、一九四〇年、二二ページ
（17）ナチ文化政策のうち言論機関の統制政策について、一九三六（昭和一一）年六月に設置された内閣情報委員会が、設置直後の段階ですでに積極的な評価を与えていたことは特筆に価する（情報委員会編『調乙1号　独逸国民教化宣伝省に就て』一九三六年九月四日。荻野富士夫編『情報局関係極秘資料　第6巻』不二出版、二〇〇三年所収）。
（18）文部省教学局『思想研究第十一輯』一九四一年、二ページ
（19）岸田の文化部長就任については、例えば中島健蔵「岸田國士の生涯――その一断面」（『文藝』一九五四年五月特別号）や酒井三郎『昭和研究会――ある知識人集団の軌跡』（TBSブリタニカ、一九七九年）などの当事者の回想のほか、安田武「翼賛会文化部と岸田国士」（『文学』一九六一年五月号、八月号）、奥出健「大政翼賛会と文壇――岸田国士の翼賛会文化部長就任をめぐって」（『国文学研究資料館紀要』第七号、一九八一年）、渡邊一民『岸田國士論』（岩波書店、一九八二年）、大笹吉雄『最後の岸田國士論』（中央公論新社、二〇一三年）などの多数の著書や論考がある。
（20）（大政翼賛会編）「文化部所管事務概要」（一九四一年）、北河賢三編『資料集　総力戦と文化　第1巻　大政翼賛会文化部と翼賛文化運動』大月書店、二〇〇〇年所収
（21）岸田のもとには、芸術文化部門担当の上泉秀信、科学部門担当の菅井準一の二人の副部長が就任した。

(22) 例えば、岸田國士「演劇・法律・文化（一）―（四）」『東京朝日新聞』一九三四年三月一四―一七日付朝刊。岸田國士「演劇アカデミイの問題　国立俳優学校の提唱」『帝国大学新聞』一九三六年一一月二日付（『岸田國士全集23』岩波書店、一九九〇年所収）。岸田國士「「文化勲章」制定に就て」『報知新聞』一九三七年二月一二日付（前掲『岸田國士全集23』所収）、など。
(23) 大笹、前掲、一一八ページ、一三九ページ
(24) 岸田國士「風俗の非道徳性」『文藝春秋』一九四〇年六月号、一二四―一三四ページ
(25) 上泉秀信『文化の様相』大日本出版、一九四二年、四〇ページ
(26) 酒井、前掲、一五七―一六二ページ。酒井によれば、研究会では同年一二月に設置されることになる情報局を拡大強化し、文部省の関係部局を統合する形で情報宣伝機能を充実させた「文化省」の設置が提唱されてもいたという。
(27) 岸田の文化部長への推薦者は、三木のほか山本有三や中島健藏など諸説ある。
(28) 「岸田國士氏をめぐる座談会」『会報（一高同窓会）』第四五号、一九四一年一月、一〇―一六ページ。座談会は一〇月三〇日、安倍能成校長の招きにより第一高等学校の職員を対象に実施された。
(29) 岸田國士「世界的文化の母胎――大政翼賛会文化部長に就任して」『東京朝日新聞』一九四〇年一〇月二〇日付朝刊、五ページ
(30) 今井清一／伊藤隆編『現代史資料44　国家総動員2』みすず書房、一九七四年、三九九ページ
(31) 『大政翼賛会会報』第一号（一九四〇年一二月一日発行）、七ページ
(32) 岸田國士「政治の文化性（質問：河上徹太郎）」『文藝春秋』一九四〇年一二月号、八六―九五ページ
(33) 岸田國士／三木清／津久井龍雄「文化問題を語る」『日本評論』一九四〇年一二月号、一七〇―一八六ページ
(34) 無記名「〝文化へ新要素を〟翼賛促進に岸田氏の抱負」『東京朝日新聞』一九四〇年一二月一三日付夕刊、二ページ
(35) 高村光太郎「適材 岸田氏に寄す」『中央公論』一九四〇年一二月号、一二四―一二六ページ
(36) 三木清「文化政策論」『中央公論』一九四〇年一二月号、四―一五ページ
(37) 酒井、前掲、二二八ページ
(38) 大政翼賛会組織局文化部『翼賛文化運動の理念と組織（試案）』一九四一年。前掲『資料集 総力戦と文化　第１巻』所収

(39) 無記名「〝生活に暖流を〟翼賛会岸田文化部長留任の心境」『都新聞』一九四一年四月八日付、九ページ
(40) 宮原誠一『文化政策論稿』新経済社、一九四三年、四ページ

第2章　検閲

李《イ》　知映《ジヨン》

1　はじめに

「検閲」という用語の起源は紀元前四四三年ローマ時代に作られた制度にまで遡るといわれる。当時、この制度の目的は良風美俗を維持することであった。また、古代中国でも紀元三〇〇年に事前検閲制度が作られたことが知られている。(1) 検閲という言葉はいくつかの意味を持つ。一つには、メッセージを大衆に伝播する前に、権威ある機関がメッセージを強制的に検査し、その検査を通じてメッセージの内容もしくはその対象を制限することだと考えられている。本章で扱う検閲は広い意味の観点から、表現の自由を制限するすべての措置を指すこととする。

検閲の現状を見渡すと、「事前検閲」と「事後検閲」という二つの形態があることがわかる。元来、検閲は「事前検閲」が支配的であったが、今日、表現の自由が侵害されるのは「事後検閲」による場合が多い。この二つの形態以外に、表現の自由と知る権利を侵食する見えにくい新しい形態の検閲がある。それは「自己検閲」である。歴史的に見て、この自己検閲は王侯貴族、国家、宗教等が抑圧と箝口を強制したときに現れる。執筆者や記者、アーティスト等の思考をその根元から絶つという点から、自己検閲は他の暴力的な検閲より根が深い。検閲は判決や法、流血などといった痕跡を残すことがあるが、自己検閲は痕跡を残さない。つまり最初から表現自体がまるで存在しなかったことになってしまうのである。

本章では以上のような検閲について、検閲された対象を具体的に示し、どのような形態の検閲が行われていたかを見ていく。その対象は、大日本帝国時代の植民地朝鮮（以降、朝鮮）における演劇の分野である。植民地社会で「合法性」に対する感覚を直接的に教える最も基本的なシステムが検閲であったという事実に加えて、その作用範囲が広範であり、深層的であったという事実から、当時の検閲問題については特別に扱う必要がある。(2)

本論に入る前に、大日本帝国時代の検閲についてごく簡単に紹介する。大日本帝国では讒謗律、新聞紙条例、出版法、新聞紙法、映画法などにもとづき、内務省が書籍、新聞、映画の記事・表現物の内容を審査し、国家にとって不都合と判断すれば発行・発売・無償頒布・上演・放送などを禁止する検閲が行われた。公安、風俗または保健上障害があると検閲官庁が認めた部分は削除され、検閲済の検印を押捺し検閲の有無が明示された。検閲は手数料を要し、内務大臣が許可したものは三年間、地方長官（現在の知事）が許可したものは三カ月間有効であった。また、大日本帝国憲法は第二六条で、法律に定められた場合を除いて、通信・信書の自由・秘密を保障していた。しかし日露戦争の後、内務省は逓信省に通知し、極秘の内に検閲を始めた。(3)演劇の分野では、演劇興行用に使用する場合のみ、警察による脚本の検閲が行われていた。演劇上演前に脚本を劇場所轄の警察署に提出し、検閲を受けなければならなかった。この検閲では、教育上の悪影響や国交親善を阻害するなどの項目に特に注意が払われた。(4)とりわけ戦中は反政府・反戦思想に対する抑圧が厳しくなり、台詞のカットのみならず、役者の動き・表情・群衆の人数・衣装・舞台裏の音・小道具までが検閲の対象となったのである。

2　演劇統制の芽生え

日本による朝鮮演劇界への統制が始まったのは、一九〇六年二月の統監府（トンガンブ）時期である。(5)ハンソン

(現ソウル)を中心とする京畿道（ギョンギド）については統監府の警視庁が、各地方については統監府の地方機関であった理事庁（イシチョン）の警務局が統制の管轄を担当した。この時期の主要統制の対象は劇場の衛生と風俗についてであった。これは、朝鮮よりも早い時期から劇場制度が発達していた日本の劇場取り締まりの経験が鑑みられ、〇七年前後に朝鮮において日本人居留地を中心に登場した日本人が運営する劇場が取り締まりの対象であった。

当初は、演劇統制のためだけの特別な法律を設けておらず、「保安法（一九〇七年）」、「衛生警察規則（一九〇七年）」などといった既存の規則を適用していたが、一九〇九年に入ると「劇場税」、「唱夫（歌手を指す言葉）取り締まり」、「公演及び準ずるものの最小観客数規定」など、より具体的な法規の整備に統監府は力を入れ始める。[6] しかしながら、特定の法規は制定されず、関連法規にもとづく警察の視察および取り締まりが主要な統制方法であった。劇場に対する衛生については、衛生警察規則によって、劇場内の客席と洗面所の清潔さ、観客数、営業時間および客引きの方法などを包括的に統制し、取り締まるという形で行われた。また、治安を含めた風俗については、公演およびそれに準ずるものの内容と、観客のなかに含まれる「淫蕩な女と放蕩息子」や観劇態度などを取り締まった。[7]

韓国併合直前の一九一〇年六月二九日には、「統監府警察官署管制」により警務総監部が設置され、その下位組織として庶務課・高等警察課・警務課・保安課・衛生課が配置される。組織体系上は、保安課が公演取り締まりの上級機関となるが、実質的には各道の警務部が取り締まりの業務を担当した。

一九一〇年八月の韓国併合後は、統監府時期の統制方法を基本的には継承しつつも、劇場での衛生よりはむしろ、「淫蕩」もしくは「風俗を乱す」といった諸問題に統制の重点が置かれるようになった。劇場運営の方法や時間、客席や洗面所の清潔さなどの衛生問題は取り締まりを通じて短期間に改善の効果を見ることができた。劇場の風俗改善のための取り締まりは植民地時代に繰り返し行われた。以上のような過程を通して、「植民地朝鮮の風俗を乱す、しかも不衛生な場所」から「文明的な大日本帝国によって改良・近代化された空間」へと、劇場は演出されていった。

この時期の演劇界および一九一〇年代を風靡した新派劇、そしてそれらが上演された劇場空間は、その後の時期と比べると「平和で自由」であるかのようにも見える。当時の演劇界は伝統的な劇様式とは異なる「新しい演劇」を「近代化」と関連させて発展させていくうえでの初歩的な段階にあった。また、外部との交流も活発な状況ではなかったため、近代的な演劇概念とこれを実現していく創造主体や受容主体が準備されていなかった時期でもあった。当時の演劇界に関する新聞記事を見ると、演劇の内容は、併合ののち悪化しつつある国内情勢とは関係なく、道徳的とはいいがたいもの――無秩序にも思える血戦や骨肉の争いなど――が非常に多かった。[8] そうした傾向については当時、朝鮮内の啓蒙家たちからの批判もあったようだが、検閲当局としては、そのような演劇は政治的には危険でないと判断した可能性が高く、風俗面以外の演劇の内容に関しては取り締まりの直接的な対象ではなかったと推測できる。

3　演劇統制の法制化の始まり

朝鮮総督府（以降、総督府）は一九一九年八月二〇日の管制改革により警務総監部を警務局に変え、その下位組織に警務課・高等警察課・保安課・衛生課を設置した体制に改編する。

この時期の演劇統制では二重の検閲が行われていた。すなわち、公演許可の要件を審議する「事前検閲」と、それを通じて許可された各事項の履行可否、および公演の際の突発的な変更点を監察する「公演検閲」である。事前検閲は、映画といった他の興行とともに各道の警察部の保安課が担当し、公演検閲の場合は、所管の警察署の高等係または駐在所が担当して、制服の警官を劇場に臨席させる形で統制を行った。劇場で臨席する警官は「注意」と「中止」を命令できる権限を有していた。

このような仕組みは、以後、植民地時代には維持されるが、演劇の統制が事前検閲と公演検閲という二重の方法で行われた結果、それぞれの業務担当である各道の保安課と所管の警察署との間で行政的判断の食い違い――保安課の事前検閲を通過した作品が、公演検閲の際、公演中止を命じられるなど――が起こり、保安課と所管の警察署の間にしばしば軋轢が生じた[9]。保安課の立場からすると、所管の警察署の公演検閲という取り締まりは位階秩序を混乱させ、検閲当局の権威失墜につながる。それに対して、公演検閲を担当した所管の警察署は、公演の取り締まりは臨席の警官の職権であり、文字で書かれている演劇台本とそれを実際に上演する際とでは効果が異なることもあるという立場に立っている。台本の解釈にも事前検閲時とは異なった見解を公演検閲はたびたび見せる。こうした問題が起きた場合、そのほとんどが、上級機関が該当署に注意をすることで取りまとめていた。

こうした一連の流れのなかで、一定の明確な興行取り締まり規則をあらためて定めることの必要性が認識されるようになる。それにもかかわらず、興行取り締まり規則について実際に提起・論議したのは、警務局の次元ではなく、京畿道警察部の保安課だけであった。これは、興行物の中央集中化現象による結果であるともいえるが、地方での興行取り締まりは、別途の立法措置がなくても、決定権を有する人間の裁量で慣行上運用することができたということである。

京畿道警察部の保安課が取り締まり規則を定めようとしているという新聞記事は、一九二一年五月から現れ始める[10]。実際の制定は一九二二年四月二五日であり、全三八条の「興行場及興行取締規則」が朝鮮総督府京畿道令第二号として公布され、同年五月一日から施行された。この規則には、台本の検閲――公安および風俗を損なう興行物の不許可――はもちろんのこと、劇場の立地についての諸条件――公共機関、学校、病院、工場その他、重要であると認められている場所との距離および周囲事情――や、周辺の居住者の意向と承認に関する規定、さらには、許可を得ていない興行物に対する処罰などが含まれていた[11]。興行場及興行取締規則は京畿道内に制限されたものではあるが、朝鮮での演劇検閲の本格化の発端となった。京畿道は、この第二号の施行に続いて、翌年一九二三年四月には京畿道令第五号、一九二七年五月には京畿道令第九号を改定として発布した。

京畿道令第五号の改定で注目すべき点は、事前検閲における「脚本の検閲」である。従来は公演許可を得るために保安課へ脚本を提出するだけであったが、第五号の改定後は脚本内容の検閲手続きを終え、「検閲証印」を得たものだけが公演できるようになった。また、いったん検閲証印を与えたものであっても、取り締まり上必要な場合は興行を制限または中止することが可能になった。すなわち、この改定により演劇検閲はより厳しくなった。こうして脚本の事前検閲を法制化した改定により、この検閲制度は韓国近代演劇に対して本格的な介入を始めたといえるだろう。

4　思想統制による演劇統制

一九一九年三月一日に起こった「三・一独立運動」は、朝鮮社会全体に大きな変化をもたらした。三・一独立運動を経験した朝鮮人は民族の近代化を志向する計画を具体化し始める。この過程のなかで最も注目すべき変化の一つに、各社会団体の結成がある。[12] この社会団体は、講演会・討論会・夜学講習会などの方式で大衆と意思疎通を図りながら民族使命意識の倫理と近代的主体の形成に必要な教養と常識を提供することに力を注いだ。このような目的に一致し連携できる美学表現を持つ演劇を、これらの団体はしばしば行事のプログラムの一つとして構成し、独立した形で別途上演した。こうした公演は「素人劇」と呼ばれ、特に一九二〇年代前半に活発な活動を見せる。

この素人劇のなかに、社会主義的思想が明らかな作品が現れ始める。当局はこれらを「偽装された」、あるいは「潜在的」な集会と見なし、他の興行物より厳しく検閲を行った。また、一九三一年九月一八日の満州事変以後、日本のファシズム的性格が徐々に明らかになっていくなかで、当局は左派の殲滅、すなわち社会主義的思想の根元を取り除こうとする一方で、自由主義的思想の芽生えまでも問題にした。これらの統制により三〇年代前半を経て、社会主義系や民族主義系の演劇活動は確実に委縮し、三〇年代中盤を過ぎるとその活動の場は失われていくこととなった。

当時の新聞記事によれば、事前検閲により公演不許可となった事例はいくつかの型に分類することができる。まず一つ目は「不穏な事件（独立運動を想起させうるものを当時はこう表現した）」の導火線になりそうな時局と関連するもの、二つ目は公演を主催する団体の性格や公演目的が政治的なもの、三つ目は不許可の理由が曖昧なもの、最後に事前には許可は下りたが「突然禁止」されるものである。[13] このような状況において、検閲当局は、脚本の内容の如何にかかわらず、政治的な危険性が潜在する集会と見なされる公演それ自体を問題にしたということである。このような演劇統制はまさに思想統制の一環であった。

一九二六年四月、警務局に図書課が設置され、各種の出版物や映画の検閲の所管は図書課へと移るが、演劇統制は保安課が変わらずに担当した。これは、当時の演劇統制が社会主義思想の拡散を阻止するために行われていたことと、公演検閲の重要性を認識していたことが原因だと考えてよいだろう。すなわち、演劇の場合、事前検閲を通じて不穏なものをいったん排除したとしても、公演の場は突発的な変更の危険をつねにはらんでいるため、公演検閲を通じて機動性を発揮できる所管当局が必要であったのである。

このような動きのなかで、演劇界は検閲を受けるという経験をすることによって、合法と非合法の線引きの判断についての感覚を身につけ、事前検閲と公演検閲を通過するための工夫をしたのではないかと考えられる。事前検閲と公演検閲という二重の負担は、演劇人たちの実践的な意志を減退させた。しかし、より決定的であったのは、劇団が経済的に打撃を受けたという事実だった。創作意欲を削がれ、厳しい検閲のために活動できなくなった演劇団体には貧窮するものも多くあった。演劇における検閲とは、演劇の存在基盤に対する統制であったといえる理由がここにある。しかしながら劇団を解体するわけにはいかない以上、経営難を打開するための秘策を見つける必要が生じた。したがって、厳しい検閲の目を逃れながら観客を動員できる方法を積極的に模索し、多くの観客が劇場に足を運ぶような「大衆物」の考案に劇団は力を入れるようになる。

当時の新聞記事によると「当局の忌諱にふれるものもあったが没収するような例はなく、大抵は改作させ上演するようにした（中略）内容は本格的な演劇運動を意味するものは極めて少なく、大抵は興味、「ナンセンス」[14]

だったと、その状況を説明している。このような報道が真実であれば、一九三〇年代半ばの演劇界はこのような大衆物に取り組むことにより演劇市場景気が改善し、検閲も順調にすりぬけていたと考えられる。

5　国家による演劇統制

日本は、一九三七年の日中戦争以降、朝鮮においても政治、文化、経済など、社会のすべての分野で戦争の「新体制」を構築するための作業に少しずつ着手し始める。演劇界もこのような状況から逃れられなかったことはいうまでもない。四〇年に入ると日本は非常戦争体制を宣布し、朝鮮における新体制運動を担う組織として「国民総力朝鮮連盟」（一九四〇年一〇月一六日結成）（以下、総連）を改編し、そのなかに文化部を新設する。[15]

すべての文化活動にも「新体制」を備え、活動分野によって民衆を指導し、民衆と親しくなるために、内地の大政翼賛会に文化部を置いたことにならい、朝鮮の国民総力運動にもこのような文化部を設置し、銃後の民衆の文化向上のための指導は無論のこと、文化を通じて臣道［大日本帝国の臣下としての道：引用者注］実践を徹底的に期することにした。すなわち、国民総力朝鮮連盟の思想部を二つに分け、文化部を新しく設置することを総督府国民総力課で準備中であるが、名前も「文化部」というだけあって、出版、映画、音楽、演劇、その他楽劇に至るまで、すべての文化分野に従来とは異なった内容と形式を備え、新しく体制を整え、民衆と親しい、民衆のものを作っていくことにするという。[16]

この総連の文化部は、演劇分野だけではなく当時の朝鮮のすべての文化芸術分野に対する国民運動および統制を主導する指導機関として機能することになる。この文化部の傘下に「朝鮮文人協会」、「朝鮮映画人協会」、「朝鮮演劇協会」（一九四〇年一二月二二日結成）などが設立された。続いて一九四一年には「朝鮮演芸協会」（一九四一年一月二七日結成）を、一九四二年には朝鮮演劇協会と朝鮮演芸協会の統合団体である「朝鮮演劇文化協会」（一九四二年七月二六日結成）が発足し、いわゆる「文化新体制」としての組織が確立された。

このような官製の文化団体の結成に関して注目すべき点は、演劇統制の方針が、「消極的取り締まりから積極的指導・統制へ」と方向転換を遂げたことである。以上の点について、国民総力朝鮮連盟の文化部芸術分野連絡係の参事で京城帝国大学の教授であった辛島驍は次のように述べている。

総督府の施政のうちに各種文化運動に対する積極な指導が考えられることになり、関係当局を中心に文化問題に情熱を持つ課長事務官などが結束して事に当たり、弾圧的でない文化政策の実施という段取りとなったのである。査察取締りから指導援助へ、これは全く百八十度の転換であった。(17)

一九四〇年以前まで、当局は演劇活動を単なる消極的取り締まりや検閲の対象と考えていたが、この時期からは当局の政策的介入が目立つ形での演劇統制を行うこととなる。すなわち、一九四〇年代前半期の演劇統制は、取り締まりや弾圧の次元を超えて、指導と振興までを含む、演劇界に対する国家機構による積極的な管理であった。このような当局の積極的な介入により、朝鮮の演劇人たちを動員、管理し、これを土台に「国民演劇」を発展させていくという「演劇政策」が確立されることになった。

こうした演劇統制政策の実施は国家的次元において演劇の重要性が認められたという面も持つが、注目すべきは、いったい何のために国家が介入するのかという点である。この時期の演劇統制政策は、反日的民族主義演劇や社会主義演劇、退廃的な大衆演劇に対して一貫して弾圧を行い、その代わりに新しく国策に協力する国民演劇だけを奨励・支援・管理していた。これは国民演劇の振興策として、国策遂行のための手段として演劇を積極的に利用することが、一九四〇年代前半期の演劇統制の本質であったことをまぎれもなく示している。

演劇を国家機関で効率的に管理するためには、演劇人と劇団の整備が第一の課題であった。映画統制の場合は、フィルム普及の問題が映画産業全体に対する統制の糸口だったと思われるが、演劇の場合は人間（役者）が直接に身体で演じる芸術であるため、演劇人の整備が統制の糸口であった。したがって、前述した「朝鮮演劇協会」と「朝鮮劇作家同好会」（一九四〇年一二月二二日結成）が、演劇人統制機構として結成された。朝鮮演劇協会（結成当時、指定加入した劇団は全部で九団体「阿娘」、「青春座」、「豪華船」、「黄金座」、「演劇号」、「芸苑座」、「老童座」、「朝鮮声楽研究会」、「高協」）の劇団員三〇〇余名が協会に加入することとなる。

主務官庁の力は統制の力ですが、この力を感じることが出来たのは「劇協」の結成からです。これから内容が不誠実な団体や、ふるまい又は演劇人としての態度が不純・不誠実だと判断される個人には、上演・出演させない制度が施行されます。（中略）協会の諸般一切は5人の理事がこれを作成します。この理事らは全員当局から承認を得た人々です。それから理事会の決定事項は必ず主務官庁の承認を得てから実行しなければなりません。（中略）3月1日になれば劇協に加入してない劇団体は朝鮮の中では舞台に立つことは出来ません。それゆえに、すでに加入している9つの劇団以外の他の団体は一定の基準の下、団体の内容の審査を受け、理事会で可決されれば、その旨当局に報告されます。当局は別に実勢調査をして、その内容が充実していると判断した時、はじめて新加入を許可することとなります。[18]

上記からも明らかなように、この協会の運営においては、理事会で決定したことが、主務官庁から再び承認されている。こうしたことからも官の主導性は明らかである。ゆえに、協会は民間団体の形態をとってはいるが、当局の指針に従って指導を受け、演劇人と劇団を管理し、指揮を管轄する本部機能を担当していたことがわかる。また、演劇協会と同じ日に結成した劇作家同好会も、演劇協会の所属団体（九団体）会員でなければ上演できないという規制条件を劇作家の活動を統制するための手段にした。[19]

朝鮮演劇の統制機構として発足した演劇協会は、「朝鮮演芸協会」（一九四一年一月二七日結成）と統合し、一九四二年七月二六日に「朝鮮演劇文化協会」として再発足する。協会は四五年八月、朝鮮が解放されるまで、すべての演劇文化を管理、統制する機構として機能した。この協会によって、演劇界に対する統制はいっそう強化される。その代表的な例として、四四年四月には総督府が発表した「演芸、興行に関する非常措置」という規則によって、朝鮮演劇文化協会主催の資格試験を役者に対して行い、失格者の演劇活動を停止させる例規まで作ったことが挙げられる。[20] 試験は二日間行われ、一日目は「国民演劇の進むべき道」をテーマにした論文試験が、二日目は台本の朗読・演技・面接などの実技試験が課せられた。[21]

この他、朝鮮演劇文化協会の主要な事業としては、①演劇人に対する再教育、②国民演劇が向かうべき方向の指導、③移動劇団の運営、④国民演劇競演大会の開催と国語劇の奨励が挙げられる。これらすべてが国民演劇を強化するための手段として機能した。

このような流れのなかで、一九四四年五月八日、「朝鮮興行等取締規則」(総督府令第一九七号)が公布される。この規則ではまず第一条から第四条にわたって「興行」、「上演」、「劇団」、「興行者」などの法的概念を明確にしている。

この朝鮮興行等取締規則によって、当局による許可を得ていない興行者、技芸者、演出者は興行や出演、演出ができなくなった。興行者に関しては第五条から第一四条まで、技芸者に関しては第一五条から第一八条まで、演出者に関しては第一九条から第二二条までの条項で、その許可と証明、取り消しに関する規定が示されている。そして第二五条から第三三条までは、検閲に関する規定、第三四条は臨検に関する規定である。この規定によって、以前は定められていなかった脚本の上演有効期間が二年と決定された。

この朝鮮興行等取締規則の注目すべき点は、技芸者(演技者)を中心とした個人別登録制が実施されていることである。脚本や公演に対する事前検閲と公演検閲という二重の検閲よりも、人間を物質的に取り扱う――番号をふって名札をつけるような――という点で根源的な管理統制方式だといえるのがこの個人登録制である。朝鮮演劇協会が協会を通じて個別に演劇人を任意に管理、統制する方式から、この規則が制定されたことで、国家によるより体系的な管理が可能になったといえる。

6　おわりに

植民地朝鮮での演劇検閲は、初期の衛生と風俗の側面における劇場での取り締まりから、公演を行う前になされる事前検閲と上演中に行われる公演検閲へ、さらには国家が直接個人をも指導、統制する方式へと変化していった。つまり、取り締まりを主とする消極的な政策から、指導、管理、統制する積極的な政策へと転換したのである。

前述した検閲の三つの形態すべてが、当時朝鮮での演劇界に現れていたことが確認できた。事前検閲、事後検閲、それから一つの検閲対象に関しこの二つをともに行う二重検閲である。また自己検閲についても、植民地時代全般、とりわけ一九二〇—三〇年の思想検閲の時代に見てとることができた。

以上、大日本帝国の植民地時代の朝鮮における演劇分野での検閲を見てきたが、このような仕組みが植民地時代だけ行われていたわけではなく、韓国の独裁政権時代にも政権に反する創造主体は厳しい検閲に苦しめられていた。二〇〇〇年以降、検閲というキーワードは韓国の芸術界からその姿を消していたように見えた。

しかしながら、二〇一五年九月、韓国の芸術界では検閲が再び話題になった。韓国文化体育観光部の傘下組織である韓国文化芸術委員会が創作支援の選定の過程に介入したことが明らかになったのである。審査委員らにより選定された作品および作家が政府に批判的な立場を示していると韓国文化芸術委員会は判断し、審査委員を脅迫、懐柔し、選定を取り消すように仕向けていたことが明らかになった。また、その一方では選定された芸術家の監査や、芸術家自らに選定を放棄するように促すなど、検閲および不法行為が韓国文化芸術委員会により行われたのである。これはまさに芸術家に対する政治的な検閲と見なしてよいだろう。

これに対し、文化体育観光部長官と韓国文化芸術委員会の委員長は、国政監査の際に、社会的混乱を起こす作品および作家に関する支援の排除を主張し、社会的混乱を予防することが芸術支援機関の任務だと述べた。このことは、結果的に政治検閲を認めただけではなく、今後も検閲を続けることを公表したことと判断することができる。このようなことは、表現の自由を否定、破壊し、国民と国家が委任した権力を政治へと従属させることであった。

この一連の出来事は、氷山の一角にすぎなかった。韓国は二〇一七年五月、文在寅《ムンジェイン》大統領のもと新しい政府が立ち、当時話題になっていた文化芸術界における検閲の問題に関する本格的な調査が始まった。この調査により、前々の政府と前の政府が文化芸術界を弾圧・規制するために秘密にリストを作っていたことが明らかになった。このリストは「文化芸術家ブラックリスト」と呼ばれていて、その目的は、国家次元で不利益を与えることで、各個人の表現の自由を押さえつけることであった。このブラックリストと政治検閲はお互いに鋸歯のようにかみ合っていて、リストに挙がった文化芸術家は政治性向を理由に芸術委の支援対象から排除される不利益を被った。

以上のような、韓国の文化芸術界におけるブラックリストの話は、創造主体が自分の作品を自ら検閲する内在化された自己検閲につながる可能性が非常に高まることからも、政府の事前検閲はより深刻にとらえる必要がある。また、これは、かつて、植民地時代と独裁政権時代の検閲の経験から、すでにその恐ろしさを知っているからこそ、深刻さは増すことになる。それが悲劇的な検閲につながらないように、私たちは内在化された自己検閲に注意深くあらねばならない。

表現の自由は文化先進国の証である。私たちは長い経験を通じて自由で多様な芸術だけが、健全な国家維持のための重要な要素になるという真理を信じている。芸術の命は世のなかに対する批判意識である。その批判はある時は間接的であり、ある時は直接的である。そのどちらが芸術的かを判断するのは私たちではない。その判断は芸術自体に無形に宿る巨大な力こそが担うからである。

注

（1）Emmanuel Pierrat ほか『検閲に関する黒書―― *Le livre noir de la censure*』グォン・ジヒョン訳、アルマ、二〇一二年、二一ページ

（2）パク・ホンホ「「文化政治」期新聞の位相と反――検閲の内的論理」（成均館大東アジア学術院『大東文化研究』五〇集、成均館大学大東文化研究院、二〇〇五年、二二五ページ）参照。

（3）大日本帝国憲法第二六条「日本臣民ハ法律ニ定メタル場合ヲ除ク外信書ノ秘密ヲ侵サル、コトナシ」

（4）警視庁令一五号（大正一〇年七月）

（5）統監府とは、朝鮮王朝の末期（一九〇六年二月―一〇年八月）、朝鮮侵略のため日本が京城（現、ソウル）に設けた機関のことである。

（6）「演劇変更」（『大韓毎日日報』一九〇九年六月八日付）、「演劇場から税金」（『大韓毎日日報』一九〇九年六月一九日付）、「演戯脚本取締」（『大韓民報』一九〇九年七月九日付）、「演戯規則制定」（『大韓毎日日報』一九〇九年七月一三日付）参照。

（7）ここで、当時の劇場統制に関連する「衛生関連」記事の内容は以下である。

・劇場公演時間の規制（一二時まで）（「演戯時間」『大韓毎日日報』一九〇八年六月二三日付）

・劇場内でのラッパ演奏の禁止（「人籟」『大韓民報』一九〇九年九月二四日付）

・劇場内の鉦演奏の禁止（「撃鉦禁止」『皇城新聞』一九一〇年三月三日付）

「風俗関連」記事の内容は以下である。

・演劇の風紀紊乱により、日本演劇を模倣することを進め（「演劇変更」『大韓毎日日報』一九〇九年六月八付）

・演戯原料の事前検閲（「演戯脚本取締り」『大韓民報』一九〇九年七月九日付）

・淫談悖説の演戯禁止（「厳喩演社」『皇城新聞』一九一〇年一月二二日付）、「劇場浮戯禁止」（『皇城新聞』一九一〇年三月二〇日付）、「妖女禁止」（『大韓毎日日報』一九一〇年六月二五日付）

・女学生服装の密売淫女の取締り（「厳密詗探」『大韓毎日日報』一九一〇年四月二三日付）

・劇場内の淫蕩な女と放蕩息子取締り（「無票入場者の被捉」『皇城新聞』一九一〇年六月一五日付）

（8）キム・ゼソク「韓国新派劇の形成と川上音二郎の関係研究」（『語文学』88韓国語文学会、二〇〇五年）を参照。

（9）「素人劇も禁止、保寧郡警察」（『東亜日報』一九二六年八月二三日付）、「上級官庁検閲済、脚本上演禁止」（『朝鮮日報』

一九三五年二月九日付）、「警察部検閲済、脚本を臨席の警官の恣意削除」（『朝鮮中央日報』一九三五年二月九日付）参照。

（10）「興行取締方針」『朝鮮日報』一九二一年五月一八日付

（11）「興行取締規則」（『東亜日報』一九二二年三月二九日付）、「38条興行取締規則」（『東亜日報』一九二二年四月五日付）参照（京畿道令第二号については、京畿道報原文データベースから一九二二年度が抜けていて、その上、図書館でも入手することができず、原文を見られなかった。したがって、上記の新聞記事を含め、いくつかの記事からその内容を把握した）。

（12）アン・ゴンホ『1920年代前半期朝鮮青年会連合会に関する研究』（崇実大学院修士論文、一九九三年）を参照。

（13）「労働素人劇を禁止」（『朝鮮日報』一九二三年九月二九日付）、「素人劇禁止、無理な永興警察」（『時代日報』一九二六年六月二七日付）、「青山在外学友会素人劇会禁止」（『朝鮮日報』一九二九年八月一八日付）、「水害救済劇禁止」（『朝鮮日報』一九三〇年八月六日付）など参照。

（14）「真実な演劇より「ナンセンス」劇高位」（『朝鮮日報』一九三二年八月一〇日付）

（15）「国民総力朝鮮連盟」は一九三八年に結成された「国民精神総動員朝鮮連盟」の後身である。

（16）「音楽と演劇も一翼」『毎日申報』一九四〇年一二月一六日付

（17）辛島驍「朝鮮における文化政策の現段階」『朝鮮』一九四二年一〇月号

（18）李瑞求「新体制と朝鮮演劇協会結成」『三千里』一九四一年三月号

（19）李瑞求「劇作家同好会結成」『三千里』一九四一年三月号参照。

（20）「演劇・楽劇・唱劇整備――6日から全演技者の資格審査」（『毎日申報』一九四四年四月五日付）、「失格者は舞台行動の停止――朝鮮演劇文化協会で例規を決定」（『毎日申報』一九四四年五月一〇日付）を参照。

（21）ゴソルボン『証言演劇史』（ジンヤン、一九九〇年、八八―八九ページ）を参照。

第3章　文化国家

中村美帆

1　文化と国家に関する問題意識

文化政策における文化と国家の関係はどのようなものか。あるいは、どのようなものであるべきか。ここでは国家が文化を掲げることについて、「文化国家」という概念を中心に考える。

「文化国家」という概念は、用いられる文脈に応じて異なる多様な背景を持っている。例えば国家が積極的に文化を支援するフランスについて文化国家と評されることがある。さらに「多文化国家」にまで視野を広げると、オーストラリアやカナダの取り組みが紹介され、最近ではシンガポールも例に挙げられたりする。

とりわけ日本における「文化国家」概念を論じるにあたって避けて通れないのは、ドイツで誕生したKulturstaat概念（Kulturは英語のcultureに、staatはstateにあたる）の影響である。そこで本章では、第2節でドイツの「文化国家（Kulturstaat）」概念とその日本への影響を確認した上で、第3節では戦後日本で盛んに議論された「文化国家」論について検討する。[1] 最後の第4節では、今日、「文化国家」概念から文化庁が掲げる「文化芸術立国」に至る過程を確認した上で若干の考察を試みる。

2　ドイツの「文化国家(Kulturstaat)」概念と日本への影響

一八世紀半ばのドイツでは、政治的なもの、経済的なもの、社会的なものと明確な一線を引かれる精神性、すなわち個人の自己の内面の教養としての「文化」が重視されていた。しかしフランス革命とその後の動乱の中で、フランスの「文明」に対して、個人ではなくドイツ国民というアイデンティティを持った集団がドイツの「文化」を担うという認識が広まった。やがて「文化」は「自国民の同一性と他国民に対する優位性を基礎づけるものとして物象化され、ドイツ帝国を正当化するイデオロギーとなっていく(2)」。

同じ西欧語の「文化」概念でも、イギリスのculture(カルチャー)やフランスのculture(キュルチュール)が政治に対して日常的に積極的に関与して批判する伝統があるのとは異なり、ドイツ語のKultur(クルトゥール)は政治に対して超然としているものとして理解されていた。だからこそKulturには、軍国主義を批判するのではなく、「軍国主義と結びつきえた」面があった(3)。

ドイツでのKulturstaat——文化国家——の概念の淵源は一八世紀にまで遡ることができるが、実際にKulturstaatという言葉でその概念が表現されるようになるのは一九世紀に入って、フィヒテやフンボルトといった大学人の教養エリートの間で使われるようになってからだという(4)。

当初、教育(陶冶・道徳)・学問・芸術といったドイツの〈文化〉の中でもとりわけ学問の領域で〈文化国家〉は問題視された。当時のドイツの知識人たちは、政府が合理的原理に基づいて行動する「法治国家」概念を政治理念として掲げていた。しかし法治国家が促す官僚的なシステムの発展が大学のプログラム整備にまで及ぶと、大学の精神の空洞化につながるのではという危惧も抱いていた。そこで、大学と学問の自治を堅持しようとして掲げた精神が、文化に対する最大限の援助と最大限の自治を国家が確保するという〈文化国家〉概念に収斂した(5)。

Kulturstaat概念は、「官僚的君主制が直接役立つ見返りを要求せず、学問と精神の世界に過度に厳しい監督権を行使しないで、学問におしみない援助を与える」、「国家は精神的価値の維持と普及のための媒介者となることによって、こうした機能に自己の正当性を見出すことになり、他方、知識人階層は理論により国家に仕え、国家を擁護するという共生関係」として、一九一九年のワイマール憲法で条文化された[6]。一四二条「芸術、学問及びその教授は自由である。国は、これに保護を与え、その奨励に関与する」をはじめ、一四三条「青少年の教育は、公の施設において行われるよう配慮するものとする」、一五〇条「芸術、歴史及び自然に関わる記念物並びに名勝風景は、国の保護と配慮を受ける」等に、文化に対する国家の積極的な援助助長の姿勢がみられる。

文化に対する国家の積極的な関与が認められたことは、その後のナチス・ドイツの文化統制につながった。戦後一九四九年のドイツ連邦共和国基本法五条三項では、「芸術および学問、研究および教授は自由である」と述べるにとどまり、国による保護と奨励に関する後半部分は削除されている。これは文化の軽視ではなく、ナチス・ドイツの反省を踏まえ、国家の権限の関与を少なくする意図の表れとされる[7]。

ドイツ由来の「文化国家（Kulturstaat）」概念は、日本においては少なくとも一八八〇年代後半には紹介されていたことがわかっている。

第二次伊藤博文内閣で文部大臣を務め教育勅語起草にも関わった井上毅は、一八八八（明治二一）年の講演で、法治国家の次の段階として「行政の目的はレヒト　スターツ［法律国：引用者注］ばかりでなく、更に一歩進めてクルツール　スターツでなければならぬ」、「クルツール　スターツは教化国といふ意で、則ち誘掖勧導より人民の幸福文明を進むる」と述べた[8]。経済学者で社会政策の紹介者としても知られる金井延は、一九〇三年（明治三六）年に、「近世の国家は積極的の方針を採つて純然たる法治国主義と云ふやうなものに依らずにして文化国、教化国、或は化育国の主義を取つて此社会を進めて往く、奨励して往く、人文の発達を助けて往くと云ふやうな方針を採ることになつて即ちクルツールスタートの主義になつた」と述べている[9]。日本に紹介された初期のKulturstaat概念の特徴として、ドイツ同様に法治国家に対するものとして用いられたこと、ただしドイツと異なり、消極国家としての法治国家を超えて、救貧のための社会政策をはじめ人民を幸福に導く積極国家という意味合いが強く、反官僚制という側面はあまり感じられなかったことが指摘できる。またこの時点では、文化国、道義国、教化国、化育国など、訳語も様々だった。

概念の紹介の背景には、当時の日本社会に大きな影響を与えた社会進化論がある。法治国の次の段階のより進化した国家として文化国家は提起された。文化国家は、「明治国家の富国・強国・法治国という国是に代わる新しい国家のイデーともいえる」ものだった[10]。

第一次世界大戦開戦から二年経った一九一六年（大正五）年、政治学者の大山郁夫は当初優勢を保っていたドイツに注目し、「軍国的文化国家主義──独逸国民生活の一面」という論考を発表した[11]。大山は、ドイツの在り様は、国家の独立と存続および国民統一の基礎を固めるために国民的共同の「文化」の理想を掲げる「文化国家主義」であると述べた。なぜなら文化は「包括的」であり、異なる民族、宗教、階級、地方を均一化するのではなく、複雑の間に統一と調和を求めるので、普遍的理想として国家の目的とするのに適しているためである。大山の文化国家主義は、時局の影響もあって、帝国主義的な文化国家像を肯定するものだったが、「文化は国家の目的であり、力は其手段」、「文化を主とすべく力を従とすべきである」と位置づけていた。

第一次世界大戦敗戦後のドイツを論じる中で「文化国家」は、野蛮な軍国主義に対して、文明国間の国際協調を目指すコスモポリタニズムと結びついていった。例えば一九一九（大正八）年六月二九日の『中外商業新報』[12]は、「過れるミリタリズムの羈《（羈）》絆より脱したる独逸は、新たなる文化国家《クルツールスター（ルビ原文ママ）》を建設し、世界に向かつて新文明を提唱するに至るやも知る可からず」として、ミリタリズムすなわち軍国主義に対比される国家像として「文化国家」を用いた。また一九二一（大正一〇）年一月一—四日にかけて文学博士の坂口昻が『大阪朝日新聞』に寄稿した国際連盟について論じた記事[13]では、「吾人がこの点に於て最も頼みとする所は、（中略）全世界に於ける文化国家間の合法的協定の完成である。更に詮じつめると、一国に於ては善良なる意味に於けるデモクラシー、国際に於ては同じ意味に於けるコスモボ《ママ》リタニズムが、それぞれ如上の一切の発展の指導精神となることである」とある。ここでは、国際社会で合法的協定を結んでコスモポリタニズムを実現させる主体となることができる国家像として文化国家が用いられている。これら新聞紙面からは、この頃には「文化国家」が訳語として一般的になっていたことも推察できる。

一九三〇―四〇年代になって日本社会の戦時色が強まってくると、「文化国家」概念から反軍国主義のコスモポリタニズムが抜け落ちた。代わりに文化国家は国防国家と対になって、「国防国家か文化国家か」あるいは「国防国家こそ文化国家」という論じられ方に変わっていった。大政翼賛会文化部長に岸田國士が就任した一九四〇（昭和一五）年一〇月の『大阪毎日新聞』の社説「文化政策への新出発」[14]には、「現代の国防は一国の科学文化と産業文化との最高の一表現である。ゆえに国防国家として完成せられることは、即ち文化国家としての完成をも意味するはずである」という一文がある。国家の究極の目標として掲げられることで、国防と文化は同一視された。また日本による朝鮮半島の統治三〇年を記念した『京城日報』の一九四〇年の連載記事「施政三十年・回顧と展望」[15]では、「国家は個人放任主義を抛《なげう》ち、個人をして没我的に国家と協同し協力し全体への帰一完成を要請しつつある」、「法治国より出て、この真の意味の文化国家への飛躍こそ朝鮮が現に歩み、将に到るべき指標であり、個々を滅し全体としての完整により体制翼賛の誠が披瀝されねばならぬ」という文章もある。この頃の「文化国家」においては、没個人的な国民の国家への統合、今日的に言えば全体主義に通じる国家像を提示していた。

第二次世界大戦敗戦後には、戦中までの文脈とは異なる意味において、日本は文化国家を目指すべきという文化国家論が盛んに議論された。とはいえ「文化国家」概念が全面的に受け入れられたわけではなく、懐疑的あるいは批判的な見解も含めて、とにかくこの時期に話題になったキーワードとして理解すべきだろう。敗戦を経験した戦後日本の文化国家論は、これまでのやり方では通用しないという危機意識の現れでもあった。その当時の文化国家論の中には、ナポレオン占領下の「ドイツ国民に告ぐ」をはじめとするフィヒテの思想や、第一次世界大戦後のドイツに言及するものもあり、敗戦という困難な状況から立ち上がった先例としてドイツを参照したい心情[16]を察することができる。

3　戦後日本で掲げられた「文化国家」論[17]の盛衰と特徴

一九四五（昭和二〇）年七月二六日発表のポツダム宣言にも、八月一五日のいわゆる玉音放送（終戦詔書）にも、「文化国家」に関する言及はなかった。戦後日本における「文化国家」の初出として現時点で確認できる最も早い資料は、四五年九月一五日付の文部省「新日本建設ノ教育方針」である。

新日本建設の教育方針

文部省では戦争終結に関する大詔の御趣旨を奉体して世界平和と人類の福祉に貢献すべき新日本の建設に資するが為め従来の戦争遂行の要請に基く教育施策を一掃して文化国家、道義国家建設の根基に培ふ文教諸施策の実行に努めてゐる。[18]

当時文部大臣を務めていた前田多門は、GHQが進駐してくる前、具体的には九月一五日までは「完全に自発自律的に、省務を処理した」と回想している。[19]戦後日本における「文化国家」概念は、戦時中の軍国主義の皇国教育に代わって新たな日本が目指すべき方向性として、実質的な占領開始の前に日本側の主導で提示されたものだった。

後に文部大臣を務めた森戸辰男が一九四六（昭和二一）年四月付の自らの著作で「もう一度国際社会に伸びてゆく日本の姿が文化国家でなければならぬ、といふことについては不思議なほどの国論の一致が存してゐる[20]」と述べていることから、戦後日本の「文化国家」概念は、登場から約半年の間に普及していったことがわかる。[21]四六年八月に議論された日本国憲法の附帯決議においては、「四、憲法改正案［日本国憲法：引用者注］は、基本的人権を尊重して、民主的国家機構を確立し、文化国家として国民の道義的水準を昂揚し、進んで地球表面より一切の戦争を駆逐せんとする高遠な理想を表明したものである」と述べられるに至った。[22] 四六年一一月の憲法公布にあたっては、昭和天皇の勅語においても「国民と共に、全力をあげ、相携へて、この憲法を正しく運用し、節度と責任とを重んじ、自由と平和とを愛する文化国家を建設するやうに努めたいと思ふ」と述べられている。[23]

存在が確認された、戦後日本における文化国家を論じた雑誌記事や新聞記事の分布からは、一九四五（昭和二〇）年に登場した戦後日本の文化国家論は四六（昭和二一）年に一気に議論が盛り上がった後に一旦下火になりかけたものの、四九（昭和二四）年に再び議論が盛り上がったという大筋の傾向を見て取れる。現存する雑誌記事や新聞記事からは、四九年の「文化国家」再燃はもっぱら民間言論に担われていたことも推察できる。

戦後全国各地で発生した文化運動においても「文化国家」概念は用いられていた。[24] 国家を想うという点において、戦時中の「文化翼賛」は戦後の「文化国家」に連結した。換言すれば戦時中の翼賛文化運動の推進によって戦後の「文化国家」の広がりが可能になったとも言える。全国各地の文化運動の高揚は戦後二、三年のことで、一九四八（昭和二三）年ごろには文化団体の消滅や運動の衰退が伝えられている。文化運動の文脈では、四九年の「文化国家」再燃を説明することはできないが、文化国家論が四八年にかけて一旦下火になっていった動向とは軌を一にしている。

文化国家論衰退の外在的要因としては、日本が置かれている国際的な状況の変化、具体的には一九五〇年（昭和二五）勃発の朝鮮戦争と軍事特需を経て文化国家から経済国家へと国家目標が変化したこと、[25] 五二（昭和二七）年のサンフランシスコ平和条約の発効による単独講和の実現などが要因として考えられる。[26]

一方「文化国家」という概念そのものに内在する衰退の要因として、一九四七（昭和二二）年に制定された文教施策の基本法である教育基本法（旧）の前文であえて「文化的な国家」という表現が選ばれたこと、その背景に国家が文化の主体となることを認めた「文化国家主義（Kulturstaat）」と一線を画する意図があったことが指摘されている。[27] 前文の文言は、ＣＩＥ（民間情報教育局）からのクレームで、「文化国家」から「文化的な国家」に書き直された。西村巌文部省調査局審議課長によると「原案で「文化国家」としたら、それはドイツ流の国家観念だと指摘された。向こうは、この表現にナチズムを見るほど神経質になっていたのだろう。「文化的な国家」と直してやっと了解を得た」という[28]。制定後の法解釈においては、教育基本法の「文化的な国家」とは、「真、善、美の文化価値の実現を目指す国家を意味する」という説明がなされ、「法治国家主義に対して、国の行政が国民の精神生活にまで干与し、国家自らが文化政策の主体であろうとするいわゆる文化国家（Kulturstaat）主義をとるものではない」、文化国家主義と「誤解されることを恐れて、特に文化的な国家と言う表現がとられた」（傍点ママ）と述べられていた[29]。

以上見てきた戦後日本の文化国家論の特徴としてはまず、軍国主義と決別した平和国家であることが挙げられる。例えば「軍国主義の終焉は必然に権力国家乃至武力国家に対立する文化国家の誕生を意味する[30]」、「国防国家、否武力国家との対照において文化国家の観念を検討せねばならぬ[31]」という見解に代表されるように、おしなべて軍国主義を否定した平和国家として文化国家が論じられている。平和との結びつきは文化国家論に限らずこの時期の「文化」という言葉が持つ特徴でもある。「敗戦は「文化」というシンボルを一気に浮上させる契機となった」のであり、「戦時中、国家や戦争にどれだけ役立つかという観点からその存在理由を弁証されていた「文化」は、突如もともと本質的に平和なものであると説明され、普遍的な世界や人間といった概念に親しい近代的なイメージのものとして語られるようになる[32]」。

加えて、国家が文化の主体ではないことが明確化されたことによって、国民ないし民衆が文化国家の担い手であり、国家はその支援に留まると認識されたことも、これまでの文化国家論と比較して重要な変化である。「文化は個人の創造であり、国家の政治やその制度は、そうした創造の援助者としての役割しか演じない[33]」、「文化的創造は本来国家的なものでなく、個人の創意と社会的環境の所産であり、従ってそれは強度の自主性を要求する」、「国家は文化の昂揚の名目の下にその権力を濫用してはならない」、「国家的政策の基本原理を明瞭にし、国家権力の発動の正当な限界を劃さなければならぬ[34]」など、国家との距離を強調する文化国家論は多い。国家が主体ではないことが明確化されたことで「民衆」が文化国家の担い手であることが改めて認識されるようになったため[35]

か、戦後日本の文化国家論において教育を重視する見解が多数あるのも特徴的である。

そして、民主主義の思想や個人の自由や権利といった考え方の導入によって、文化国家において個人を尊重することが原則として確認されたことも戦後日本の「文化国家」概念の大きな特徴である。日本国憲法で精神的自由の諸権利が認められるに至り、「文化活動は個人の自主性に基づくものであることが公認されるようになった」[36]。文化国家は「自由な個人としての人間を主体にした国家」で、「常に個人が単位であり、国家や、その制度は、そうした個人の平和と幸福を守る為の手段でしかない」[37]、文化国家を目指した「憲法は個人の権利、自由及び尊厳の保障に最も重きを置いて居り、文化価値の涵養のために個人の人格を犠牲にしてはならない」[38]などの指摘がなされている。

個人の人権重視の背景には人権観の変化もある。第二次世界大戦を経て、「国家から干渉されない消極的な自由」だけでなく、かつては「文化国家の恩情」に過ぎなかった「国家の適切な作為を民衆が求める積極的な自由」の要求も、社会権すなわち人権として捉えられるようになった。国家の作為の要求を「個人の人権」と結びつける論理が登場したのである。個人における消極的な自由の保障に加えて積極的な自由の実現を目指すものとして文化国家を論じた見解[39]はこうした人権概念の発展に対応したものと言える。

歴史を繙けば、ドイツにおいて法治国家に対置する概念として生まれた文化国家は、形式的官僚制をはじめとする法治国家の弊害を是正するために、無計画で恣意的な統治に対抗しようとした法治国家の考え方それ自体をも否定してきた面がこれまであった。その意味において、一九四五年以前の「文化国家」概念は、基本的に法治国家の反対語だったと言える。日本における「文化国家」は、一九四五年以降に「平和主義」「民主主義」とともにうたわれたことにより、「個人」「自由」「権利」と両立する概念へと新たな展開を見せた。それは、戦後ドイツの基本法における「法治国家」、すなわち実質的法治国と両立する「文化国家」だった。

そのような「文化国家」が目指したところは、日本国憲法の三大原則である平和主義、国民主権、基本的人権の尊重とも重なる。当時の「文化国家」概念は、まさに戦後日本の理想を体現する国家像だった。

4　「文化国家」から「文化芸術立国」へ

敗戦直後に掲げられた「文化国家」という理想は、その後の日本社会で折に触れて問い直されることはあっても、国家像の議論の主流に戻ることはなかった。文化は、文部省の管轄下において、「文教」すなわち教育の文脈の中で「創造」を担うものとして位置づけられ、論じられてきた。(40)

一九六八（昭和四三）年六月、文部省内部部局の文化局と外局の文化財保護委員会が統合されて、文部省の外局としてではあるものの、文化を管轄する国レベルの省庁として文化庁が創設された。七八（昭和五三）年には、文化庁一〇年史『文化行政の歩み――文化庁創設10周年にあたって』が刊行されている。

一九七九（昭和五四）年には、大平正芳総理大臣は所信表明演説において「文化の時代」を語った。同時に「地方の時代」についても語り、文教の枠に留まらない文化の可能性を提示していたが、八〇（昭和五五）年六月に大平が急死したこともあり、国家として積極的に文化を掲げるまでには至らなかった。その後八八（昭和六三）年に出された文化庁二〇年史の題名も『我が国の文化と文化行政』であり、一〇年史と比べてあまり変化を感じさせないものだった。

その一〇年後、一九九九（平成一一）年に出された文化庁三〇年史『新しい文化立国の創造をめざして――文化庁30年史』では「文化立国」という言葉が用いられた。戦後約五〇年余りの年月を経て、「文化国家」ではなく「文化立国」が、文化を管轄する文化庁によって国家の目指す方向性として掲げられたことになる。立国は、「ある基本的な計画や方針によって、国家の存立・繁栄をはかること」を意味する。(41) 他にも知的財産立国、観光立国、科学技術立国、アーカイヴ立国、電子立国など、いわゆる「立国」の例は枚挙に事欠かない。「文化立国」は、国家の直接の目的として文化を掲げた「文化国家」と比べて、国家を活気づける手段として「文化」に着目する意味合いの強い文言である。

二〇〇一（平成一三）年一二月には文化芸術振興基本法が施行された。なお、演劇人で文化政策の論客でもある平田オリザの著作『芸術立国論』の初版の刊行年月は、文化芸術振興基本法成立の少し前、〇一年一〇月である。[42]著作中の表現としては「芸術」あるいは「芸術文化」を平田は用いていたが、〇一年一二月以降の国をはじめとする日本の文化政策では文化芸術振興基本法によって作られた「文化芸術」という文言がもっぱら掲げられていく。

二〇〇二（平成一四）年に閣議決定された「文化芸術の振興に関する基本的な方針」（第一次方針）には文化立国も文化芸術立国も含まれていなかった。[43]〇七（平成一九）年の「文化芸術の振興に関する基本的な方針」（第二次基本方針）では、「今後一層文化芸術を振興することにより、心豊かな国民生活を実現するとともに、活力ある社会を構築して国の魅力を高め、経済力のみならず文化力により世界から評価される国へと発展していくこと、換言すれば、文化芸術で国づくりを進める「文化芸術立国」を目指すことが必要である」と述べられた。二〇〇九（平成二一）年に出された文化庁四〇年史の題名は『文化芸術立国の実現を目指して――文化庁40年史』となっている。

東日本大震災直前の二〇一一（平成二三）年二月に閣議決定された第三次基本方針では、「心豊かな国民生活を実現するとともに、活力ある社会を構築して国力の増進を図るため、文化芸術の振興を国の政策の根幹に据え、今こそ新たな「文化芸術立国」を目指すべき」など、国家の政策としての「文化芸術立国」の実現が謳われた。二〇一三（平成二五）年五月には、今後の日本における文化芸術立国実現のための方策等を検討することを目的に、文部科学大臣の下に「文化芸術立国の実現のための懇話会」が開催された。その議論も踏まえて一四（平成二六）年三月に作成された「文化芸術立国中期プラン」は東京オリンピック開催予定の二〇二〇年までを文化力の計画的強化期間として位置づけ、文化の力で①人をつくる、②地域を元気にする、③世界の文化交流のハブとなる、という三項目を目指すとともに、これらを支える施設・組織、制度を整備するという考え方で構成されている。

この中期プランも踏まえつつ策定された「文化芸術の振興に関する基本的な方針——文化芸術資源で未来をつくる」（第四次基本方針）は、二〇一五（平成二七）年五月に閣議決定された。そこでは、日本が目指す「文化芸術立国」の姿として、①あらゆる人々が全国様々な場で創作活動への参加、鑑賞体験ができる機会の提供、②二〇二〇年東京大会を契機とする文化プログラムの全国展開、③被災地からは復興の姿を地域の文化芸術の魅力と一体となり国内外へ発信、④文化芸術関係の新たな雇用や産業が現在よりも大幅に創出、の四項目が掲げられている。

なお、二〇一三（平成二五）年に着任した青柳正規文化庁長官は、一五（平成二七）年一〇月に『文化立国論——日本のソフトパワーの底力』を上梓し、鈍化した経済成長に代わって、大都市と地方の格差を是正し、成熟社会を可能にするために日本に残された選択肢として、「文化立国」を論じている。「文化芸術立国」ではなく「文化立国」とした理由については、「芸術の魅力と訴求力は絶大であるとはいえ、文化活動全体から見ると小さな部分でしかない」のであり、「芸術作品や娯楽だけでなく、それぞれの地域で人びとに受けつがれている生活習慣や行動様式などもまた文化である」からだという。公的な場面では「文化芸術立国」が用いられているが、このような「文化立国」の使用例もあり、二つの概念は今のところ併用可能にみえる。(44)

以上の流れからは、「文化立国」という言葉自体は一九九〇年代には提示されていたが、「文化芸術立国」が国家の政策として掲げられるようになったのは二〇〇〇年代後半になってからであり、その傾向はますます盛んになっていることが見て取れる。

二〇一七（平成二九）年六月には、文化芸術振興基本法の改正法案が国会で可決、成立し、法律の名称も文化芸術基本法に改められている。そこでは従来の基本方針に代わって、国の文化芸術推進基本計画の策定義務が定められ、国家の文化政策の具体的な実施に向けて、より踏み込んだ動きを求める内容となっている。

「文化国家」概念をめぐる議論では、文化は国家の目的、目指すべき方向性として掲げられていた。その歴史的変遷は、国家が文化を目的として掲げることがよりよい社会の構築という結果に必ずしも結びつかないことも示している。文化国家から文化立国を経て文化芸術立国にいたった今日の日本の文化政策において、文化と国家の関係をどのように考えるか。二〇二〇年のオリンピックを前に検討すべき課題である。

※なお、引用文中の旧字体は適宜新字体に変更した。

注

（1）第2節および第3節の詳細は、中村美帆「戦後日本の「文化国家」概念の特徴――歴史的展開をふまえて」（『文化政策研究』第七号、二〇一四年）を参照。
（2）鏑木政彦「〈ヒエラルヒー〉から〈文化〉へ――近代ドイツにおける文化と政治に関する試論」『政治思想研究』第七号、二〇〇七年、五八ページ
（3）柳父章『一語の辞典　文化』三省堂、一九九五年、一四―一五ページ
（4）フリッツ・K・リンガー『読書人の没落――世紀末から第三帝国までのドイツ知識人』西村稔訳、名古屋大学出版会、一九九一年
（5）小林真理「ドイツにおける〈文化国家〉概念の展開」『文化経済学会〈日本〉論文集』第二号、一九九六年
（6）松田浩「文化国家」、杉原泰雄編『新版　体系憲法辞典』青林書院、二〇〇八年、四六ページ
（7）小林真理「ドイツの文化政策」、上野征洋編『文化政策を学ぶ人のために』世界思想社、二〇〇二年
（8）井上毅「行政ノ目的」、井上毅傳記編纂委員會編『井上毅傳　史料篇　第五』國學院大學図書館、一九七五年、三八〇―三八一ページ
（9）金井延「社會政策」、河合栄治郎編『金井延の生涯と學蹟』日本評論社、一九三九年、五六三ページ
（10）山室信一『法制官僚の時代――国家の設計と知の歴程』木鐸社、一九八四年、三九一ページ
（11）大山郁夫「軍国的文化国家主義――独逸国民生活の一面」『新小説』第二一巻第四号、一九一六年
（12）「独逸の調印可祝又た可戒」『中外商業新報』一九一九年六月二九日付、以下、戦前の新聞記事は全て戦前期新聞経済記事文庫データベース（http://www.lib.kobe-u.ac.jp/sinbun/）（二〇一三年一月二一日閲覧）による。

(13) 文学博士坂口昴「永久の平和（一—六）」『大阪朝日新聞』一九二一年一月一日付—一月四日付
(14) 社説「文化政策への新出発」『大阪毎日新聞』一九四〇年一〇月二二日付
(15)「施政三十年・回顧と展望（一—七）」『京城日報』一九四〇年九月二五日付—一〇月一〇日付
(16) この点に関して、小池聖一教授（広島大学）から貴重な示唆を受けたことを感謝とともに付記しておく。
(17) 戦後日本の文化国家論に関して調査した貴重な単著文献として、池田正好『文化国家の再生——忘却された理念の復権を求めて』自治体研究社、二〇一〇年
(18) 文部省「新日本建設ノ教育方針（一九四五年九月一五日）」、海後宗臣／清水幾太郎編『資料・戦後二十年史5』日本評論社、一九六六年、二ページ
(19) 前田多門『山荘静思』羽田書店、一九四七年、二一四—二一五ページ
(20) 森戸辰男「文化国家論」『中央公論』第六一巻第四号、一九四六年、七ページ
(21) 文化国家の普及の一因として。片山哲内閣（一九四七年五月—四八年三月）が「文化国家建設」を打ち出したことを指摘する見解もある（池田志穂「忘れられた「文化国家」」『梅花日文論叢』第一九号、二〇一一年）。確かに片山は七月の所信表明演説の時点で「文化国家の建設」に言及しているが、普及の主因としては時期が遅い感がある。
(22) 日本国憲法制定時の会議録（衆議院）(http://www.shugiin.go.jp/itdb_kenpou.nsf/html/kenpou/seikengikai/seikengikai.htm：附帯決議（昭和二一年八月二一日第二一回委員会議事録末尾添付資料））（二〇一三年五月二三日閲覧）
(23) 国立公文書館デジタル展示「再建日本の出発」日本国憲法公布式典において賜った勅語（昭和二一年一一月三日）(http://www.archives.go.jp/exhibition/digital/saiken/shousai/photo.html?id=16_1)（二〇一〇年一月三日閲覧）
(24) 北河賢三『戦後の出発——文化運動・青年団・戦争未亡人』青木書店、二〇〇〇年
(25) 半藤一利／辻井喬「対談　今こそ歴史を学び直す時——文化国家になるために」『論座』第一二四号、二〇〇五年
(26) 文化国家論の衰退を、「敗戦直後の「文化」は、やがてアメリカの「民主主義」の登場で、たがいにせめぎあい、次第に押されていく」とする見解（柳父、前掲、一一ページ）もあるが、その因果関係の立証にあたっては、より詳細な検証が必要と思われる。
(27) 杉原泰雄「「文化国家」の理念と現実——日本国憲法下における「文化と国家」」『法律時報』第七一巻第六号、一九九九年

(28) 読売新聞戦後史班『教育のあゆみ』読売新聞社、一九八二年、三四八ページ
(29) 教育法令研究会『教育基本法の解説』国立書院、一九四七年、五二―五三ページ
(30) 長田新「文化国家への途」『瀬戸内海』第一号、一九四六年、六ページ
(31) 牧野英一／尾高朝雄『文化国家の理論／法を作る力』良書普及会、一九四七年、一一ページ
(32) 赤澤史朗「戦中・戦後文化論」、朝尾直弘他編『岩波講座　日本通史　第十九巻　近代四』岩波書店、一九九五年、三一二―三一三ページ
(33) 松尾邦之助「文化国家論」『政治経済』第四巻第六号、一九五一年、一九ページ
(34) 田中耕太郎『新憲法と文化』国立書店、一九四八年、七ページ、一一五ページ
(35) 森戸、前掲、木村健康「福祉国家と文化国家」『中央公論』第六五巻第一号、一九五〇年、長田新「文化国家」『教育科学』第八号、一九五〇年
(36) 赤澤、前掲、二八三ページ
(37) 松尾、前掲、一八―一九ページ
(38) 田中、前掲、一六ページ
(39) 杉浦栄三『文化国家への道』逓友通信社逓友文化教養部、一九四九年
(40) 垣内恵美子／根木昭「戦後の国会審議と法制に見る「文化」の意味とその変遷」『長岡技術科学大学研究報告』第二〇巻、一九九九年
(41) 『大辞林』第三版
(42) 平田オリザ『芸術立国論』集英社、二〇〇一年
(43) 以降、文化庁の政策に関する資料は、同庁ウェブサイト（http://www.bunka.go.jp/）（二〇一五年一〇月三〇日閲覧）
(44) 青柳正規『文化立国論――日本のソフトパワーの底力』筑摩書房、二〇一五年、一一―一二ページ

第4章　文明の思想——帝国主義・植民地主義の胎動

山内文登

1　はじめに

広域的な多民族統治を伴う「帝国」と呼びうる統治形態は古代以来の悠久の歴史を持つ。しかしその統治を基礎付ける「帝国主義」という観念は意外に新しい。それは、西洋諸国の領土拡張に伴う植民地の領有とその支配を正当付ける観念としての「植民地主義」と連動しつつ、一九世紀の特に後半から広く普及した帝国統合のためのイデオロギーである。(1) 注目すべきは、これら二つの観念が、同時期から二〇世紀の前半にかけて、「文明」と「文化」という概念と深く結びつきつつ胎動し、転生を遂げた点である。その過程で文明・文化言説が近代帝国の政策思想に及ぼした役割は、とりわけ平等・普遍と差異・自律という二系列の理念との関わりにおいて顕著に現れた。当初不可分に連関しつつ次第に特有の展開を遂げた文明と文化を両軸に、それぞれ「文明の思想」（本章）と「文化の思想」（次章）に分けて相関的に論じる。その狙いは、文化政策と国家との関係性の諸相、特に帝国における文化的自律性・多元性への政策的関心が台頭してくる歴史的文脈とその意義を析出することである。本章は、第2節で文明・文化の植民政策思想史的な位相に関する総論を提示した上で、第3、4節で文明に絞ってその植民政策上の実相を述べる。

2　植民政策思想における文明・文化と平等・差異

（1）国民国家時代の植民帝国と文明・文化政策

一九世紀に帝国主義・植民地主義のイデオロギーが登場した背景には、国民国家時代における帝国という政体のあり方が深く関わっている。従来からの古典的帝国の場合、少なくとも理念上において世界に唯一の普遍的存在を自認し、そうした位置づけに随伴する矛盾や齟齬への自己再帰的な認識の契機を欠いていた。対して、一八世紀末以降の西洋社会に登場する国民国家という新たな政治形態は、対外的には国家主権の上にいかなる政治的権威も認めず平等に並存する「主権国家」体系を基盤としつつ、対内的には主権者たる成員すなわち「国民」の法的平等を基本理念として掲げた。これは原理的に突き詰めると「脱帝国」の思想という性格を帯びている。しかし、当時すでに植民帝国を成していた西洋諸国は、本国以外の帝国全域に対して新しい国民統合原理を均等に適用せず、むしろ複数の「異法域」の結合体、すなわち格差を基盤とした本国・植民地の統合体として帝国を再編したのである。さらに、未だ包摂されない非西洋世界に対しても無条件に主権国家原理を適用せず、一九世紀後半にはアフリカやアジア各地で植民地争奪戦を激化させ、地球上の大部分を支配下に置いていった。これは、本来帝国という存在と相容れないはずの自らの諸原理に背反する帝国形成の過程であり、その正当化のための各種イデオロギー装置を召喚することになる。

こうした国民国家時代の帝国のあり方を「国民帝国」と把握し、それがグローバルに拡張させるに至る非階層的な国際秩序と階層的な帝国秩序の入れ子構造を「植民地近代」と特徴付けよう[2]。すると、国民帝国は国民統合における平等・包摂の理念と帝国統合における格差・排除の実態との間の齟齬や矛盾を内包し、ナショナリズムと帝国主義とのいわば共生的緊張関係を原初的に抱え込んでいたことになる。そして、帝国内の格差や排除の現実は、時が経つにつれ、致命的なまでに傷口を広げ、二〇世紀には否応なしに内なる差異や他者に対する政策的な関心や関与を深めていくのである。

「文明」と「文化」は、一八世紀後半に西洋の新興市民層の「自意識」の発露として相関的に登場し、すぐに国民統合のイデオロギーへと転化し普及していった(3)。これは批判的な国民国家論が明らかにしてきた重要な論点である。それらの概念は、国際秩序における対外的な自他境界の意識――特にフランスに対するドイツ――であると同時に、集合的な「西洋意識」でもあった。しかし、西洋・国民意識を代弁したこの双子の概念が、「対内」的に、すなわち帝国秩序における「内なる他者」に向けていかに機能し、帝国意識といかなる関係を持ったのか、さらに被植民者の民族意識の形成に対していかなる効果を持ったのか、といった点は、国民国家論の支配言説分析に回収しきれない問題系である。

事実、一九世紀から二〇世紀前半までの植民政策は、しばしば文明・文化という思想に彩られつつ構想された。その密接な関係は、例えば「植民は文化の拡張である、文明の発展である」（新渡戸稲造）といった単純化された命題によく表れている。当時の植民政策は、国民帝国自身に内挿された前述の植民地近代的な入れ子構造によって重要な特徴を帯びた。まず、それは帝国内という意味で「対内」的、本国対植民地という意味で「対外」的という二重の性格を併せ持った。今でいう国内的な「文化政策」と国際的な「文化外交」の両側面を含む形で展開されたといえる（植民地の独立後は実際に文化外交へと転化することになる）。また、国家による統治政策という側面を超えた非国家的主体による「下」からの政策立案的な契機を内在させた(4)。特に重要なのは、政治的権利を剝奪・制限された被植民者の政策過程への参与が「運動」という形態を取ったことで、ここに「文化運動」の植民政策史的な意義が浮かび上がる。以上の問題意識を基礎に、本章と次章を通じて、一八世紀後半以降、国民統合のイデオロギーとして再編される文明・文化という双子概念が、帝国統合および植民政策といかに関わったかを考察する。

（2）植民政策における文明・文化と平等・差異

文明と文化を両軸として植民政策の言説構造を読み解くにあたり、論述の見通しを立てておく[5]。

まず、文明＝文化が共に人間社会の進歩・発展に関わる一般名詞として混用され、近代西洋の国民国家の支配言説として台頭する歴史的文脈があった。汎用度の高かった「文明」で代表させると、それは一元的な普遍主義的枠組の下での平等という理想を世界に振りまく一方で、実際には「人種」思想と連動しつつ、自他境域を設定し参与資格を制限・管理した。典型的には、西洋世界において国民国家と国際社会を構成する法主体（国民と主権国家）の平等原理を保障した「文明国標準」が、同時に非西洋世界における帝国形成と植民地領有を容認するヤヌス的存在として立ち現れた事実に現れている。これらを踏まえて、理念上の平等・普遍原理を〈文明〉、そして実態上の政策を「平等―差別」「包摂―排除」の両極間に定位する基軸を〈文明軸〉と表現しよう。

それに対し、「文化」は、次第に新たな意味を付与されて文明から分立する。その出発点は、自由な個人の内面的な精神活動の自律領域を担保する理念性である。こうして文化は、一元的な〈文明軸〉において従属的に配された特殊性の領域を、横並びの相対性へと読み替え、さらには固有性や卓越性として価値付けることで、差別や排除をむしろ差異や自律へと防衛的に逆転させる思想的営為を可能にした。それはまた、植民政策の文脈において流用され、特に帝国統治下における差異主体たる「民族」が、政治参加や自治の増大と共に「民族固有のもの」としての文化への尊重や承認を求め、結果的に帝国編制を多元化していく原動力となる。これらを踏まえて、理念上の差異・自律原理を〈文化〉、そして実態上の政策を「差異―同一」「自律―従属」の両極間に定位する基軸を〈文化軸〉と表現しよう。

一九世紀後半から二〇世紀前半の国民帝国の植民政策論は、こうした〈文明軸〉と〈文化軸〉をそれぞれ縦横軸とした意味空間の範域におおむね定位される形で展開した。時系列的には、〈文明軸〉から〈文化軸〉が次第に分立し、それに伴い前者が法制度上の「平等―差別」を課題とする〈法制軸〉へと収斂していった。この「文明一元軸」から「法制・文化二元軸」への移行は、第一次世界大戦を境に明確化するグローバルな帝国再編と植民政策の構造転換に対応する。従来の文明国標準に加えて、民族自決という国際標準が台頭することで、被植民者の政治的権利や義務をめぐる平等の問題と、文化的尊厳や自律をめぐる差異の問題がそれぞれ独立変数として考慮されるようになるのである。この結果浮かび上がるのが、植民政策論の論点整理にしばしば援用されてきた〈法制軸×文化軸〉の直交座標系、すなわち縦軸で法制統合上の「平等化―差別化」、横軸で文化統合上の「同一化―差異化」を表す四象限図によって分析される思想構造である。(6)

以下、本章と次章を通じて、そうした図式を超歴史的に想定するのではなく、それを成り立たせる言説編制自体の生成過程に留意した上で、文明・文化と相関した植民政策の胎動と転生の過程を論じる。その際、平等や差異を謳う治者の支配言説だけでなく、それを希求する被治者の批判・抵抗・共犯言説も射程に入れる。

3　文明論的植民政策と平等言説（1）――同化主義と「文明化の使命」

一九世紀に帝国主義・植民地主義という観念の胎動と真っ先に連動するのが文明である。元来その政治思想的な核心には、国民国家の諸原理のグローバル的な普遍性と、その構成単位たる主権国家（国外）と国民（国内）の平等性という理念があった。しかし、それは国民帝国の内と外を貫徹する階層性の正当化論理へと転化することになる。ここにはローマ帝国史や古代文明史の叙述を通じた概念の普及のあり方、特に「野蛮」との二分法が決定的な役割を果たした。(7)すなわち、「文明」civilizationは、しばしば同義語のように混用された「文化」culture、さらに「市民権」citizenshipという、やはりローマ帝国に連なる概念と相関しつつ、帝国の内にその適用範囲を排外的に設定するのである。こうして国民帝国がローマ帝国の遺産の内に文明＝文化という鍵概念の起源を位置づけることで、一九世紀の文明＝文化は近代西洋の国民意識のみならず、その帝国意識の発現としても機能することになった。

近代西洋の文明＝文化（以下、文明）に関わる植民政策的な関心は、まずこうした帝国史の文脈に水路付けられた。すなわち、それは本国中心に観念された文明を帝国の版図のどこまで普及させるかという課題として立ち現れたのであり、植民地に固有の文化をどこまで承認し、いかに関与するかという課題ではなかった。前述した「植民は文化の拡張である、文明の発展である」といった伝播論的な枠組みである。こうして「文明論的植民政策」の実際は、文明の普及を通じた植民地の全面的な包摂ではなく、むしろ排除のベクトルを常に同伴した。その一方で、文明概念が孕んでいた普遍・平等の理念は、支配者本位に設定された「境界」を超えて、被治者の間に共鳴と理念貫徹への欲望を呼び起こすことになる。

「包摂―排除」の一元的な〈文明軸〉において、両極を代表した植民政策がそれぞれ「同化主義」と「間接統治」と呼ばれる路線である。「同化主義」には「文明化の使命」が、「間接統治」には「旧慣尊重」が特徴的な正当化観念となる。フランスとイギリスがそれぞれの代表格とされるが、実際の植民政策の大半は両者の要素を併せ持っており、特定の帝国と固定的に結びつくというよりも、現場において様々な形態を取り得る二つの理念型と捉える必要がある。

近代西洋の植民政策史において、「同化主義」assimilation はしばしば一九世紀フランスの特徴とされる。その根本にはフランス革命の人権思想を核とした自らの文明の普遍性への信念があった。

一八世紀後半のフランスにおける文明の析出過程は、政治的に台頭した市民層による旧体制への改革意識を基盤とする。そうした志向性は、文明概念に対し、元来の階層的出自を超えて、国民全体の包摂と平等を標榜する理念性を付与した。このため、市民革命を経た後、文明は「国民意識」の自己表現へと急速に転ずることになる。

革命当初、第一次植民地帝国を成していたフランスの全域にわたって、そうした啓蒙思想の万人平等論理は忠実に波及するかに見えた。カリブ海のサン＝ドマング（当時最も収益性の高い砂糖植民地）では、本国の革命の知らせに植民地革命の機運が高まり、多種多様な植民地住民を巻き込んでいった。市民権の獲得により平等を求める「同化運動」というべき動きである。それを受けて、まず一七九二年には白人植民者と有色自由人（大半が「有色人」gens de couleur と呼ばれた混血）に市民権が与えられ、本国議会に初の「有色」議員が誕生する。翌年には奴隷も解放して市民に、そしてその翌年にはすべての植民地の住民を市民とした。こうして一七九五年の憲法ですべての海外領土がフランス本国の不可分の一部であると宣言、理念上矛盾なき「国民＝市民帝国」、あるいは皇帝・帝政を自己否定した帝国規模の「国民国家」が成立したかに見えた。

ところが、続くナポレオンの台頭は、文明理念の帝国膨張的な可能性を前景化させる。彼はまず「文明」を掲げてエジプト遠征（一七八九―一八〇一年）を敢行、さらに一八〇二年には武力で植民地と奴隷制の復活を念頭にサン＝ドマングへの侵攻を図る。ここに、対する現地側は、市民権獲得を通じた帝国内の平等を求める同化路線を放棄し、帝国からの解放を追求する独立路線へと運動の方向性を転ずることになる。そうして一八〇四年にはハイチ共和国として独立宣言する。いわゆる「フランス・ハイチ革命」である[8]（「新世界」では北米に続き二番目の独立宣言だが、主要国の承認は先送りされ、現在でもその歴史的意義は過小評価される傾向にある）。

このように、法的平等と包摂を志向する「革命的」な同化主義は、実際のところ無制限には実行に移されなかった。人種主義そして後に社会進化論といった思想に基づく排除論理が介在することで、「国民」とその自意識の表現たる「文明」の境界が選択的に定められたのである[9]。この矛盾は、状態ではなく過程としての「文明化」civilization を強調することでうやむやにされた。いわゆる「文明化の使命」mission civilisatrice という「漸進的包摂」のレトリックである。それはフランス流同化主義の代名詞のようだが、実際には他の西洋諸国でも翻案されており、他にポルトガルの事例がよく知られている[10]。

フランスの帝国建設と植民統治は帝政と共和政の違いに関係なく継続されたが、特に革命の継承者を自任する共和政において、同化主義の理念と「文明化の使命」が強調された点に留意すべきだろう。後に増殖する皇帝不在の帝国の先駆である。一八三〇年からのアルジェリア侵攻に端を発する第二次植民地帝国の形成は、とりわけ一八七〇年の普仏戦争敗退により成立する第三共和政期（―一九四〇年）に拡張の絶頂を迎え、「文明化の使命」もまた最も盛んに唱えられた。この過程で、「文明化」は「奴隷制廃止」（一八世紀末に続き一八四八年に再度実施されていた）と連想観念を成すに至るとともに、北アフリカのオスマン帝国の「奴隷制」に対する「解放戦争」という口実を生み出しつつ、むしろ帝国膨張と植民支配のイデオロギーへと転じるのである[11]。

アルジェリアは同化主義の包摂論理と実際上の排除との矛盾が最も過酷に現れた代表例として知られる。本国の対岸に位置するその近接領土は、同化の論理に従って植民地ではなく本国の一部として形式的に編入され、現地住民もまた国籍上フランス主権下の「国民」nationalとされた。しかし、フランスは、民法に代表される「文明」的なフランス法の適用を受けるか、「旧慣」すなわち各種慣習法に依る社会生活を続けるか、という分類指標を設定し、前者を政治的権利を持つ「市民」、後者を新たに導入した「臣民」sujetに大別した。そうして現地住民の大半を後者に分類したのである。重要なのは、モスリムやユダヤ人が市民権を得るには、実質上の「改宗」とフランス風の生活様式の受容を必要とした事実である（ただしユダヤ人にはいち早く一八七〇年に市民権付与[12]）。すなわち、植民政策において〈文化〉という差異原理が未だ分立しない状況で、後にいう「法制的平等化」と「文化的同一化」がないまぜにされたことになる。その結果、前者を希求する人々は、後者の大きな代償を交換条件として突き付けられる形となり、彼らに激しい反発や怨恨をもたらした。アルジェリアの事例は、世界の植民政策学において同化主義の代表例かつ失敗例とみなされ、一〇世紀になってフランスは植民政策の転換を迫られるに至る。

4　文明論的植民政策と平等言説(2)――間接統治と「旧慣尊重」

一方、「間接統治」indirect ruleとは、イギリスが一九世紀末以降の英領アフリカにおける「酋長chief による統治」に対して与えた名称である。ただし、それ以前から様々な形で行われており、「原住民政策」native policyや「原住民行政」native administrationとも呼ばれた。そのポイントは、旧来からの政治秩序や社会慣習（特に慣習法）を選択的に活用する「旧慣温存」路線にあった。この路線は、イギリスがフランスと同じく「文明」を自負しながらも、その理念的な普遍性以上に、適用範囲の限定性を優先したことの現われである。

特にイギリスが洗練させたのは、在来の有力者を懐柔し支配構造を維持することで秩序安寧を図りつつ、現地の言語や慣習に精通するなど厳しい条件をクリアした少数のエリート官僚を植民地行政官として長期間滞在させ、その一方でごく一部の原住者に本国式の高等教育を与えて仲介人物を育成するといった一連のシステムである。こうして選ばれし植民者の「威厳」を創出・維持しつつ、必要最低限の統治組織と経営予算で効率の良い統治を目論んだのである(13)。

こうしたシステムに支えられた間接統治は、とりわけ広大で多様な領土の結合体を成した「大英帝国」にとって不可欠だったといえるだろう。それは、「半主権国」としての「保護国」、さらにその外縁に交易国から借り受けた「租借地」までも抱え込んだ重層的な「非公式帝国」を織り成し、いわゆる「自由貿易帝国主義」imperialism of free trade の性格を呈していた。そこでは、アメリカからインド、アフリカに跨る多種多様な現地社会において、経験的に「最適化」された植民政策が採択されることになる。

間接統治は、国民統合原理の貫徹される本国とは明確に区別される「異法域」として支配地域を扱い、本国中心の「文明」の範域から植民地の「慣習」custom ――または日本で流布した用語で「旧慣」――の領域を排除・隔離するベクトルを強く持った。その正当化に動員されたのが、在来の慣習とそれに基づく自治を「尊重」するというレトリックである。それが「原住民行政」たる所以である。しかし、本音としては本国人の「監督」なしに「原住民」native ――当時の語感でいえば「土人」――による全面的な自治など不可能と固く信じられていた。こうして本国人植民者による「間接」統治が正当化されたのである(14)。それは、世界市民的な普遍性を建前的に織り込んだ同化主義と異なり、より露骨に国民国家の包摂原理に背反する人種言説と「区別」や「差別」の態度を基調としていた。

加えて、植民統治の文脈は、「旧慣」をその目的に適った方向性へと「改良」することを常とし、さらには必要に応じて新たに「旧慣」を「創出」することもあった。重要な例として、イギリス統治下のインドやオランダ統治下のバリ島などにおける「カースト」がある(15)。インドの場合、本来政教一体の複合的システムであるカーストをヒンドゥー教的「宗教システム」として「温存」し、「精神的」な調和や解放の追求こそがインド固有の「慣習」であると定義することで、原住者を本来「政治的」な権利など無用な存在のごとく扱った。別の例として、一九一四年に南北を合併して人工的に作られた「ナイジェリア」の場合、もともと階層的な社会構造の希薄な南部に対して、北部での成功が喧伝された「原住民政策」を移植し、「原住民法廷」や「原住民警察」などを新たに「創出」した結果、特に南東部において植民統治の混乱と苦境を招いている[16]。

総じて、間接統治は、統治上の要請から特に慣習法など「旧慣」の法制面の把握を重視したのであり、裏を返せば本来「普遍」的であるはずの「文明」的な法制度を植民地へと「平等」に適用しなかったのであって、現在的な感覚でいう現地固有の「文化」を尊重したわけではないのである。

二〇世紀を迎えると、近代西洋帝国の植民政策の主流は、大枠において「間接統治」路線に従うようになった。かつて「同化主義」を標榜したフランスも、「間接統治」路線を取り入れた植民政策へと転換し、それを後に「協同主義」association と名付けている。それは一面において人道主義的な包摂性から人種主義的な排他性への転向でもあった[17]。間接統治の「旧慣」活用を支えたのは、在来の政治文化や社会組織に対する知識であり、それは人類学的な学知の形成を促すことにつながった。被植民者の「旧慣」に対する知識や理解は、植民統治の有効性や権威性を測る「民族誌的資本」となり、間接統治という方法自体の卓越性の根拠としても機能した[18]。重要なのは、こうした間接統治路線において「文明」から隔離されつつ温存された「旧慣」が、第一次世界大戦へと向かう帝国秩序の再編の中で〈文化〉の差異理念と出会うことである。それは次第に「植民地文化」――そして独立後には「国民文化」――として読み替えられ、尊厳と尊重の象徴として立ち上げられることになる（次章「文化の思想」参照）。

5　おわりに

「文化」という用語が遍在する今日、ややもすると、過去のある時代や文脈において「文化」とは異なる語で指し示された事象を「文化」に置換したり、あるいは逆に「文化」と呼ばれた事象をそのまま現在的な語感で理解することで、歴史的な意味付けを見失うという誤謬に陥りやすい。植民政策の史的省察において、「文化」は分析概念である以前に、それ自体が分析されるべき係争概念――説明項 explanans である前に被説明項 explanandum――である。

本章で扱った二〇世紀初頭までの「長い一九世紀」の植民政策は、特にそうした取り組みを必要とする。そこでは、「文明」およびその対概念たる「慣習」などが汎用される一方、「文化」は前者の同義語として登場するのが大半で、独自の概念として用いられることは稀だった。ここから、次章で扱う第一次世界大戦以降に、「慣習」などの語が「文化」に置き換えられていくのである。こうして初めて「文化」概念がもたらした帝国主義・植民地主義の歴史におけるコペルニクス的転回ともいうべき政策思想上の意義――典型的には植民地支配下の「民族」の固有性や尊厳性を表現する理念性――が浮かび上がる。それは、一九世紀に台頭し二〇世紀以降には植民政策の言説空間にも取り込まれていく文化の「新しい」意味であったと同時に、昨今の文化研究ではむしろ「本質主義」や「自律性神話」などとして批判的に再審されてきた「古い」意味でもある。[19]「文明」時代の植民政策は、「文化」の前身たる「慣習」と帝国との関係性を示す意味で、文化政策の歴史的理解にとって不可欠な位置を占めている。

注

（1）Raymond Williams, *Keywords: A Vocabulary of Culture and Society* (Revised Edition), Oxford University Press, 1985 の「impe-

rialism」の項目。
(2)「国民帝国」については、山室信一「「国民帝国論」の射程」、山本有造編『帝国の研究——原理・類型・関係』名古屋大学出版会、二〇〇三年。ここでの「植民地近代」の把握は、山室の国民帝国論や以下の国際・帝国秩序重層論などとの連関において筆者が概念整理したものである。酒井哲哉「「帝国秩序」と「国際秩序」——植民政策学における媒介の論理」『近代日本の国際秩序論』岩波書店、二〇〇七年
(3)ノルベルト・エリアス『文明化の過程(上)ヨーロッパ上流階層の風俗の変遷』赤井慧爾/中村元保/吉田正勝訳、法政大学出版局、一九七七年の第1部、西川長夫「国家イデオロギーとしての文明と文化」『地球時代の民族=文化理論』新曜社、一九九五年
(4)植民政策学が以上二つの特徴を備えた点については酒井、前掲。
(5)筆者が以下の議論等を参照しつつ発展させた分析枠組みである。西川、前掲および西川長夫『増補国境の超え方——国民国家論序説』平凡社、二〇〇一年、駒込武『植民地帝国日本の文化統合』岩波書店、一九九六年、小熊英二『〈日本人〉の境界——沖縄・アイヌ・台湾・朝鮮：植民地支配から復帰運動まで』新曜社、一九九八年、山室信一『思想課題としてのアジア——基軸・連鎖・投企』岩波書店、二〇〇一年。例えば、西川長夫は近代西洋の国民国家の支配言説として文明・文化論を展開したが、本章はそれを国民帝国論の射程および被治者の対抗言説という側面を踏まえて批判的に継承している。また山室信一は近代日本のアジア認識の「思想基軸」として「文明・人種」「文化・民族」の二組四種類の概念を提示したが、本章はこれらを国民帝国の植民政策を支える世界認識の思想基軸として拡張解釈し、文明・文化の相互浸透性を視野に入れ、さらに〈文明〉〈文化〉という分析的審級を新たに導入している。
(6)社会学者の山中速人が「民族・マイノリティー政策」の社会学的分析枠としたものを、駒込武が帝国日本の文化政策論の分析へと注意深く拡張させたものが代表的である(同上、一七—一八ページ)。本章は、そこで提示された〈法制軸×文化軸〉の代わりに、平等・差異を表象する〈文明軸・文化軸〉の言説空間自体の歴史的構成を論ずる。また小熊英二はこうした図式自体の社会的構築性に留意すべき点を強調した(同上、六四八—六五〇ページ)。本章はそうした批判を踏まえつつも、図式的整理の全面破棄ではなく、その動態的な把握による歴史化を目指している。
(7)David Cannadine, *The Undivided Past: History Beyond Our Differences*, Allen Lane, 2013 の「civilization」の項目。
(8)Jane Burbank and Frederick Cooper, *Empires in World History: Power and the Politics of Difference*, Princeton University Press,

2010, pp. 226-227, 平野千果子『フランス植民地主義の歴史——奴隷制廃止から植民地帝国の崩壊まで』人文書院、二〇〇二年、二八—三四ページ

（9）フランスの同化主義と人種主義の連関性については、Hannah Arendt, *The Origins of Totalitarianism* (New Edition with Added Prefaces), A Harvest Book, 1979 [1948], p. 174.

（10）Michael Falser ed., *Cultural Heritage as Civilizing Mission: From Decay to Recovery*, Springer International Publishing, 2015, p. 9. 人道的な普遍主義とカソリック的伝統の連関性を示唆する事実といえる。

（11）平野、前掲、五一—七一ページ。

（12）Burbank and Cooper, op. cit., p. 305, Arendt, op. cit., pp. 127-129.

（13）イギリスの間接統治あるいは原住民行政の特質の一端については、Helen Lackner, "Social Anthropology and Indirect Rule: The Colonial Administration and Anthropology in Eastern Nigeria, 1920-1940," in Talal Asad, ed., *Anthropology and the Colonial Encounters*, Ithaca Press, 1973.

（14）Arendt, op. cit., p. 130.

（15）インドについては、Nicholas B. Dirks, ed., *Colonialism and Culture*, The University of Michigan Press, 1992, p. 8、バリについては、永渕康之「文化的権威の歴史化とその開示——バリにおけるヒンドゥー、法、カースト」、山下晋司／山本真鳥編『植民地主義と文化——人類学のパースペクティヴ』新曜社、一九九七年

（16）Lackner, op. cit., p. 129.

（17）小熊英二「差別即平等——植民政策学と人種主義」小熊、前掲、一七四—一七五ページ。ただし、こうした同化主義から協同主義への移行という一般的な理解に対して、後者が一八四〇年代後半から一八七〇年までのアルジェリア政策の先例への「回帰」とする議論もある。Osama Abi-Mershed, *Apostles of Modernity: Saint-Simonians and the Civilizing Mission in Algeria*, Stanford University Press, 2010, p. 4.

（18）George Steinmetz, "The Colonial State as a Social Field: Ethnographic Capital and Native Policy in the German Overseas Empire before 1914," *American Sociological Review*, Vol. 73, 2008, p. 594.

（19）Sherry Ortner, *Anthropology and Social Theory: Culture, Power, and the Acting Subject*, Duke University Press, 2006, p. 14、松宮秀治『芸術崇拝の思想——政教分離とヨーロッパの新しい神』白水社、二〇〇八年

第5章　文化の思想——帝国主義・植民地主義の転生

山内文登

1　はじめに

近代帝国の植民政策は、一九世紀に平等・普遍原理としての〈文明〉への一元的な包摂・排除をめぐって、それぞれ「同化主義」と「間接統治」という二つの理念型の間を揺れ動きつつ次第に後者へと傾斜した（前章「文明の思想」参照）。その後、二〇世紀には差異・自律原理としての〈文化〉を新たに流用することで帝国内の多元性や植民地の自治への関心や関与を表面化させる。両大戦間期に顕著となったその過程において、文明論的植民政策の包摂・排除の内的矛盾は綻びを見せ、植民地主義もまた国際社会において否定的価値となる。しかし、他方で一部の帝国はむしろ多元的再編を通じて転生し、二〇世紀半ばからの本格的な脱植民地化過程まで延命することになる。本章は、第2—4節にかけて文化の思想の受容による植民政策の「相対論的転回」というべき事象を中心に検討し、最後に第5節で文化概念自体への昨今の再審——差異の理念から「差異の政治」の批判へ——という話題に触れたい。

2　文化論的植民政策と差異言説(1)——「文化国家」から「文化帝国」へ

Culture は多義的なラテン語の colere に由来する。そのうち「住む」の意味は名詞の colonus として分離し、後に colony の語をもたらす。[1] 古代メソポタミアの諸帝国が行った被征服者の強制移住ではなく、征服者たるローマ人の「植民」を通じた新領土・遠隔地統治と「植民市」colonia の設置は、ローマ帝国が発展させた重要な統治システムの一つである。[2] Colonia は、西洋帝国史における文化と植民の原初的な親和性を示すものであり、「植民は文化の拡張である」(新渡戸稲造)といった観念の基礎となった。

一方、多義的な colere のうち動植物に関わる「耕す」「養う」等の含意は、ラテン語の cultura を介して、一六世紀には人間の進歩・発展を示す culture へと転化する。後者は近代における「自然」nature に対する人間の優位性や作為性を含意するようになり、文明と混用されつつ帝国史の文脈へと合流するに至る(前章参照)。しかし、一八世紀後半から一九世紀前半にかけて、ロマン主義思潮の影響を受けつつ、文明から文化が分離独立し、「民族」など特定の集団や特定の時代・場所に「特有」particular な生のあり方を示す独立名詞としての複数用法が現れる。[3] 文明の「普遍」に対する単なる「特殊」を超えて、「特有」や「固有」を主張する言葉の誕生である。

こうした概念化を積極的に進めたのがドイツ語圏である。もともとフランス語から借用された「文化」(当初は Cultur、後に Kultur と綴る)は、一八世紀後半から、「フランス」的な「文明」に染まった上流支配層に対する批判意識を媒介に台頭した「教養市民層」Bildungsbürgertum の共同性形成と深く関わりつつ新たな意味を獲得した。それは、彼らの自己同定のために聖域化された「教養」概念や、隣接する「教育」「芸術」などの領域を巻き込むように結びつけていく。[4] こうして生まれるのが知的・芸術的活動の作品や実践を示す独立・抽象名詞としての新用法であり、他の西洋諸語へと逆流することになる。[5] 万人への開放性を想定した人間発展の普遍性の上に、自他を区別する卓越性や精神性を上書きすることで成立した文化概念は、もともと具体的な定義を拒む非規定性と抽象度の高さを特徴としていた。

しかし、一九世紀の国民国家建設は、文化を特定の社会階層に留まらない「ドイツ」という共同性の自己表現かつ政策的関心の対象へと鋳直し、教育や学問などを軸に具体的な中身をそこに与えることになる(6)。ナポレオン占領下のベルリンでドイツ国民を鼓舞したフィヒテが用いた「文化国家」の語は、国民統合のスローガンとして意味付けられ、文化領域の自律性を担保に、それに対する国家の惜しみない援助を正当化する論理が優勢になっていく(7)。国家と市民の協働による「文化政策」の一つの型が国民国家建設の文脈において立ち上がったのである。

ここで注目すべきは、その文脈が前章で述べた「国民帝国」の時代でもあった点である。そこでも論じたように、文明概念が一九世紀後半に帝国主義と連動するのに重要な役割を果たしたのはローマ帝国史の叙述だった。留意すべきは、その中で「文明」に対する「野蛮」として描かれたのが北方の「ゲルマン民族」であった事実である。この図式に従えば、ドイツ諸語の話者は「野蛮民族」の末裔と位置付けられてしまう。そうした近代西洋の帝国史的文脈において、「文化」Kultur は「文明」への対抗原理として意味付けられていった(8)。ここで重要なのは、それが帝国主義に対する根源的な抵抗論理の登場を意味しなかった点である。事実、一八七〇年からの普仏戦争に勝利したプロイセンとドイツ諸邦は直ちに自らの「帝国」Reich（皇帝の存在を明示すれば Kaiserreich）を立ち上げる。同世紀初頭にフランス占領下のベルリンで叫ばれた「文化国家」が、今度はプロイセン占領下のヴェルサイユで、「文化帝国」として報復の旗を揚げたといえるだろう。この後発の「第三世界型帝国主義」の先駆は、先行する諸帝国と競争しつつ共存する「競存体制」の一角を成すことになる(9)。

新興の「文化帝国」の植民政策もまた文明の諸帝国の先例と大差がなかった。その基調路線は前章で述べた「間接統治」であり、実態としては場所によって偏差――抹殺から隔離、共存まで――が見られ、また「科学的植民地主義」創造の自負も特徴の一つとされる(10)。ただし注目すべきは、「東方」を中心とした本国周辺に対してむしろ「同化主義」を掲げた事実とその論理である。当時のドイツ帝国期（―一九一八年）には未遂に終わったこの「大ドイツ主義」の主張は、フランス流の人権思想の拡張論理と異なり、血統主義的な「民族」Volk に結び付けられた文化の膨張論理を基調とした。それは、卓越した「ドイツ文化」に「同化可能」とされた民族を包摂せんとする一方で、「同化不能」とされた民族（特にユダヤ人）を強く排除する思想でもあった。[11] さらに、こうした選択的な同化論理と共振したのが「ドイツ的なものが普遍的」という命題である。[12]「ドイツ文化」は、その「固有性」の主張にもかかわらず、他方で文明と同じく「普遍性」を主張したのである。これは国民帝国の「競存体制」が抱え込んだ一般的な矛盾――普遍的な西洋文明かつ個別的な国民文化――であるが、とりわけ後発型のドイツにおいて防御的に強く現れたといえる。

重要なのは、もともと教養市民層の自己定義と自他区別の装置として登場し、続いて「ドイツ」という共同性へと接続された文化概念が、「自民族＝文化中心主義」を原初的に抱えていた点である。こうした自己同一性と排他性が裏合わせになった文化言説において、遠隔の「植民地」に本国とは異なる「文化」の存在を認めるような政策の析出はもとより困難であった。

3　文化論的植民政策と差異言説(2)――「民族自決」と植民政策の相対論的転回

西洋諸帝国の「競存体制」という二面性の危うい勢力均衡が崩され、競争の臨界点を超えたのが第一次世界大戦である。この戦争は、帝国主義のあり方や植民政策に転換をもたらす画期的な出来事となった。そこで核心的な役割を果たすのが文明国標準に代わる新たな国際標準としての「民族自決」原理であり、それと連動して帝国における政治的な自治や文化的な相対主義の観念が台頭することになる。

戦勝側の帝国連合は、民族自決原理によって、新興帝国たるドイツ帝国および他の古典帝国（オスマン帝国やオーストリア＝ハンガリー帝国）を解体へと追いやり、複数の新たな国民＝民族国家の形成を促した。しかし、それは「脱帝国」の時代の到来を意味しなかった。イギリスやフランスは民族自決原理を自らの帝国的版図に適用しなかったし、加えてアメリカ合衆国やソビエト連邦が民族自決の理念をむしろ鼓舞する新たな「帝国」としての存在感を高めるなど、帝国主義的国際秩序の改編をもたらすに留まったからである。この時期、フランスは帝国最大の版図を誇り、アメリカは領土的野心より市場的野心を先立てる「二〇世紀の帝国主義」の代名詞的存在となる——第一次世界大戦以降、「帝国」の語義は拡散し、「皇帝・帝政不在の帝国」を含んだ広義の用法が一般化するのである[13]。

とはいえ、勝ち残った諸帝国も従来通りの植民政策では立ち行かなくなる。第一次世界大戦が、文字通りの帝国戦争すなわち植民地からの人的・物的資源の動員を含む「総力戦」だったからである。イギリスのインド軍、フランスのセネガル兵のように海外植民地の戦争協力が連合国側の勝利に貢献し、これを受けた「総動員帝国」も被植民者の政治参加等の要求に一定の配慮を示す必要性に迫られる。特に重要なのは、この過程で「植民地主義」が否定的な価値となる点である。すなわち新規の植民地獲得は国際的に禁じられ、「植民地なき帝国主義」と呼ばれる状況が生まれるのである[14]。

しかし、その一方で、新設された国際連盟を介して「委任統治」mandateという装い新たな概念が登場し、戦勝国による旧ドイツ・オスマン帝国の領土割譲、すなわち事実上の「再植民地化」を粉飾する公式名称に充てられた。イギリスもまた、カナダ・オーストラリアなどのドミニオンやアイルランドの自治——ただし前者は「植民者」による自治——の度合いを高めた「コモンウェルス」への改編を進めつつ、戦間期の帝国主義のあり方に一つの規範的な参照枠を提供する[15]。こうして実質的な「脱植民地化」と切り離されたイデオロギー上の「脱植民地主義」が進められると同時に、帝国の実態および帝国主義の観念も延命することになる。

第一次世界大戦は文字通り「文明」と「文化」の戦争の様相を呈した。「文明」の名において対ドイツ戦争が行われ、ドイツ側も「文化」の名を掲げたのである。戦場では「文明」の帝国連合が「文化」の新興帝国とその同盟帝国群を破り、「文明」の名で敗者を裁いた。しかし、戦後の思想史は、単なる「文明」の一人勝ちでなかった事実を告げる。むしろ初の熾烈な世界戦争の結果は、「文明」が吹聴した普遍・平等・啓蒙・進歩などへの幻滅、「文明」の内なる「野蛮」の自覚、近代の凋落とディストピアの到来などの感覚を広くもたらしたのである。一九世紀の帝国主義を支えたローマ帝国史の文明／野蛮史観とそれを拡張した西洋文明中心主義的な進歩史観に代わり、「文明」の複数性や併存性を認めた上で、「文化」の「文明」への衰退を描き「西洋の没落」を論ずる——同名作品の著者が「コペルニクス的発見」と自負した——新たな世界史観が登場する[16]。

こうして文明理念の耐用年数が顕在化し始めた時代に、文化概念の新たな展開が植民政策に相対論的転回というべき変化をもたらし始める。すなわち、文化概念に孕まれていた固有性と対等性の主張が、非西洋世界、特に世界の大半を占める植民地世界に対して文化的な相対主義や多元主義の可能性を開示していくのである。

その最も重要な原動力は、被植民者自身が文化の名を掲げて固有領域の尊厳や尊重を主張し、その要求の声を高めたことである。それは「我々の文化」という自意識に基づく「文化運動」の様相を呈していく。そこに活用された文化資源の多くは、従来「野蛮」や「劣等」のレッテルを貼られ「文明」から排除された「旧慣」の領域と関わっていた。例えば、フランス領のアルジェリアではイスラム教という拠り所を保ったまま、すなわち「文化的同化」を拒否しつつフランス市民権を要求する動きが台頭する[17]。また、カリブ海の島々——旧フランス植民地のハイチ、フランス植民地のマルティニーク、アメリカ覇権下のキューバなど——では、「アフリカ文化」が基層文化として再発見・再評価され、植民地支配批判あるいは新国家建設の言説が形成されていった。そうした中、パリで出会ったマルティニークのエメ・セゼールとセネガルのレオポール・セダール・サンゴールらが立ち上げた「ネグリチュード運動」は、同時期のアメリカのハーレム・ルネサンスとも連動していく（そして一九六〇年代後半には黒人差別の撤廃の上に黒人自治の建設を目指す「ブラックパワー」の理論的根拠となる[18]）。東アジアでは、帝国日本の支配下にあった台湾や朝鮮において「文化運動」が展開される[19]。帝国の民族自決言説と連動した「我々の文化」の語りはグローバル化し、植民政策に対する発言権を強めていった。

もちろん、本国側がすんなりと「彼らの文化」を「承認」したわけではない。いわゆる「文化多元主義」の政策が公式的に本格化するのは、脱植民地化が一段落した一九七〇年代以降の出来事である。しかし、戦間期の帝国側の支配言説においても、被治者の文化運動との応酬を通じて、文化の相対論的な用法が徐々に顕在化していった。

その必要条件たる文化概念のさらなる意味変容を進めたのはアメリカである。すなわち、文化は一九世紀後半に社会進化論の枠組みにおいて学術用語に転用された後[20]、特にアメリカにおいて自民族中心主義や人種主義を批判する人類学的な相対主義の思潮の鍵概念となり、徐々に普及していった。ここには、「内国植民地」の領有を土台に建設された帝国としてのアメリカの歴史が深く刻まれている。アメリカ帝国の胎動は、先住民の主権および彼らに対する市民権の付与を否定した上で、「特別保留地」reservationという植民地的システムを導入し、そこに隔離・移住させる強制的な方法を伴った。フランス革命に先立ちアメリカ建国の理念に掲げられた人権思想は、人種論理の介在によって先住民（さらに黒人と女性）へと拡張されなかったのである[21]。こうした文脈において、一部の人道主義者が平等理念に基づき教育等を通じた先住民の「同化」へと奔走したのに対し、むしろ「人種」という差別原理を「文化」という差異原理へと読み替え、後者の固有性の承認と尊重を目指す路線が析出されてくる[22]。ドイツの教養市民層の自意識に端を発する「我々の文化」から、他者認識・理解のための「彼らの文化」という新たな語りへの転換である。

以上の文化概念をめぐる変容こそ、前述した戦間期の植民政策の転換を裏付けた重要な触媒であった。それは、従来「旧慣」などと呼ばれて「文明」から排除されつつ温存された、あるいは同化主義によって改良や淘汰の対象とされた領域に、「文化」としての固有性や尊厳性を求め、また認める地平である。文化の語彙変化の一端は、間接統治を先導したイギリスの人類学的文献において、一九世紀までの「custom」が、遅まきながら一九二〇年代以降に「culture or civilization」、そして「culture」へと変貌する過程にもよく現れている[23]。従来の「旧慣温存」路線は、差異の尊重や保護を積極的に語る概念によって再編される。「文化多元主義」の政策が公式に胎動する半世紀前の戦間期に、未だ限定的ながら、植民帝国が法制的平等の上に包摂集団の差異を承認する方向へと構造転換を始めたのである。

4　ファシズムと「文化創造＝破壊」の弁証法

第一次世界大戦の戦後処理における戦勝国側の「文明」の名における自己欺瞞は、戦間期ヨーロッパに「野蛮」の報復の火種を残した。それは、イタリアのファシズムを介して、ドイツのナチズムとして究極の姿を現す。「理想国家」たる「第三帝国」を自称するナチスは、一方で自ら「野蛮人」であることを「名誉ある称号」と居直りつつ、他方で「アーリア人種」のみが唯一真正なる「文化創造者」であり、その他は「文化支持者」そして「文化破壊者」に過ぎないと豪語した——早くからこう書いたヒトラーの『我が闘争』（一九二五—二六年）の鍵概念の一つこそ「文化」である。

一九三〇年代は、可視化した「野蛮」が「文化」を声高に叫びながら徘徊する錯綜した時代となった。その最大の特徴は、戦間期の文化概念のパラダイムシフトが切り開くかに見えた相対性や多元性、異文化理解や尊重という地平に逆行する肥大化した「自文化中心主義」である。「第三帝国」の植民政策はその極限型となる。前述のドイツ帝国（「第二帝国」）時代の海外植民政策について「ドイツ文化」の純粋性を汚し破壊を招く行為だったとして批判する一方、逆に当時はためらったヨーロッパ内での「大ドイツ主義」を「第三帝国」の核心的な「ドイツ政策」とした。(24)「退廃」的な異民族＝文化の除去を進めつつ、本国周辺に離散した「文化創造者」の自給自足にふさわしい「生存圏」Lebensraum を建設し、(25)その上に卓越した「ドイツ文化」の伝播による広域的な「文化圏」を構想する、いわば「文化」の破壊と創造の弁証法的運動である。

一方、フランスやスペインから展開していく反ファシズムの人民戦線は、ファシストを「文化破壊者」と規定して糾弾し、「文化擁護」défense de la culture を訴える。(26)ファシズムをめぐるヨーロッパの危機意識は、「文明」や「文化」をヨーロッパ思想史上のキーワードとして検討しようとする学問的動きとしても現れる。こうしてリュシアン・フェーヴル、マルセル・モースらの『文化——言葉と観念』（一九二九年）、そしてノルベルト・エリアスの大著『文明化の過程』(亡命先のイギリスで一九三六年執筆完了、三九年初版刊行)などが世に問われることになる。[27]

一九三〇年代末、「ドイツ政策」は実行に移される。文明の野蛮への退行あるいは文化の自然への頽落は決定的となった。[28]「第一帝国」たる神聖ローマ帝国の「失地」を回復し、複数の民族・国民国家に離散させられた「ドイツ人」およびその「文化」の保護を名目に、一九三八年には「悲願」のオーストリア「併合」に続きチェコスロバキア侵攻を計画、そして翌年九月にはポーランドへと侵攻する。ヨーロッパにおける第二次世界大戦の始まりである。それは、交戦相手を互いに「文化破壊者」として糾弾し、それぞれに「文化」の建設や擁護を訴える「文化戦争」でもあった。

「戦後」――またしても敗者は「文明」の名によって裁かれる。と同時に、勝者もまた一九六〇年代に至るまで植民地解放戦争の世界的流れへと引きずり込まれていく。それは、勝ち残ったはずの帝国が、被植民者によって「文明」の名を逆手に反撃・断罪される過程でもあった。そこで鋭く看破されたのは、植民地化が何よりまずその実践者自身を「非文明化」し、「痴呆化＝野獣化 abrutir」し、よって「非人間化」すること、そして「第三帝国」は近代西洋が長らく非西洋世界に対して振るってきた暴力をヨーロッパ内部へと転用したのであり、その意味で戦勝国側を含めたすべての植民帝国はナチズムの「犠牲者である前にまず共犯者であった」という事実である。[29] こうした国民帝国の競存体制への根源的批判と闘争を経て、近代の帝国は形式上ついに世界史から退場するに至るのである。主権国家が非階層的に併存する国際秩序の形成が、一六四八年(ウェストファリア条約)よりも一九四八年に関係が深いといわれる所以である。[30] しかしながら、その後、人類が真に「脱帝国化」「脱植民地化」した世界を築き上げることができたのか、という問いは今もなおその重い音を鳴り響かせ続けている。

5　文明・文化の近代と脱帝国化・脱植民地化の課題

文明と文化は、近代という時代の申し子というべき鍵概念である。それぞれ近代の規範的価値たる平等と差異の表現として機能したからである。その理念的審級を前章と本章では〈文明〉、〈文化〉と表記したが、それはまた理想としての〈近代〉を織り成す。〈近代〉の理念を突き詰めれば、主権国家の内外に平等の観念が貫徹すると共に、構成主体の差異と自律が保証された世界、すなわち帝国や植民地が存在し得ない世界が開示される。永遠平和の〈近代世界〉である。

しかし、私たちは近代の現実が一貫して「植民地近代」であったことを知っている（前章第2節参照）。帝国・植民地という自ら超克すべき「前近代的他者」をその内に抱え、また外に投射してきたからである。文明や文化の概念もまた、近代の内なる矛盾を正当化する支配言説としての「前科」を負っている。文明の場合は、その「内なる野蛮」が二度の世界大戦を通じて表面化し、いち早く支配言説としての寿命を露呈し始めた（とはいえ「文明の衝突」などの言説を通じて根強く延命してもいる）。一方、文化はいまだ現役としての魅力を発揮し続けている。それは双子の兄たる文明を「外敵」に設定することで生き延びたふしがある――日本では今年がすでに文明からの文化の独立あるいは生誕約一〇〇年である。しかし、何らかの形で文化に携わる者は、「植民地近代」を基底的に支えてきた明暗両方の経歴を踏まえる必要があるだろう。

昨今の文化研究や帝国・植民地研究で批判的に問われてきたのは、まさに差異・自律原理としての文化概念である。ここまで文化概念が植民政策の相対論的転回を可能にした積極的局面を論じてきたが、同時にそれが植民地主義とナショナリズムのいわゆる「敵対的共犯」の結節点として逆機能したのもまた事実である。

現在の多元主義的な文化政策の系譜を辿ると、一九世紀の文明時代の間接統治とその旧慣温存の植民政策へとたどり着く（前章参照）。その路線は、当時から現地の慣習や自治を「尊重」すると喧伝したし、戦間期以降は明示的に植民地の自治推進や文化保護を謳い帝国統合の強化と延命を図った。しかしその基底には、「原住民」native――元来の語感でいえば「土人」――に対する「理解」の名のもとに「文化」の「本質」を定義し、その枠に従って行動するよう彼らを説得することで、認識論的な「檻」の中に閉じ込めておくようなトリックが存在した。もともと相対主義における文化が人種概念への代案という一面を持つように、それは安易で危険な「ステレオタイプ」へと退行する可能性を元より秘めているのである[31]。こうした「差異の政治学」批判の文脈から、文化という概念そのものが、植民地主義を批判するというよりも、むしろそれと共犯したとする議論は深く受け止める必要がある。

「共犯」とはもちろん治者の問題だけではない。被治者による対抗的な「民族文化」の構築に対しても同様に再考の目が向けられてきた。事実、戦間期の「文化運動」は、後知恵的に見れば、帝国内での共存や承認を求める「体制内」運動である場合が多かった（例えば前述したアルジェリアの「協同」的な市民権要求）。前述の整理によるなら、差異原理としての文化は、確かに植民地主義への異議申し立てを行いつつも、帝国を多元化・分節化し、結果的にその補正と延命をもたらす効果を持ったのである。さらに、後に独立を達成した場合でも、植民地時代に構築された「植民地文化」が、「国民文化」として継承・顕彰されるケースが多く報告されている（例えば前述したバリ島の「ヒンドゥー的な伝統文化」という表象）。植民者と被植民者が敵対しつつ共創した「本国文化」と「植民地文化」の二項対立が、当の植民統治下の接触領域《コンタクト・ゾーン》における相互作用を通じて産み落とされた「混淆文化」を共に「非嫡出子」扱いして排除してきた歴史も久しく問い直されてきた（例えば前述した「ネグリチュード」に対する「クレオール」の視座[32]）。

こうした文化の窮状や桎梏は、文明時代の植民政策の主流たる間接統治の原点に人種主義に基づく排除論理が介在したことを考えれば特に驚くべきことではない。「旧慣尊重」という修辞の内実は本国の植民統治の効率やコストである。真正なる「尊重」なら、最初から「主権」を承認し尊重すべきであって、植民地化という暴力的な干渉の弁明であってはならなかった。

こうして間接統治の問題を取り上げてきたのは、それが本国の文明や文化を植民地に押し付けたと否定的に認識される同化主義に比してあたかも「良心的」だったかのような理解があるからである。確かに、同化の修辞やその実態との乖離がもたらした精神的暴力の傷の深さは、例えばフランス語圏の旧植民地知識人によって様々に告発されてきた（前述したセゼール、弟子のフランツ・ファノン、チュニジアのアルベール・メンミなど多様な事例がある）。その一方で、同化主義の原点の一つには人道的な博愛思想や普遍主義もまた存在したのであり、逆にその「善意」こそが植民地支配に対する深い反省への障害となるという捻れた現実を生み出してもいる[33]。

近代帝国の植民政策の歴史には、現在にまで続く普遍主義と相対主義のジレンマが一貫して流れている（代表的には「人権」の名による干渉と「文化」の名による擁護の相剋[34]）。それは、文明と文化によって分担された自己分裂的な「植民地近代」に内在する二つの志向性の現れなのである。

6　おわりに――国民帝国における文化の自律・他律

最後に、自律原理としての文化概念について、特に国家との関係を軸に一言まとめたい。ここで重要になるのは帝国からの文化の自律性という論点であり、昨今の帝国・植民地文化研究が批判的に取り組んできた課題の一つである。英仏文学を対象に、文化と帝国の「世俗的所属＝扶養関係」worldly affiliation を探求したエドワード・サイードの研究がよく知られた例だろう[35]。サイードの研究は、両者の単純な因果関係ではなく、脱俗的とされる文化が実は帝国という俗世に多くの「所属先」をいかに確保してきたのか――あるいは数多くの「非嫡出子」を産み落としてきたのか――を注意深く問いただそうとする。こうした研究は、国家からの文化の自律性が、国家による対象領域の尊厳性や固有性の「承認」や「尊重」という意味での国家への他律性を担保に相対的に立ち上げられるものとみなす基本的視座の上に立つ。

ただし、文化の自律性に関する脱神話化というべき作業は、従来しばしば「本国」における問い直しに留まってきた。前述のサイードの研究は、以前の『オリエンタリズム』に自らそうした限界を見出した上で、そこに欠落していた被植民者の「抵抗」の問題にも目配りしたものである。こうした自覚なしに、「本国」中心の議論――たとえ批判であっても――を「帝国」全体の問題へと安易に敷衍してしまうなら、図らずも国民帝国自体の「本国中心主義」を知的に再生産する罠へと陥るだろう。

植民地に関して現在「文化」とみなされるものの多くは、そもそも「文明」時代に、国家による「承認」や「尊重」などという前提条件なしに、「介入」(同化政策)や「放任」(間接統治)に晒されるところから出発している。そのため、それは「文化」としての「資格承認」を受けた上で、さらに「自律」を担保するといった二重の手続きを踏む必要があった。しかし、そうした「承認」への欲望が植民地の特に知識人社会において増幅される一方で、運動を通じた「承認」の成就が実のところ帝国への「他律」を伴わざる――そして深めざる――を得ないという社会構造が存在していた。これは深刻なジレンマとして戦間期の文化運動に広く経験されていたのである。後知恵的に、帝国の文化の多様性を称揚したり、逆にその自律性を解体するだけでは済まされない複雑な植民地支配の実相がここにある。

近代の寵児たる文化は、その近代性ゆえに帝国主義・植民地主義の軌跡と深く関わってきた。文化政策学の思想的な課題の一つは、鍵概念たる文化自体の脱帝国化・脱植民地化という困難な問題を共有し、その省察を深めていくことだろう。それは自らの学問的由来を、西洋中心に理想化された〈近代〉的系譜から、地球規模の「植民地近代」的系譜へと置き直すところから始まると思われる。[36]

注

(1) Raymond Williams, *Keywords: A Vocabulary of Culture and Society* (Revised Edition), Oxford University Press, 1985 の「culture」の項目。他に文化概念に関する日本語書籍として、柳父章『一語の辞典――文化』三省堂、一九九五年、今井道兒『「文化」の光景――概念とその思想の小史』同学社、一九九六年、鏡味治也『キーコンセプト文化――近代を読み解く』世界思想社、二〇一〇年。

（2）Jane Burbank and Frederick Cooper, *Empires in World History: Power and the Politics of Difference*, Princeton University Press, 2010, p. 29. 他に近隣地域の「併合」および「自治市」の設置などがある。

（3）Williams, op. cit. の「culture」の項目。

（4）ノルベルト・エリアス『文明化の過程（上）ヨーロッパ上流階層の風俗の変遷』赤井慧爾／中村元保／吉田正勝訳、法政大学出版局、一九七七年、第1部第1章、宮本直美『教養の歴史社会学――ドイツ市民社会と音楽』岩波書店、二〇〇六年、二一―二三ページ

（5）Williams, op. cit. の「culture」の項目。

（6）西川長夫『増補 国境の超え方――国民国家論序説』平凡社、二〇〇一年、二一三―二一六ページ

（7）小林真理『文化権の確立に向けて――文化振興法の国際比較と日本の現実』勁草書房、二〇〇四年、一一一ページ

（8）David Cannadine, *The Undivided Past: History Beyond Our Differences*, Allen Lane, 2013 の「civilization」の項目。

（9）「第三世界型帝国主義」は、小熊英二が帝国日本の特徴としたものを、筆者が新たに規定し直した（小熊英二『〈日本人〉の境界――沖縄・アイヌ・台湾・朝鮮：植民地支配から復帰運動まで』新曜社、一九九八年の結論）。「競存体制」は、山室信一が近代西洋諸帝国について、西洋世界内で相互に「争いつつ手を結ぶ」、非西洋世界と「争うために手を結ぶ」様相をまとめた概念である（山室信一『思想課題としてのアジア――基軸・連鎖・投企』岩波書店、二〇〇一年、一一四ページ）。

（10）George Steinmetz, *The Devil's Handwriting: Precoloniality and the German Colonial State in Qingdao, Samoa, and Southwest Africa*, University of Chicago Press, 2007. ドイツ、イギリス、アメリカなど「アングロサクソン系」の人種主義的な植民政策の相対的親和性は Cannadine, op. cit., pp. 188-189.「科学的植民地主義」は、マーク・ピーティー『植民地――帝国五〇年の興亡』浅野豊美訳、読売新聞社、一九九六年、二三ページ。

（11）Burbank and Cooper, op. cit., p. 352.

（12）吉田寛は、「「音楽の国ドイツ」の系譜学」と銘打った三巻本（二〇一三―一五年、青弓社）において、これを「「ドイツ的なもの」と「普遍性」の〈捻れた〉等号関係」と呼び、プロイセン・オーストリアの「ドイツの分裂」という文脈において、特に後者で強く主唱された事実を抽出した。ここでは吉田のいう〈捻れ〉が帝国史の文脈における包摂原理の一

種として理解されるべき見通しを付記しておく。

(13) フランスは平野千果子『フランス植民地主義の歴史——奴隷制廃止から植民地帝国の崩壊まで』人文書院、二〇〇二年、アメリカは酒井哲哉「「帝国秩序」と「国際秩序」——植民政策学における媒介の論理」『近代日本の国際秩序論』岩波書店、二〇〇七年、戦間期の「帝国」の語義変容は間崎万里「Empire、Reich の新用法とその語義及び譯語について」『史学(三田史学会)』第一八巻第二・三号、一九三九年。

(14) Peter Duus, "Imperialism Without Colonies: The Vision of a Greater East Asia Co-Prosperity Sphere," *Diplomacy & Statecraft*, Vol. 7, No. 1. 1996.

(15) 酒井、前掲、二一八ページ

(16) Cannadine, op. cit., p. 233、生松敬三『両大戦間のヨーロッパ』三省堂、一九八一年、五九ページ

(17) 平野、前掲、二二三—二三〇ページ

(18) 石塚道子「カリブ海地域の植民地主義と文化人類学——クレオールな主体をめぐって」、山路勝彦/田中雅一編『植民地主義と人類学』関西学院大学出版会、二〇〇二年、一一七—一二〇ページ

(19) 山内文登「文明・文化言説と国民帝国・中華帝国・日本帝国——台湾・朝鮮の植民政策研究の理論的前進のために(1)」(『東洋文化研究所紀要(東京大学)』第一七一冊、二〇一七年、五七—一一二ページ)および、山内文登「文明・文化言説と国民帝国・中華帝国・日本帝国——台湾・朝鮮の植民政策研究の理論的前進のために(2)」(『東洋文化研究所紀要(東京大学)』第一七三冊、二〇一八年(四月刊行予定))参照。同論文の連載は継続中である。

(20) オックスフォード大学の初代人類学教室教授となるエドワード・タイラーが一八七一年に出版した宗教・アニミズム研究書である *Primitive Culture* が一般に嚆矢とされる。

(21) Burbank and Cooper, op. cit., pp. 261-271. これは、アメリカの連邦制度や民主主義に対するイロクォイ連邦など先住民の思想的貢献に対する「仇返し」ともいうべき背反行為であった。Bruce E. Johansen, *Forgotten Founders: How the American Indian Helped Shape Democracy*, Harvard Common Press, 1982.

(22) Sherry Ortner, *Anthropology and Social Theory: Culture, Power, and the Acting Subject*, Duke University Press, 2006, p. 12.

(23) A. L. Kroeber and Clyde Kluckhohn, *Culture: A Critical Review of Concepts and Definitions*, Peabody Museum, 1952, pp. 35-36.

(24) Cannadine, op. cit., pp. 194-195, p. 200.

（25）Woodruff D. Smith, *The Ideological Origins of Nazi Imperialism*, Oxford University Press, 1986 の第5章「Lebensraum」。
（26）A・ジッド／A・マルロー／L・アラゴンほか『文化の擁護――一九三五年パリ国際作家大会』相磯佳正ほか編訳、法政大学出版局、一九九七年
（27）西川、前掲、一八五ページ
（28）マックス・ホルクハイマー／テオドール・アドルノ『啓蒙の弁証法――哲学的断想』徳永恂訳、岩波文庫、二〇〇七年。「啓蒙の神話への退歩」に対する文明内在的な省察である本書は、ちょうど戦中期の一九三九年から四四年ごろにかけて、「第三帝国」の「内なる他者」とされた亡命ユダヤ人によって共同執筆されたものである。
（29）エメ・セゼール「植民地主義論」（一九五五年改訂増補版）『帰郷ノート・植民地主義論』砂野幸稔訳、平凡社、二〇〇四年、一三六―一三八ページ、一四五ページ。植民地主義批判の一般論として執筆されたが、とりわけ「文明化」を掲げた宗主国フランス、そして同時代のアメリカという現役続行の「帝国」に向けられた告発である。
（30）Burbank and Cooper, op. cit., p. 183.
（31）Sternmetz, op. cit., pp. 593–594, Ortner, op. cit., p. 12. ただし、こうした「檻」への閉じ込めは、原住者による檻の外の「他者」（植民者）の模倣・擬態を伴うため、一方的な封じ込めとはならない。Michael Taussig, *Mimesis and Alterity: A Particular History of the Senses*, Routledge, 1993.
（32）以上三つの例は、それぞれ平野、前掲、二二三―二三〇ページ、永渕、前掲、石塚、前掲。
（33）三浦信孝「共和国の言語同化政策とフランコフォニー」、三浦信孝／糟谷啓介編『言語帝国主義とは何か』藤原書店、二〇〇〇年、平野千果子『フランス植民地主義と歴史認識』岩波書店、二〇一四年。日本帝国の同化主義については、拙稿、前掲連載論文を参照。
（34）Immanuel Wallerstein, *European Universalism: The Rhetoric of Power*, The New Press, 2006.
（35）Edward Said, *Culture and Imperialism*, Vintage Books, 1993.
（36）こうした点で重要と思われる事例の一つは、現在日本で文化経済学の始祖的な存在とされるジョン・ラスキンやウィリアム・モリスの立ち位置である。イギリスでは帝国史の文脈から両者についての批判的な探求が始められている。Mark A. Cheetham, *Artwriting, Nation, and Cosmopolitanism in Britain: The 'Englishness' of English Art Theory since the Eighteenth Century*, Farnham, Surrey, Ashgate, 2012 の第一章。

第6章　文化政策論

新藤浩伸

1　はじめに

本章では「文化政策論」という主題、すなわち「文化政策」をめぐるこれまでの言論を対象とする。日本では、近世以前の文芸に関する統治者の政策、明治維新以降の欧化政策、文化財保護政策、図書館・博物館政策、美術・音楽振興政策など、「文化政策」と現代においてみなすことができる事象について様々な研究がなされている。しかし、そもそも「文化政策」の語がいつから、誰によって、どのような文脈で用いられてきたかは明らかではない。現に、いま列挙した政策には、当初から「文化政策」という枠組みで行われたものは一つもない。この問題は現在に限ったことではない。第二次世界大戦中、文化政策の語は「流行語」[1]の観すらあり、すでに当時、その多義性や対象の曖昧さも指摘されていた。

このことをふまえ、本章では文化政策とみなしうる事象ではなく、「文化政策」の語によって扱われた論を対象として、以下の視点を設定する。第一に、「文化政策」が「論」じられる文脈である。なぜ、「文化政策」という主題がとりあげられることになったのか。第二に、「文化政策論」の内容である。これは、個別の論の検討になる。第三に、「文化政策論者」の思想である。文化政策だけを論じている論者はおらず、それ以外の言動をめぐる考察も対象とする。本章だけではこれらの視点を十分に論じ、また海外の動向まで目を配ることは難しいが、それらの考察の糸口としたい。

2　文化政策論の一〇〇年

文化政策の概念成立史自体が重要な論点であるが、教育学者の宮原誠一は、文化政策の語が現われ始めたのは第一次世界大戦期であると述べている(2)。

概略的に把握するために、国立国会図書館のデータベース NDL ONLINE で「文化政策」をキーワード検索し、該当した資料を年別に並べると図1のようになる。この図には新聞記事が入っておらず、筆者の判断で件数をカウントした部分もある、という限界はあるものの、文化政策論の量的・社会的付置に関する大まかな傾向をつかむことは可能であると考えられる。これに後述の新聞記事も加味すれば、「文化政策」が論じられ始めたのは一九一四—一六年頃であり、宮原の述べる通り第一次世界大戦期と重なる。つまり、現代からみれば日本における文化政策論はほぼ一〇〇年の歴史を有することになる。

一〇〇年間で、「文化政策」が数多く論じられた時期を中心とした区分を試みると、①大正期—日中戦争前まで、②日中戦争期—終戦、③終戦直後、④一九五〇—六〇年代、⑤一九七〇—八〇年代、⑥一九九〇年代、⑦二〇〇〇年代以降となる。

この時期区分はこれまでの通説と考えられている区分をやや詳細にしたものであり、批判もあろう。また、時期区分をすることの意味も問う必要がある。本章では、文化政策論の検討の糸口として、概説的な記述を試みるが、重点的に記すのは、初期である大正—昭和初期の論についてである。この時期の論は、現在ほぼ忘れ去られており、戦後から現在に至るまで、戦前の文化政策＝全体主義的な統制という雑駁な認識にとどまっているからである。

戦後初期から一九九〇年代まで、「文化政策」の語はかつての同盟国ナチスドイツや第二次世界大戦期の日本の文化政策を想起させるものであり、その統制的性格やナショナリズム的性格が批判の対象とされてきた。しかし、文化政策論が文化統制論とほぼ同義となるのは先述の第二期（日中戦争期―終戦）の頃だけであり、それ以前に論じられていた文化政策論の内容は、文化統制論とはかなり違った様相をみせている。つまり、「戦前」の文化政策論の腑分けが必要なのである。

3　文化政策論の成立

（1）社会進化論としての文化政策論

筆者の調査の限りにおいて、日本での「文化政策」の語の初出は一九一四年である。『大阪毎日新聞』一月四日付―一一日付に掲載された煙山専太郎の連載「東西洋の両嶋帝國」、『大阪朝日新聞』二月二三日付のベルリン在住刀水逸人による「普露西地方税制改正案」が「文化政策」を使用した早い事例である。前者は、日英の歴史から両国の性格を比較した内容で、紙面のかすれにより判読が難しいが、大化の改新時代の日本について政治的統一が困難なことから「当時の我国にては実際に於て這般の文化政策は中々に行れて其（一字不明）を奏し得べくもあらず」と記している。後者はプロイセンの地方税制についての紹介記事だが、「地方財政の困難てふ事は独り普露西に於て之を見る現象にあらず近時経済政策上社会政策上及び一般文化政策上地方団体の任務の著るしく増加したるに由り何れの文明国に在りても等し（二字不明）財政難を見つつあり我国に於ても頗る其然るものあり之に対する救済の道を講ずるは甚だ以て急切の要務とせずんばあらず」としている。

こうして散見される「文化政策」がおそらく初めて本格的に論じられたのは、マックス・フェルヴォルン（Max Verworn）著、通俗大学会編訳『文化政策の生物学的基礎（世界戦に対する一考察）』（東西時論第六編、通俗大学会、一九一六年。原著は一九一五年刊行 *Die Biologischen Grundlagen der Kulturpolitik. Eine Betrachtung zum Weltkriege.*）においてである。

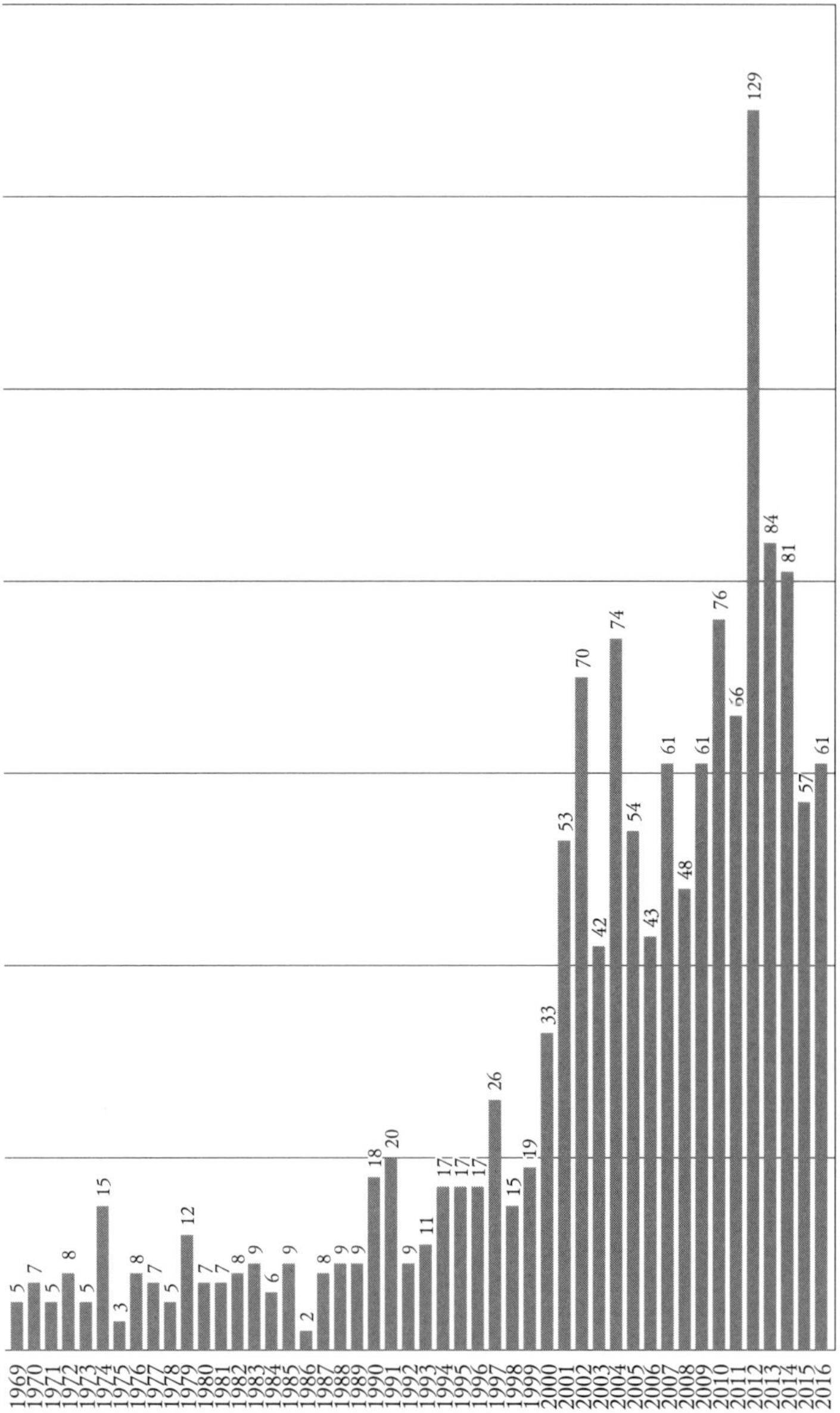

図1　刊行年別　日本における「文化政策」関連文献（2018年1月11日時点）

出典：国立国会図書館 NDL ONLINE による検索から筆者作成。「文化政策」でキーワード検索し、①タイトルおよび目次に「文化政策」を含む書籍、②タイトルおよび特集名に「文化政策」を含む雑誌記事、③編者および出版者に「文化政策」を含む書籍および雑誌を年別に抽出した。ただし、②および③の文献のうち、明らかに「文化政策」を論じているとは判断できないものは除外した。

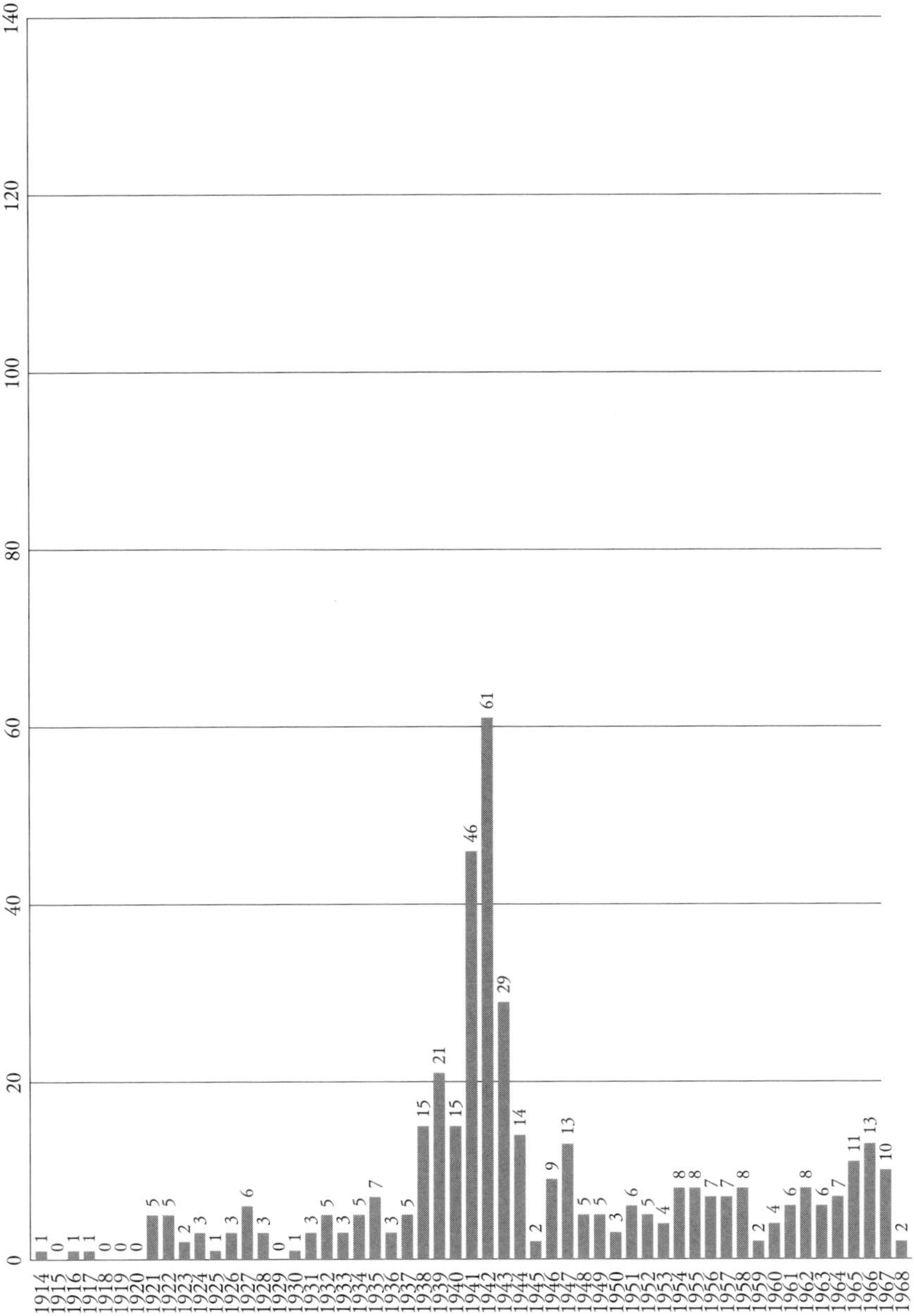
140
120
100
80
60
40
20
0
1 0 1 1 0 0 0 5 5 2 3 1 3 6 3 0 1 3 5 3 5 7 3 5 15 21 15 46 61 29 14 2 9 13 5 5 3 6 5 4 8 8 7 7 8 2 4 6 8 6 7 11 13 10 2
1914 1915 1916 1917 1918 1919 1920 1921 1922 1923 1924 1925 1926 1927 1928 1929 1930 1931 1932 1933 1934 1935 1936 1937 1938 1939 1940 1941 1942 1943 1944 1945 1946 1947 1948 1949 1950 1951 1952 1953 1954 1955 1956 1957 1958 1959 1960 1961 1962 1963 1964 1965 1966 1967 1968

原著者のフェルヴォルン（一八六三―一九二一）はゲッティンゲン大学等で教鞭をとったドイツの生物学者であり、医学者・生理学者の永井潜が彼に学んでいる。日本では、大正期から昭和初期にかけてその訳書が紹介されている。戦前の生物学史によれば、フェルヴォルンは、彼の師でもあるヘッケルの生物発生の原理、そしてダーウィンの淘汰説は実証された確実な事実と信じており、生命の問題に対し哲学的な思索に耽った。また、彼はすぐれた思索家ではなかったが熱情的な人で、倫理上の問題や社会上の問題に鋭い興味をもっていた(3)。芸術に関しての論考もあり、『原始芸術の心理学（*Zur Psychologie der primitiven Kunst*）』といった著作もある。

『文化政策の生物学的基礎』は、第一次世界大戦のさなかに著された。進化論に基づき、文明発達を生存競争や文明の淘汰としてみなし、また戦争をその闘争としてとらえ、戦争の必然性を述べ、イギリス文化に対するドイツ文化の優位を主張する内容である。「文化はある有機体の生理的の生命表現であり、有機体とは個人、政治系統及び全体としての人類の三者を指し、すべての文化進歩は個人の内面的現動的文化価値即ち個人の精神的活動より生ずる(4)」とする。そしてドイツに比べてイギリス文化が劣っていることを厳しく追及する。「闘争がなければ文化進展なく、競争がなければ停滞があるのみである。意見を戦はすは大規模の思想実験である。最も現実に適応したる見解が終には勝利者となつて事実に現はれる。これ実にすべての文化進展の最初にして且つ最終の条件である(5)」という本書の最後の一文は彼の主張をよく要約している。

フェルヴォルンの著作の翻訳の経緯は明らかでない。しかし、フェルヴォルンの論は、出版元である通俗大学会の総裁であった後藤新平の論と比較することでその意味がより明確になる。本書を訳した「通俗大学会」は、東京市内に拠点をおき、「広キ意義ニ於ケル国民教育ノ一助タランコト」（通俗大学会会員規約第一）を目的とし、後藤を総裁、新渡戸稲造を会長とする会である(6)。本書が収録された叢書「東西時論」は、同会が中核的事業として発行していた「通俗大学文庫」の副産物として「世界的時事問題ニ関スル論評ヲ紹介センガ為メ」（通俗大学会会員規約第三）に刊行され、他には『独逸と東亜』『巴爾幹半島』といった冊子がある。後藤は『日本膨張論』（通俗大学文庫第三巻、一九一六年）において、民族間、国家間における適者生存、優勝劣敗の法則が貫かれることを強調し、民族と国家の機械的・武断的膨張を目指す「植民政策」に対し、民族の精神的発展、有機的・文化的膨張を目指す「文明政策《クルツール・ポリテック》」「文化政策」を主張する。[7] 後藤はそれまでも台湾総督府民生長官などを務め、調査を重視し、現地の論理をくみとる努力をしつつ植民地統治を行ってきた。後藤はまた、遺稿「学俗接近の生活」において、第一次世界大戦を知識あるいは科学、文化の戦争としてとらえている。[8] フェルヴォルンの説は、こうした後藤の主張と共通点がみられる。第一次世界大戦を文化戦争としてとらえる視点は、先の宮原も共有するところである。

ただし、フェルヴォルンの著作は、本文に「文化政策」の語が、少なくとも訳文には一つも現れないため、「文化政策」のタイトルで何を指し示そうとしていたかは明確ではない。文化政策論そのものが多くないため、当時の概念についての認識はつかみにくいが、同時期に教育者の伊藤長七が、第一次世界大戦後の日本において、文化政策を国家および民族の理想と結びつけて類似の趣旨の論考を記している。[9] 伊藤にとって「文化政策」とは「日本国民が開国以来抱持するところの、そして今後永遠に舒暢発展せしめんとするところの民族的理想に対する一方便」であり、軍国主義、忠君愛国の志気を作興するものとしている。

また、それから二年後に、『感化教育之研究』などの著作のある加藤成俊が、[10] 第一次世界大戦においてドイツは文化政策（“Kultur-Politik”）を採っており、「的確に言ふならば、文化的世界政策」であり、「文化の保存の為めに文化の保護の為めに、文化を世界に宣伝する為めに戦ふ」という、「思想観念は耳慣れない目新しい」思想だと述べている。加藤はさらにドイツ文化の解説を進め、「独逸文化は一朝一夕で成つたものでもなく其の文化政策も史的沿革のあるもので、換言すれば独逸民族の伝統である」とする。「独逸文化の基礎を置いた」カントの思想をフィヒテが「民族的文化主義」へと発展させ、ヘーゲルがそこに「濃厚なる国家的覇者的色彩を附け」、ビスマルク、トライチュケ、ベルンハルディらが「政治的歴史的軍事的文化と開展した」と整理する。こうした文化政策を、「国内に向かつては独逸文化の創造と保存、国外に向かつては独逸文化の宣伝と、文化に依る他国の支配とを主生命とする」、「権力政策実力主義戦争の宣言」などと述べる。また英国文明の「個人の尊重人格主義道徳主義四海同胞主義」に対して独逸文化を「国家主義知力主義独逸至上主義（Deutschland über alles theorie）世界併呑主義」とする。加藤は他にもドイツ文化論者を紹介しながら、ドイツの文化政策が「独逸国民上下の輿論であり、独逸魂の結晶である」と断じている。さらに、文化政策には二種あるとし、前者は同等文化の民族に対するもので、「文化の争闘」（Kulur-kampf）から文化政策が権力政策となり、戦争に訴えられる。後者は自文化を相手の領土内に移植して自己の勢力を拡大しようとするもので、教育事業や社会救済事業となって現れるという。

このように、当時の文化政策論は、政治学的観点というよりも、哲学的・生物学的観点による社会進化論が外交問題に援用される形で議論されていたと考えられる。

（2）社会事業論としての文化政策論

もうひとつの系譜として、加藤が述べた「後者」にも連なるが、社会事業論としての文化政策論がある。この議論を展開したのは森本厚吉と水野和一である。

森本厚吉は、一九二六年に『文化政策基本論』を著している。これは長谷川良信編により一九二六年から二七年にかけて一〇巻にわたり出版された『社会政策大系』（大東出版社）の第二巻に所収されている。森本は当時「文化生活」の概念を提唱していた。森本によれば、文化生活は数年前までは主として哲学上の用語で深遠な精神的意義を有するものとして扱われていた。しかし、経済の観点からも文化生活が考えられなくてはならなくなったと述べ、文化政策を「単に文化生活を営むに必要な政策である」[11]とする。政策とは社会政策を略したものであり、また社会政策とは改善政策であるとし、文化政策の根本義は、権利の行使、義務の履行、欲望の満足の三つを社会の最大多数者に満足させる生活を営ませることでなくてはならない、とする。文化政策とはつまり社会政策と同じものであり、現代に必要な文化的社会生活とも称すべきものである。また、マルサスやベンサムなど、社会思想をベースに文化生活や人間の文化的要求や欲望についても考察しており、以下にみる水野和一と同様、森本は社会政策と社会事業の見地から文化政策を論じている。

水野和一は、明治末期から『デカメロン』をはじめとする翻訳を手がけている。大阪毎日新聞社出身で、在籍時から文化政策論を展開していたが、特に一九二一年から二二年にかけて、『現代社会事業の精神』（文化政策協会、一九二一年）や、「文化政策」（藤音得忍編『社会事業研究所講義録』所収、一九二二年）などを著し、文化政策について盛んに論じている。

水野によれば、文化政策とは「国民平等の文化享有を目的として社会一般の智識趣味及び社交性を発せしむる社会的方策」である。文化政策の語は *Principle of Sociology* から取った"culture of policy"が出典だと述べている。この出典は、水野自身も訳書を残しているスペンサーの *Principles of Sociology* であると考えられる[12]。

水野は、人間生活の福利増進策 Human Welfare としての社会政策のなかに経済政策と文化政策があり、人間の生活にも物質的生活と精神的生活があるとする。従来の日本の社会政策が経済政策に偏っていたことを批判しながら、国民平等の文化享有をもたらす文化生活や文化政策の必要性を主張している。ここで水野は、ラスキンやモリスの社会改善の実践や、欧米における美術館や小公園の整備、セツルメント事業などを挙げ、貧民窟でのセツルメント事業として音楽会や美術展などを行うことを提案している。

水野の所論で特徴的なのは以下の三点である。第一に、当時の社会政策論や労働問題の文脈で文化政策が論じられている。第二に、通俗教育は市民の常識の涵養及び職業教育にとどまるのに対し、文化政策は社会に精神文化の建設を目的とすると共に、市民に知識及び趣味につき自己発展の機会を与えると述べ、社会教育および通俗教育との差異が強調されている。第三に、文化政策と教育政策を同一視する民衆娯楽論を批判し、両者を区別する。水野によれば、教化政策は芸術を道徳鼓舞の手段と見るが、文化政策は芸術そのものの価値によって、人間の精神の改善を図るものである。芸術の価値を認めない民衆娯楽論や、経済生活と娯楽を混同して、人間の階級分離をもたらす経済政策を水野は批判する。経済政策と異なり、文化政策は芸術的価値で芸術を評価する。芸術を教化の手段とみなすことを退けている点で後年の文化政策論とはやや一線を画しているが、芸術の自律性や教育性をめぐるこの論点は多くの文化政策論者が直面した課題でもあった。

また、水野は、森本厚吉の文化生活運動に対して批判的である。その理由として次の二点を挙げている。第一に、森本のいう文化生活はたんに物質生活の改善を意味しており、人間生活の精神的福利増進や社会風潮の改善のほうが重要であること。第二に、国民の大多数は森本のいうような文化生活ができていないこと。さらにこの二点から、労働者の貧困を改善するための住宅供給や、具体的な文化生活の前提である所の社会政策が必要であると述べる。

そして、文化政策が発達しなかった理由として、①社会政策を経済政策と考えたこと（社会政策批判）、②文化の宣伝が知識の通俗化並びに職業教育にとどまり、社会に精神文化を鼓舞しなかったこと（通俗教育批判）、③日本の思想政策が、国民に対して倫理的規範を鼓舞するにとどまり、国民一般に合理的進歩思想を鼓舞しなかったこと、の三点を水野は挙げる。また、文化政策の観点から進められているシカゴの都市計画に比べて、日本、特に大阪のような都会では経済文化が発達して、精神文化は後れているとする。さらには、文化政策促進の方策として、①文化的施設の整備、②社会風潮改善と社会生活に適する市民の芸術の促進のための美術文学等思想方面の改善運動、③アメリカの都市芸術院のような文化政策の実行機関の設置、の三点を水野は挙げる。

ただし、水野は森本の文化生活論の抽象性を批判したとはいえ、「文化生活は人間生活の精神的福利増進と、社会風潮の刷新とを目的とする故に、文化政策の基礎は理想主義でなければなりません[13]」と述べるように、水野の論もまた理想主義的‐抽象的側面を有していた。その理想主義には、教育と文化を区別したとはいえ、教化の論理を強める後年の文化政策論に連続していく部分もあったといえる。

また、当時「文化政策協会」という団体が存在していた。同会は一九一九年に設立、大阪に拠点をおき、大林宗嗣や田澤義輔といった、余暇・娯楽論や厚生文化論、社会教育論を展開していた人物も関わる団体であった。「現代の社会に於ける精神的文化の普及並に現代我国都市の実情に適応せる文化施設促進のため宣伝をなすを目的」とし（会則二）、委員の事務分担は「（一）社会教育（二）市民芸術促進（三）児童保護問題（四）婦人問題」（会則五）とされ、「（一）文化宣伝を目的とせる講演会、展覧会、演奏会等の開催（二）文化事業に関する研究会の開催（三）会報の発刊（四）文化促進に関する小冊子の刊行」（会則四）を行っていた[14]。そして以下のような活動方針をもっていた。

「文化政策協会綱領」
（一）吾等は国民平等の文化享有並に協戮精神の発達を目的とせる左記文化施設整備の促進泉《ママ》主張す
智識中心機関としての博物館及図書館。芸術中心機関としての美術館、音楽堂。公園系統及児童遊園。
ソーシアル、センター及びセッツルメント事業。
（二）社会風潮を浄化し、年少者の福利増進のため各種の娯楽機関の改善を期す
（三）思想問題の対策として国民の間に人格の導《ママ》重及協戮精神を基礎とせる建設的進歩思想の発達を促進す
（四）労働問題の対策として情化的施設の必要を主張す
（五）教育の改善に於て実用教育の発達と道徳教育及び趣味教育を相一致すべきを主張す[15]

このように、当時の文化政策論は、第一次世界大戦の影響を強く受け、社会進化論をベースにした文化的ナショナリズムの論理であると同時に、都市における市民生活のある種の「豊かさ」を主張する、社会事業推進の論理であった。この「国家」と「社会」をめぐり交錯する論が文化政策論の初期の姿であったといえる。

4　「戦時」文化政策論

昭和期においては、大正期の議論を引き継ぎながらも徐々に変質していき、いわゆる「戦時」の文化政策論が展開される。一九三九年に出版された辞典において、林達夫は「文化政策 Kulturpolitik」を以下のように定義付ける。

一、文化財（宗教・芸術・科学・道徳・教育等）の促進を目指す国内政策の重要な一部分を形成する国家の目的意識的活動。平時に於てはかかる活動は分散的・職能別的であるが、非常時には、たとへば国民精神総動員の場合の如く、国家が自らイニシアチーヴをとつて、国内のあらゆる文化機関に国策の線に沿はしめる活動を促す強力な文化運動を行ふ機関と行動綱領とをもつこともある。

二、文化財を権力目的に奉仕せしめる目的意識的活動。主として対外的文化事業の形で存在するが、これは「文化宣伝」Kulturpropaganda とも呼ばれる。国策の遂行が外国との摩擦や軋轢を生み出す場合、特に外国が悪宣伝によつてそれを妨害しようとする場合、その真意を相手に納得せしめるためには、まず自国文化の優秀なる相、文化が一般に普及してゐる有様などを正しく認識せしめる必要がある。そしてかゝる文化宣伝は、平生から国外に自国の「友」を出来るだけ多く作つておくことから始められねばならぬが、特に戦争の際には、これは他方を味方につける重要な役割を演ずる活動であるが故に決して忽かせにし得ないものである。[16]

図1にもみられるように、この時期、量的にも数多くの文化政策論が出版された。[17]本書の他章で示される岸田國士の他、三木清や柳田國男等、多くの知識人が文化政策を論じている。論者によって「文化」の範囲が異なり、哲学や政治学、芸術論等、アプローチも多様であるが、概ね以下の要素をもっていた。

第一に、それまでの文化政策論の多くが理念レベルの議論であったのに対し、同盟国ドイツ・イタリアを中心とした他国の文化政策の調査などを通じて、具体的な制度のレベルに議論の焦点が移っていった。[18]ただし、理念的には前時代のフェルヴォルンの路線をある意味で引き継ぎ、主にドイツの文化国家観に基づく民族文化論的な文化政策論が展開された。特に太平洋戦争に突入すると、文化翼賛体制の確立が目指され、対内的な総動員体制の強調のみならず、排外的な文化政策論も数多く登場する。城戸幡太郎は、「文化警察或は文化行政が特に文化政策と称せられるようになったのは、それが内政の問題から外政の問題に発展し、外交政策或は世界政策の立場から考えられるようになったためである[19]」としている。

第二に、「総動員」体制の強調である。日本初の文化立法といわれた映画法の制定（一九三九年）や、大政翼賛会文化部の発足（一九四〇年）等、数多くの文化統制と振興施策が打ち出されていった。本書の第12章でも述べるように、省庁再編のなかで文化政策の展開が試みられたが、そこで重視されたのは「総動員」という要素である。宮原誠一は以下のように述べる。「文化政策といふ事柄が官民の間に広く取り沙汰されるやうになつたのは、何といつても昭和一五年秋の新体制運動発足以来のことである。新体制運動は高度国防国家体制建設の方法であり、高度国防国家の基礎は強力なる国内総力戦体制にあるのであつて、「政治、経済、文化」の各領域にわたつて新体制が確立されなければならないと訴へられて以来、文化の新体制を確立するといふ意味合ひにおいて文化政策といふ観念がひろめられたのである[20]」。総力戦下、国民の形成に関わる、教育・科学・宗教・文芸・芸術のすべてが、文化ないしは文化政策という観点から再編成を迫られるようになった。大日本詩人協会、日本音楽文化協会、日本文学報国会、日本少国民文化協会といった団体の結成、文化報国運動、文芸銃後運動、農村文化、勤労文化、児童文化、文化工作といった文化にまつわる議論がさかんに展開された。

第三に、教化性の重視である。一九四二年に社会教育局が教化局に再編されていったように、この時代は、「教育」よりも「教化」の語が行政内では用いられた。橋口菊は、当時の議論を、既存の教育行政・文化行政を批判し、「現実の社会教育を、主としてその思想性（政治性）・科学性・芸術性・日常性等の側面から問い直していったのが、この期の文化政策論としての社会教育論の展開であった[21]」と特徴付ける。ただし、次にみる「宣伝」と「教化」の概念は異なるものであり、前者は後者を批判する近代的概念として用いられたといえる。伝統的な手法としての教化は、情報宣伝ないしは文化政策という近代的な発想と方法・内容をも求めていた。

第四に、科学性と宣伝性の重視である。第二次世界大戦を情報戦・心理戦であるととらえ、マスメディアを利用した積極的な文化統制と宣伝についての研究も非常に数多くなされている[22]。それまでの国民精神総動員運動が行き詰まりをみせる一方で、文化政策概念は、映画やラジオ、芸能といったマスメディアや大衆娯楽を利用し、従来の伝統的な教化の手法に加え、近代的なテクノロジーを用いた宣伝の側面を強調した性格をもっていた[23]。伝統的な告知・教化のスタイルから、メディア宣伝による国家総動員が自覚的に目指され、それまで政府の意向とは無関係だった諸芸術分野も国家的な宣伝の役割を期待された。

第五に、生活の合理化という論理である。それまでの社会事業としての生活の豊かさの追求という論理は残しながらも、苦しい戦時下だからこそ精神的な豊かさをといった耐乏の論理や生活の合理化・科学化といった論理へと代わっていく。生活の科学化、芸術の生活化という論理も、大正期とは異なるかたちでさかんに叫ばれた。

5 「戦後」の文化政策論

(1) 終戦直後――消極的文化政策論

ここからは、現代に至るまでの文化政策論を概観するが、本書第12章の「社会教育」も参照されたい。戦後においては、ある時期まで文化政策の語は少なくとも行政からは消え、社会教育行政のなかで展開されていたからである。

第二次世界大戦直後は、文化政策が積極的に語られることは少なかった。むしろ、本書第3章が述べるように、自由主義的側面を強調するかたちで「文化国家」の概念が論じられた。

この時代、「文化政策」は、ナチスドイツの文化統制を想起させるとして占領軍からも忌避された。それも原因で、文化省の構想を含めた文化行政の体系化も頓挫し、文化行政は社会教育行政の一領域として細々と行われる状態であった。

（２）　一九五〇―六〇年代――表現の自由と規制、文化庁発足

この時代も「文化政策論」として展開された議論の数は多くないが、映画『太陽の季節』（一九五六年）をめぐる映画倫理管理委員会設置の前後に、太陽族の問題をどう考えるかという文脈において文化政策が論じられた[24]。また、ソヴィエトを中心に社会主義圏の文化政策が注目されていることも特徴である。

一方で、「文化政策論」として議論されてはいないが、様々な「国民文化」を創出していこうとする議論と運動が展開された[25]。一九五〇年代と六〇年代も地続きではないし、一九六八年の文化庁発足というメルクマールもある。戦後をどうとらえるかという歴史認識も含めて、この時代の把握は今後の課題である。

（３）　一九七〇―八〇年代――生活文化振興論として

一九七〇年代から八〇年代は、「地方の時代」「文化の時代」といった標語のもと、多くの議論がなされ、地方自治体で文化行政が進展をみせた[26]。

この背景には、①公害問題やオイルショックの時代を経て、都市の生活環境の改善・向上、精神面も含めた生活の豊かさが目指されたこと、②そうした自治体のグランドデザインを描く、総合行政としての文化行政が求められたこと、③好況を背景に、博物館や文化会館等、文化施設の建設が進められたこと、④それに伴い、従来の教育行政の一環としての文化行政はより重要な位置を自治体内で占めるようになったこと、などがあるといえる。この時代は、一九九〇年代以降の芸術文化振興論としての文化政策論とは若干異なり、都市、地域における芸術も含めた生活文化の改善や向上が目指されていたといってよい。ただし、文化政策ではなく「文化行政」の語で論じられることの方が多いこと、文化財保護の議論が急増することがこの時代の特徴であるため、図１にみるように「文化政策」論の件数は多くない。

（4）一九九〇年代——芸術文化振興の積極策として

一九九〇年代に入ると、バブル崩壊に伴い、モノの豊かさから心の豊かさへというレトリックがより強調され[27]、芸術文化の振興論として文化政策論が語られるようになっていく。この時代の画期としては、文化芸術振興基本法の制定をめぐる動きがある。[28]終戦以来、ナチスドイツおよび戦時期日本の統制的文化政策を想起させるものとして認識されていた「文化政策」のタブー意識が、同法制定をめぐる議論を通じて徐々にやわらいでいく過程でもあったといえる。

（5）二〇〇〇年代以降

文化芸術振興基本法の制定（二〇〇一年）以後は、芸術振興だけにとどまらない、さらに多くの文化政策論が語られるようになった。多くの大学に関連講座が作られ、学会も複数発足し、文化政策の名を冠した自治体行政部局が増えたことで、文化政策をめぐる議論は量的にも厚みを増している。そのなかで、たとえば多文化共生の問題、「クールジャパン」の標語にみられる経済政策や観光政策との関わり、国力としての側面、芸術文化以外にも多文化、言語文化など、文化政策論は多様化をみせる。二〇一〇年代も視野に入れるならば、いわゆる地方創生論や二〇二〇年東京オリンピックなどとのかかわりで、地域文化創生といった議論も挙げることができるだろう。一方で、たとえば対外文化政策の重視は戦前期にも論じられており、新しさのなかに古くからの論点が再出する現象も、歴史を振り返れば見出すことができる。

6　文化政策論が内包する思想

日本における文化政策論は、近年現れたものでもなく、また第二次世界大戦中の文化ナショナリズムの所産でもない。思想戦・宣伝戦としての第一次世界大戦を経て、社会事業論や通俗教育論・社会教育論、またナショナ

表 1　各時代の文化政策論の特徴

時代	内容	背景
大正―昭和初期	社会進化論 植民地統治論 社会事業論	第一次世界大戦 福祉国家化
第二次世界大戦期	統制・教育・宣伝（伝統と現代への視点） 他国の制度調査	総力戦体制 マスメディアの発達
終戦直後	文化国家論 自由放任	民主化 戦後制度設計
1950 ― 60 年代	表現の自由と規制 社会主義圏の制度調査	太陽族映画 文化庁発足
1970 ― 80 年代	地方分権と市民自治 生活文化の振興 総合行政としての文化行政の確立 文化施設建設 社会教育批判	好況～オイルショック～バブル 公害問題 都市のインフラ整備
1990 年代	芸術文化の積極的振興（タブー視の解消）	芸術文化振興基本法制定
2000 年代	経済振興 ソフトパワー論 多文化共生	グローバリゼーション 関連講座，学会の設立
2010 年代―	地域文化創生	地方創生 東京オリンピック

リズムへとつながる社会進化論や民族文化論などの論理が交錯し、かたちづくられたものであった。戦前、特に大正期を中心的に扱った本章の第一の主張はここにある。

第二に、当然ながら「国家」論としての文化政策論は大きな軸を占めてきたものの、戦前も含め、つねに「国家」のみが問題とされていたわけではなく、そこには都市や地域における人々の生活、すなわち「社会」も問題とされていた。戦前においても、生活の改善や合理化といった多様な論理が文化政策論では展開されている。文化政策論の一〇〇年を概観したとき、「文化政策」という言葉の容れものに様々な思想が投げ込まれていることに注意を向けたい。文化政策論は、バラ色の芸術振興論だけでもなければ、国家主体の統制論、精神主義的・復古主義的教化論だけでもない。各時代の掘り下げは今後の課題であるが、今後の議論のために、各時代の文化政策論の特徴的な要素を表1に示した。

この表からもわかるように、自由な活動の制約と保障、一元性と多元性、統治と経済発展と人間性など、様々な振れ幅で振り子のように文化政策論はゆれている。主体や対象も、内外の国家、文化の諸領域、国民（民衆、臣民、市民、住民など様々に呼ばれる）など、多様である。

こうした文化政策論の多様性をとらえることは容易ではない。社会進化論、民衆芸術論、文化哲学、プロレタリア芸術論、社会政策論、通俗教育論、社会教育論、近代の超克論、文化国家論等、多くの論点と歴史的文脈がある。対外文化政策や文化財保護政策等、関連領域の検討も必要である。

文化政策は、特定の理想の実現を目指して論じられながらも、決して実現をみることのない、あえていうならばある種の規範概念を示し続ける試みでもある。文化政策論の振り子は今後どこにふれてゆくのだろうか。

注

（1）池島重信「文化政策」『教育学事典　第五巻』平凡社、一九五六年、一八五―一八六ページ
（2）宮原誠一『文化政策論稿』新経済社、一九四三年、序文二―三ページ
（3）巴陵宣祐『科学史叢書 生物学史 下』山雅房、一九四二年、五三八―五四二ページ
（4）マックス・フエルヴオルン『文化政策の生物学的基礎（世界戦に対する一考察）』通俗大学会編訳、通俗大学会、一九一六年、六六ページ
（5）同右、一〇五ページ
（6）中島純『後藤新平「学俗接近」論と通俗大学会の研究――夏期大学運動の思想と実践』財団法人私学研修福祉会助成刊行物、二〇〇四年、一四―二一ページ
（7）後藤新平『日本膨張論』通俗大学会、一九一六年、二一七―二一八ページ
（8）中島、前掲、八三ページ
（9）伊藤長七「戦後の文化政策と吾国民教育」『教育研究』第一六七号、不昧堂、一九一七年、七九―八四ページ
（10）加藤成俊「独逸と文化政策」『教育学術界』第三八巻第三号、一九一八年、二八―三〇ページ
（11）森本厚吉「文化政策基本論」長谷川良信編『社会政策大系』第二巻、大東出版社、一九二六年、一ページ

（12）水野和一「文化政策」藤音得忍編『社会事業研究所講義録』大日本仏教慈善会財団、一九二二年、六一七ページ
（13）同上、六二三―六二四ページ
（14）水野和一『文化政策小冊子　現代社会事業の精神』文化政策協会、一九二一年、一〇ページ
（15）水野和一『文化政策小冊子　社会問題概説』博愛社印刷所、一九二二年、巻末
（16）林達夫「文化政策」『教育学辞典』岩波書店、一九三九年、二〇六八―二〇六九ページ。林は同辞典で「芸術政策」を端的に「芸術の政治的統制のために設定せられる政策のことをいふ」と定義付けている。
（17）永島茜「わが国における文化政策論の変遷――昭和一〇年代における出版物を中心として」『文化経済学』第四巻第一号、二〇〇四年、五七―六五ページ
（18）佐藤晃一『ナチス獨逸の防共活動』皐月會、一九三八年、外務省調査部編『獨逸の教育、文化、社會政策』日本国際協会、一九四一年、マティアス・シュワーベ『仏蘭西の対外文化政策――海外宣伝、その根本原理と前提条件』石橋長英訳、冨山房、一九四一年など
（19）城戸幡太郎「文化政策」新日本文化技術研究会編（網戸武夫編集代表）『生活と文化技術』白水社、一九四一年、二〇八―二〇九ページ
（20）宮原、前掲、序文三ページ
（21）橋口菊「教化動員期の時代的性格と構造的性質」国立教育研究所編『日本近代教育百年史8　社会教育（2）』教育研究振興会、一九七四年、三一ページ
（22）鈴木吉祐『芸術の宣伝に及ぼす効果と実際』太陽堂書店、一九三六年など
（23）橋口、前掲
（24）城戸幡太郎「文化政策と社会教育」『社会教育』全日本社会教育連合会、一九五六年一〇月号、四―八ページ
（25）草野滋之「戦後日本における民衆の文化活動・表現活動の展開とその意義」、畑潤／草野滋之『表現・文化活動の社会教育学――生活のなかで感性と知性を育む』学文社、二〇〇七年、二〇四―二〇九ページ
（26）松下圭一／森啓編『文化行政――行政の自己革新』学陽書房、一九八一年
（27）佐藤郁也『現代演劇のフィールドワーク――芸術生産の文化社会学』東京大学出版会、一九九九年
（28）小林真理『文化権の確立に向けて――文化振興法の国際比較と日本の現実』勁草書房、二〇〇四年

第Ⅱ部　権利概念の創出

第7章　文化権

中村美帆

1　文化権をめぐる議論の二つの次元

文化権（cultural right）は、労働権や環境権などと並んで、第二次世界大戦後に国際社会で議論が進められてきた新しい権利概念の一つである。

国際社会において、文化権はその内容の深化と法的枠組みの在り方という二つの次元で議論がなされてきた。換言すれば、文化権による保障内容と文化の特性に起因する文化権の権利としての性質、その二つの観点から考察が深められてきた。本章でもこの二つの次元に注目して、国際社会および日本における文化権をめぐる議論の経緯を整理し、特に日本における文化権の議論においてさらに深めるべき論点を提示したい。なお、“cultural right”について、国際法関連分野では「文化的権利」と訳されることも多いが、文化政策関連分野ではほぼ「文化権」という訳語が用いられる。以下、本章でも原則「文化権」と訳す。

2　国際社会での議論の動向

一九四八年に第三回国連総会において採択された世界人権宣言第二七条第一項では、「すべて人は、自由に社会の文化的生活に参加し、芸術を鑑賞し、及び科学の進歩とその恩恵とにあずかる権利を有する」と宣言されている。続く第二項では創作に関する利益の保護、さらに第二四条「休息及び余暇をもつ権利」、第二六条「教育を受ける権利」も謳う。七六年に発効した国際人権規約は当事国が遵守すべき権利の内容をより具体化している。「経済的、社会的及び文化的権利に関する国際規約（国際人権規約A規約）」の第一五条第一項では「文化的生活に参加する権利」をすべての者に認めるよう締約国に要求している。

文化権をめぐる議論の第一の次元、すなわちその実現に向けて文化権の内容を深める議論においては、とりわけユネスコが大きく貢献してきた。

一九六八年には、ユネスコによって「人権としての文化的権利」に関する専門家会議が開かれ、「人権としての文化的権利に関する声明」が発表され、労働権、余暇権、社会保障権に続いて文化的諸権利（cultural rights）概念の構築について言及された。七六年には、ユネスコ第一九回総会（ナイロビ）において「大衆の文化的生活への参加及び寄与を促進する勧告」が採択された。この勧告は、「すべての個人が社会進歩の要求に応じて文化的創造及びその恩恵に自由かつ十分に参加できるよう、加盟国又は当局が文化活動の方法及び手段を民主化する」ことを目的として掲げていた(1)。

一九八二年に一二六カ国九六〇名の政府代表が参加して開催された文化政策に関する世界会議（メキシコシティ）および「文化政策に関するメキシコシティ宣言」では、文化政策を推進するにあたっての重点として、①「文化的アイデンティティ」の尊重、②「文化政策における民主主義と参加の重要性の確認」、③「文化的発展を社会発展の目的それ自体としてとらえる新しい価値観の提起」、④「文化と教育の相互関係の強調」、⑤「文化と科学技術」、⑥「文化とコミュニケーション」、⑦「文化と平和の関係」、以上七点が指摘された。これら七点からは、文化政策の対象となる文化概念が「社会生活総体における多面的な接点でとらえ直された」こと、これら文化政策の根本理念となる「文化的権利」に関しても同様に広範な文化概念を内包させていること、がわかる。[2]

このように一九六〇年代から八〇年代にかけての議論は、ユネスコのように文化政策の実践に関わるアクターが文化権の内容を深めていく展開だったと言える。

一方、第二の次元すなわち国際法における人権としての文化権の法的枠組みに関する議論は、最近まであまり進んではいなかったと言われている。「文化的諸権利（cultural rights）は人権一家のシンデレラ」という比喩にみられるように、法的見地からは文化的諸権利は一連の人権の中で最も発展途上の権利だった。経済的・社会的権利に対して、文化的権利はあまり注目されなかった。その理由としては、文化という用語の範囲の問題や、個人の文化的アイデンティティと集団あるいは国家のアイデンティティの相克、文化相対主義と人権の普遍性の相克、が挙げられる。[3]

その状況が大きく変わったのは、ここ一〇年程の話である。特に重要な変化として、二〇〇七年に国連総会で採択された先住民族権利宣言、〇九年の国連人権理事会による文化権の特別報告者の設置、〇九年一二月付の社会権規約委員会による一般的意見の採択がある。[4] 先住民族権利宣言は、一九八二年から二〇年以上かけて起草され、人権の新たなモニタリングの仕組みを生み出した。二〇〇九年には国連人権理事会が、文化権の分野における特別報告者としてファリダ・シャヒード（Farida Shaheed 任期二〇〇九―一五年）を任命した。文化的権利に関して特別報告者が任命されたのは初めてのことで、一二年には任期がさらに三年延長されている。特別報告者がまとめた報告書は国連総会や人権理事会に採択され、その内容（特に勧告）を実施するよう各国政府に要請される。シャヒード特別報告者は着任以降、文化的諸権利の実現（二〇一〇年）、文化遺産へのアクセス（二〇一一年）、科学の進歩と応用による恩恵への権利（二〇一二年）、女性の文化的諸権利（二〇一二年）、芸術の自由への権利（二〇一三年）[5]、歴史と記憶（二〇一三―一四年）[6]、文化的諸権利の享受における広告とマーケティング慣行の影響（二〇一四年)、知的所有権の枠組み(二〇一五年)といったテーマの調査に取り組んだ[7]。〇九年一二月付の社会権規約委員会による一般的意見「文化的生活に参加する万人の権利」は、国際人権規約第一五条第一項「文化的生活に参加する権利」に関するもので、条文の詳細な説明に加えて、国家の責務、権利侵害の在り様、国家レベルでの実現や国家以外のアクターの責務についても言及されている[8]。

文化権の法的議論については、グローバルな議論の腰が重かった一方で、地域レベルの議論は明快で骨太だったという評価もある[9]。例えば欧州審議会(Council of Europe)の活動なども議論を牽引するのに重要な役割を果たした[10]。

また、大人よりも先に子どもの人権において文化権は議論された。一九八九年の国連総会で採択された子どもの権利条約第三一条では「休息及び余暇についての児童の権利並びに児童がその年齢に適した遊び及びレクリエーションの活動を行い並びに文化的な生活及び芸術に自由に参加する権利」を認め、「児童が文化的及び芸術的な生活に十分に参加する権利を尊重しかつ促進するものとし、文化的及び芸術的な活動並びにレクリエーション及び余暇の活動のための適当かつ平等な機会の提供を奨励する」ことを締約国に求めている。

3　文化芸術振興基本法以前の日本における文化権の議論

日本における文化権についても、内容の検討から主に始まり、その後保障のための法的枠組みの議論が展開した。

法学者の小林直樹は、世界人権宣言第二四条や第二七条などは、「憲法上の明文はなくても、民主憲法の精神からいっても、また世界人権宣言や国際人権規約を積極的に受け入れている日本の立場からしても、当然に日本国民が享受しうべき〈文化的権利〉だといえよう」、「文化的基本権とも呼ぶべきカテゴリーが、格別に扱われるべき意味をもって現れつつあると考えられる」(傍点ママ)と述べた[11]。

いち早く国際社会の文化権に関する議論を国内に紹介した教育学者の佐藤一子は、特に一九七六年のユネスコの勧告と八二年の世界会議に注目し、勧告と会議の報告書は、「基本的人権としての「文化的生活に参加する」権利の現代的意義を深く認識し、それを保障するための文化政策の展開、とりわけ民主主義と参加の原則の確認について国際的な合意を形成するうえで、大きな意義をもっている」と評価している。(12)

また佐藤は子どもの文化権に注目し、社会教育はもとより児童福祉や児童文化に関する研究も行っている増山均らとともに考察を深めた。(13) 日本が子どもの権利条約に批准したのは一九九四年である。翌一九九五年には、国会の超党派で構成された音楽議員連盟の調査委託を受けた「子どものための芸術文化振興に関する報告書」が作成され、子どもの権利条約第三一条の具体的保障のために、①子どもの芸術文化振興に関する法制・税制の確立(「子どもの芸術文化振興法」の制定、「非営利文化法人」の制度化など)、②「子ども舞台芸術基金」の創設、③子どもの芸術文化活動の充実をはかるための環境整備(「情報センター」の設置や「子ども芸術会館」建設の推進など)、④二一世紀にむけた行政・芸術団体、市民文化団体との協力と連携、が提言された。だが具体化には至らず、二〇〇四年の国連子どもの権利委員会による日本における子どもの権利条約の実施状況の審査の最終所見では、第三一条に関してほとんど言及がなかったという。(14)

国際社会の動向の紹介とは別の文脈で日本における文化権の議論の先駆となったのが、文化財保存に関する椎名慎太郎の研究である。その研究では、静岡県浜松市の伊場遺跡の県史跡指定解除処分の取り消しを求める訴訟(15)に椎名が関わった経験から「文化」の特殊性に注目し、「文化法」や「文化権」について考察している。時期的には、国際社会でユネスコを中心に文化権の議論が盛り上がっていた頃、日本国内では国民・住民に文化財を享有する権利(16)が認められないという結末に至る訴訟が進行していたことになる。

椎名は文化権の本質的内容を「国民が文化的活動を自由に行い、他人の文化的活動の成果や文化的遺産を享受し継承し、文化性豊かな環境の下で生活する権利ないし利益」と措定した。そして例示としての文化権が関与する範囲について、①芸術活動およびその成果の享受と継承、②学術研究、③美術館、博物館、図書館など保存・

伝承・一般公開のための施設、④都市の景観や歴史的建造物など環境としてとらえられる限りでの文化財、⑤文化財の保存と活用、の五項目を示す。また文化権の性質として、①芸術や学術研究への能動的権利は、憲法の保障する表現の自由や学問の自由と重なるものの、活動の自由と条件整備、成果の享受は本来切り離せない性質を持つため、一体のものとして権利概念に取り込む、②所有権や営業権など他の私権と対峙した場合には、弱いものであっても、国民・住民の共同的利益として、特に今は顕在化していない将来の世代の利益をも含めて考えた場合、法的レベルにおいても決して無視できない重要性を持つ、③国民・住民の精神文化的価値に関わる事項に対し、一般の行政課題のように一方的に判断・決定することは許されない、④文化的事項に関する政治的・行政的決定は、過去から未来にわたる人類の文化的営みに関わることがあるため時間軸を加えた総合判断がなされる必要がある、⑤文化事項に関する政治的・行政的決定のプロセスに国民・住民が適切に関与する制度が必要である、⑥文化的専門家（学術研究者、芸術家、著述者、考古学者、図書館司書など）や専門家団体の判断・意見が重視される仕組みを制度あるいは法解釈における条理原則として築くことの重要性、の六点を指摘する[17]。

このように様々な専門家が学際的に論じてきた内容を整理した上で、文化政策における文化権の在り方について正面から論じたのが、一九九〇年代に行われた小林真理の研究である。小林は、文化権を「人間の内面的な精神活動の総体を文化と看做して自律性を保障し」、「精神活動を行う上で不可欠な条件を整備する」、自由権的基本権と社会権的基本権の両面から構成される権利として確立させる必要性を説き[18]、「我が国では戦後長らく、〈文化〉に関する権利の自由権的側面のみが強調され、社会権的側面への認識が遅れていた」、「「文化振興法」や「文化基本法」の制定が望まれる中、文化行政に関するしっかりとした目的、理念としての〈文化権〉の保障こそがこれらの法律の制定の中心に据えられるべき」と論じた[19]。

実際、戦後日本の文化政策のなかでも芸術支援の分野では、基本法の策定によって国の施策の方向性を明らかにすることなく、限られた予算を行政主導で移動させることによって施策が展開されてきた。文部省や文化庁での実務経験者でもある根木昭は「文化基本法ないし文化振興法を求める背景には、これにより基本的人権としての文化権の確立を図りたいとする理念論と、芸術文化への支援の根拠を得たいという実利面の二つがある」と分析している。[20] 文化の現場の関係者は、継続的な文化政策の仕組みを支える正当性担保のために法的根拠を必要としていた。

二〇〇一年に文化芸術振興基本法が制定されるまで、国レベルでの文化権の法的枠組みの議論は、もっぱら憲法上の基本的人権として文化権を根拠づける可能性を探っていた。

前出の小林真理は、文化権の根拠たりうる日本国憲法の条文について、以下のように整理している。まず自由権的文化権に関しては、人間の精神活動の総体としての〈文化〉に関連する重要な規定として、日本国憲法第一三条「幸福追求の権利」、第一九条「思想及び良心の自由」、第二一条「表現の自由」、第二三条「学問の自由」に規定された一連の精神的自由権を挙げる。一方社会権的文化権に関しては、「文化振興の恩恵を受ける——文化享受を保障される——国民の権利はむしろ曖昧にされたままである」。日本国憲法の条文で唯一「文化」という文言を用いた憲法第二五条の生存権規定「すべて国民は、健康で文化的な最低限度の生活を営む権利を有する」については、従来は「文化性」の判断が「経済生活面」に限定されており、「社会権的法理としての文化に関する権利というものは、日本国憲法の中では明確に呈示されているとはいいがたい[21]」。

小林の整理を受けて、ここでは日本国憲法上の基本的人権として文化権を根拠づけるにあたっての課題として、以下の五点を指摘したい。

第一に、法的根拠の弱い社会権的文化権の保障の課題に着目しがちであるものの、実は自由権的文化権についても十分な保障がなされているとは言い難い日本の現状がある。裁判所の出版差し止めの判決をみると、差し止めを認める判断にあたって、表現の自由が報道を中心に理解され、芸術における表現の自由や芸術の自由への配慮は乏しく、制限が認められやすい運用がなされている。[22]

第二に、憲法第二五条と第一三条のどちらに根拠規定としての役割を期待するかという問題がある。[23] 第二五条が理念を指し示すのみのプログラム規定であり具体的な権利性を発生させるものではないとする通説や、第二五条第二項がもっぱら国の社会保障義務を規定していることを踏まえれば、憲法第二五条が文化的権利を保障するものとは言い難いという見解[24]が文化政策の研究者からも出されている。とはいえ憲法学者のなかにも生存権を単なるプログラム規定とすることに対する批判はある。[25] 文化権の法的枠組みを考えるにあたっては、憲法上「文化」という言葉を正面から唯一用いた第二五条について、現時点での通説をもって直ちに諦めるのではなく、文化権の法的根拠となる可能性を検証する努力が求められる。[26] なお、第一三条の幸福追求権が自由権的文化権だけでなく社会権的文化権の根拠にもなるという見解[27]においては、第二五条と同様に、後述する実定法不在の困難さの課題は文化芸術振興基本法が制定されるまでは残っていた。

第三に、文化と教育の関係、法的に言えば文化権と憲法二六条の関係がある。憲法第二六条の教育を受ける権利が自由権と社会権の両方の性質を持っていることを踏まえ、両面あわせもつことが他の文化領域である芸術や文化においても同様に重要だという指摘がある。[28] 憲法第二六条を「生存権の文化的な側面を担っている」と受け止める見解は、教育法学界では一般的であるという。[29] それに対し、自治体文化行政の実務経験者でもある中川幾郎は、一九七〇年代後半に梅棹忠夫によって提唱されたいわゆるチャージ／ディスチャージ論の議論[30]を経て、文化は「教育を包含する上位または広義の概念である」と理解すべき[31]という立場から、文化権について、「表現し創造する権利、コミュニケーションし交流する権利、学習する権利」の三つが「文化的に生きる権利」の内容であり、文化と教育を一体とみなすのは「少し飛躍がある」という立場を取る。[32] あくまで文化の一領域である教育を受ける権利について規定した第二六条を根拠として文化領域全般に関わる文化権の法的根拠と拡大して解釈するのは無理があると言わざるを得ない。

第四に、自由権的文化権と社会権的文化権という伝統的な区分のみによる議論の限界である。自由権的人権（第一世代の人権）、社会権的人権（第二世代の人権）に対して、民族自決権、平和に生きる権利、良い環境で生きる権利、発展の権利など第三世代の人権と呼ぶべき新しい権利も提唱されつつある今日、市民の「文化的権利」についても、新たな憲法理解が必要になってくる。[33] 国際社会における文化権の議論においても参加や民主主義の重要性が指摘されていることはすでに見た。文化における自己決定権あるいは文化における参政権のような、文化を創っていく過程や文化に関わる意思決定に、個々の市民の参加を保障することも文化権の課題である。

第五の課題として、伊場訴訟の判決によっても明らかにされた、実定法に法的根拠を持たない文化権を確立させることの難しさがある。国レベルにおける実定法条の法的根拠の不在は、文化権に限らず、文化芸術振興基本法制定以前の日本の文化政策全般に共通する問題だった。この点に関して国よりも早く動いたのは地方自治体の文化行政である。特に一九九四年に制定された北海道文化振興条例は、前文で「一人一人がひとしく豊かな文化的環境の中で暮らす権利を有する」として、文化権に言及した画期的な条例だった。

4　文化芸術振興基本法以後の日本における文化権研究の論点

二〇〇一年一二月に文化芸術振興基本法が成立したことは、日本の文化政策にとって大きな転機であった[34]。同法第二条第三項は、「文化芸術の振興に当たっては、文化芸術を創造し、享受することが人々の生まれながらの権利であることにかんがみ、国民がその居住する地域にかかわらず等しく、文化芸術を鑑賞し、これに参加し、又はこれを創造することができるような環境の整備が図られなければならない」と定めている[35]。「かんがみ」という文言は、先例や規範に照らし合わせる、他を参考にして考えるといった意味を持ち、文化芸術振興基本法によって独自に文化権を規定したというには消極的な表現であることは否めない。文化権に限らず、制定過程全般の拙速さに対する批判もある[36]。とはいえ、「文化芸術を創造し、享受することが人々の生まれながらの権利であること」を明文で認めた文化芸術振興基本法の成立によって、文化権はひとまず実定法に根拠規定を持つに至り、前節で述べた第五の課題は大きく改善された。

文化芸術振興基本法以降の文化権研究には、単に文化助成を正当化する法的根拠探しに留まることなく、文化権の実現に向けた理論の精緻化が求められる。その際、国際社会の議論と同様に、文化権の内容を深める議論と法的枠組みの議論、二つの次元で考えるアプローチが有用である。

まず文化権の内容を深化させる論点として、以下の四点を挙げておく。

第一に、文化権の文化の範囲の捉え方である。国際社会の議論においても、文化権は広範な文化概念を内包していることが確認されてきた。文化芸術振興基本法では、様々な分野が足し算という形で列挙されて盛り込まれた。文化権の文化の範囲の外延と定義は、今後も問われ続けるだろう。

第二に、文化多様性をどのように考えるかという問題がある。一九九七年制定のアイヌ文化の振興並びにアイヌの伝統等に関する知識の普及及び啓発に関する法律（通称アイヌ文化振興法）は、アイヌの人々の民族としての誇りが尊重される社会の実現を図り、あわせて日本の多様な文化の発展に寄与することを目的としていた。一方二〇一七年六月現在、ユネスコの文化多様性条約は日本国内で法的効力を有していない。〇一年のユネスコの文化多様性に関する世界宣言以降の文化多様性条約策定の動きに対応して日本国内で設けられた文化審議会文化政策部会の文化多様性に関する作業部会報告では、「文化多様性を保護、促進するための我が国の取組み」として、主に「多様な文化芸術の保護、発展」、「文化芸術に触れる機会」の「提供」、「日本文化の魅力の海外への浸透を図る」といった項目が掲げられ、「マイノリティの人権・文化権の保障を主眼としたユネスコの方針とは、およそ乖離した内容」となっている[37]。文化政策における文化多様性の考察にあたって多文化主義の理論を参照することが文化に関する公共性問題の所在を明らかにするという指摘[38]は傾聴すべきだろう。

関連して第三に、マイノリティの文化権の考察の必要性がある[39]。とりわけ日本語を母語としないマイノリティの言語権の問題は、日本国内で今後さらに議論が必要になるだろう。在住外国人の言語権に加えて、例えばろう者が日本手話という日本語とは異なる言語を用いる言語権も文化権の問題たりうる。文化政策においてもソーシャル・インクルージョン（社会的包摂あるいは社会包摂）への関心が高まっている今日、さらなる研究の促進が期待される。

第四に、文化と人権の関係である。国際社会における文化権の法的枠組みの議論の遅れの一因にもなっていたが、例えば「多様性の中の統一」を目指すＥＵのように共通の普遍的な諸価値としての人権を侵害するような文化を認めない考え方に対しては、人権という考え方自体が西洋近代思想の押しつけに過ぎないという批判もある。しかしながら、非欧米の研究者からも、近代人が自己を守る上で有益な手段である人権という概念が、異なる文化・文明の併存を受け入れつつ共通性を確立させていく過程において普遍的な価値を実現できる可能性は指摘されている。[40]よって今日では人権は文化になじまないと切って捨てる判断は早計である。人間の尊厳に関わるという点で文化と人権には相通じる面もあるが、個別具体的な場面でそのバランスをどう考えるかは難しい。[41]国内の例として、一九九七年制定の太宰府市文化振興条例第五条が「市及び市民は、人権の尊重が文化の重要な柱であることを認識し、人間としての生き方に深くかかわりをもつ人権の尊重につながる文化活動の促進を図る」ことを明文で確認している先駆性は評価できる。

次に法的枠組みに関する論点について確認する。

文化芸術振興基本法第二条第三項成立後の日本国憲法における文化権保障の法的枠組みについては、憲法第一三条の幸福追求権に内包されていた自由権的文化権が文化芸術創造享受権として実定法上で規定されたことを評価しつつも社会権的文化権をはじめとする文化権の総体については今なお憲法第二五条の解釈に委ねられるとする見方、[42]特に「芸術文化」に対応する「芸術的文化権」については自由権的文化権だけでなく社会権的文化権も併せて憲法第一三条によって根拠づけられるとする立場、[43]第二条第三項の「生まれながらの権利」という文言をもって憲法第一三条「幸福追求権」ないし「自己実現の権利」と等価にある「福祉権的文化権」すなわち公序良俗に反しない限り国民が文化的な環境でよりよい生活を営む権利が認められるとする見解、[44]国家による文化権保障の限界を国際法の理念をふまえた地方自治体の条例によって補完する考え方、[45]などがある。また近年の憲法学の研究成果として、文化助成一般は国家権力の正当な権限行使として正当化されうるが、文化助成の法的「義務」を憲法上導き出すことは困難であり、憲法上「容認」されるに過ぎない、その意味で文化助成を「容認」する規定として憲法第二五条を読むことは可能という整理がなされている。[46]根拠法不在状況を脱した文化権の法的枠組み研究においては、内容の深化に合わせた法的枠組みの発展が求められる。

文化権の法的枠組みを精緻化していく上で検討すべき論点として、以下四点を提示したい。

第一に、諸々の文化権の整理の問題がある。世界人権宣言と国際人権規約で定められた「文化的生活に参加する権利」、文化芸術振興基本法第二条第三項の「文化芸術創造享受権」、その他明文で法的根拠を持たない様々な文化に関する諸権利（cultural rights）について、きちんと整理して論じる必要がある。

第二に、文化権を集団的権利と個人の権利、どちらで捉えるかという問題がある。二者択一ではなくどちらも重要という原則に異論はないとしても、個々の局面においてどちらの面をどの程度重視するかについて自覚的であることは求められる。芸術を中心とする狭義の文化の文化権は個人的権利、文化人類学的な広義の文化の文化権は集団的権利と解する向きもあるが、文化の範囲と権利の主体の問題は区別しておくべきである。文化の範囲はどちらかといえば保障内容に関わる論点であり、権利の主体は権利の性質に関わる論点である。

関連して第三に、文化権と国家の権利および義務の関係の問題がある。単純な一国一文化モデルが成り立たない今日の世界において、特にマイノリティの文化権を考えるにあたり、国内における文化権の保障と国家という枠組みの存続は時として相克関係になりうる。

第四に、文化の帰属あるいは所有の問題と文化権をどのように考えるかという問題がある。二〇〇九年にバリ舞踊「ペンデット」の画像がマレーシアの観光番組のコマーシャル映像に使用されたことに対する一連の論争において、インドネシアのメディアは、「ペンデット」の映像使用は登録商標や特許の侵害と同様の文化所有権の侵害であると報じた。文化的アイデンティティという精神的問題だけでなく、その文化を利用して観光をはじめとする経済的・金銭的利益を上げる権利もあわせて文化に対する排他的権利とみなす認識が議論の前提にあったと言える[47]。特定の個人あるいは集団の文化権は他の個人あるいは集団の当該文化に対する主張を禁止できるか。文化権として論じるべきかどうかから意見が分かれるかもしれないが、知的財産権全盛の今日において広い意味での文化と権利の問題であることは間違いない。

付記

本稿は二〇一五年一〇月に提出したものである。出版を前にした二〇一七年現在での情報の更新については、その一部を注等に反映させた。

注

（1）佐藤一子『文化協同の時代――文化的享受の復権』青木書店、一九八九年

（2）小林真理『文化権の確立に向けて――文化振興法の国際比較と日本の現実』勁草書房、二〇〇四年

（3）Halina Niec, "Cultural Rights: At The End of The World Decade for Cultural Development," *paper presented at Unesco's Intergovernmental Conference on Cultural Policies for Development*, Stockholm, 1998.

（4）Elsa Stamatopoulou, "Monitoring Cultural Human Rights: The Claims of Culture on Human Rights and the Response of Cultural Rights," *Human Rights Quarterly*, Vol. 34, No. 4, 2012.

（5）作田知樹「文化権としての「芸術的表現・創造の自由権」の文化政策への反映――人権侵害が懸念される国内事例の調査・監視の必要性」日本文化政策学会第7回年次研究大会予稿集、二〇一三年、「芸術の自由という人権レポート結論並びに勧告」『theatre & policy』第七九号、二〇一三年、作田知樹「「芸術の自由という人権」解説 series1」『theatre & policy』第八二号、二〇一四年

（6）角田猛之／木村光豪「翻訳　文化的権利の分野における国連・特別報告者の報告書」『関西大学法学論集』第六四巻第六号、二〇一五年

（7）国連人権理事会（Human Rights Council）ウェブサイト（http://www.ohchr.org/EN/Issues/CulturalRights/Pages/SRCulturalRightsIndex.aspx）（二〇一五年五月七日閲覧）。なお、二〇一五年一〇月からは、カリマ・ベノウネ（Karima Bennoune）が特別報告者を務めている。

（8）General Comment No. 21, Right of Everyone to Take Part in Cultural Life (art. 15, para. 1 (a), of the International Covenant on Economic, Social, and Cultural Rights), E/C.12/GC/21.

（9）Stamatopoulou, op. cit.
（10）小林真理「文化権をめぐる欧州の動向――文化権を保障する文化政策とは」『月刊社会教育』第四六巻第一〇号、二〇〇二年
（11）小林直樹『新版　憲法講義（上）』東京大学出版会、一九八〇年、五四八ページ。なお旧版ではこの記述はなく、一九八〇年の新版が初出となる。
（12）佐藤、前掲
（13）佐藤一子／増山均編『子どもの文化権と文化的参加』第一書林、一九九五年
（14）増山均『余暇・遊び・文化の権利と子どもの自由世界』青踏社、二〇〇四年
（15）一九五四年に伊場遺跡は静岡県史跡に指定された。浜松市は駅前再開発の代替用地として遺跡を含む一帯の土地を予定したが、地域の考古学者を中心に遺跡の保存運動が起こった。一九七三年に史跡指定は解除され、遺跡は電車基地および貨物駅となった。行政不服審査を経て、一九七四年に五人の原告を代表として取消訴訟が提起された。一審の静岡地裁（一九七九年）、控訴審の東京高裁（一九八三年）、そして最高裁（一九八九年）ともに、原告適格が認められず訴えは却下された。
（16）論者により「文化的環境権」「文化財享有権」「歴史的文化環境権」「歴史的環境権」などと表記される（椎名慎太郎／稗貫俊文『文化・学術法』ぎょうせい、一九八六年）。
（17）椎名慎太郎「文化権の構造と特性」『山梨学院大学法学論集』第二〇号、一九九一年
（18）小林、前掲、二〇〇四年、なお初出は一九九二年。
（19）小林真理「文化行政の理念としての〈文化権〉――〈文化〉に関する権利概念の現況」『文化経済学会〈日本〉論文集』第一号、一九九五年
（20）根木昭『日本の文化政策』勁草書房、二〇〇一年、八八ページ
（21）小林、前掲、二〇〇四年、四三ページ
（22）中村美帆「小説「石に泳ぐ魚」出版差し止め判決――日本における自由権的文化権保障の現状」『文化資源学』第六号、二〇〇七年。本件はモデルの人権との兼ね合いで出版差し止めという結論自体を直ちに否定しにくい面もあるが、差し止めを認めるにしても芸術表現の委縮に配慮した説明が必要だったと思われる。なお、文献の本文末尾の文化圏は文化権の

誤字であることを申し添える。
(23) 根木、前掲、八七ページ
(24) 中川幾郎『新市民時代の文化行政――文化・自治体・芸術・論』公人の友社、一九九五年
(25) 大須賀明『生存権論』日本評論社、一九八四年、小林、前掲、一九八〇年
(26) 日本国憲法第二五条「文化」概念については、中村美帆「日本国憲法第二五条「文化」概念の研究――文化権（cultural right）との関連性」東京大学大学院人文社会系研究科博士論文、二〇一七年
(27) 中川幾郎『分権時代の自治体文化政策』勁草書房、二〇〇一年。四月刊行なので法制定以前の著作である。
(28) 小林、前掲、二〇〇四年
(29) 小林、前掲、一九八〇年、五六七ページ
(30) 梅棹忠夫「文化行政の目指すもの」、総合研究開発機構『文化行政のこれまでこれから』総合研究開発機構、一九八七年
(31) 中川、前掲、一九九五年、四五―四六ページ
(32) 中川、前掲、二〇〇一年、二三―三一ページ
(33) 中川、前掲、一九九五年
(34) 現在は改正されて文化芸術基本法（二〇一七年六月成立）になっている。
(35) なお、改正後の文化芸術基本法では、第三項は「文化芸術に関する施策の推進に当たっては、文化芸術を創造し、享受することが人々の生まれながらの権利であることに鑑み、国民がその年齢、障害の有無、経済的な状況又は居住する地域にかかわらず等しく、文化芸術を鑑賞し、これに参加し、又はこれを創造することができるような環境の整備が図られなければならない」と変更され、「かんがみ」が「鑑み」になったほか、年齢、障害の有無、経済的状況が追加されたことで、より権利性が強調される文言となっている。
(36) 小林、前掲、二〇〇四年、藤野一夫「日本の芸術文化政策と法整備の課題――文化権の生成をめぐる日独比較をふまえて」『国際文化学研究』第一八号、二〇〇二年、衛紀生「芸術文化ボランティアと福祉権的文化権」『判例地方自治』第二二三号、二〇〇二年
(37) 藤野一夫「「文化多様性」をめぐるポリティクスとアポリア――マイノリティの文化権と文化多様性条約の背景」『文

化経済学』第五巻第三号、二〇〇七年
(38) 石山文彦「多文化社会と文化の公共性――文化政策学と多文化主義のアプローチ」、井上達夫編『公共性の法哲学』ナカニシヤ出版、二〇〇六年
(39) 少数派文化権の概念による、集団外部による衝撃からの保護と集団内部の異論に対する制約の問題を検討した文献として、松元雅和「現代自由主義社会における寛容――少数派文化権の是非をめぐる一考察」『法学研究』第八二巻第八号、二〇〇九年
(40) 大沼保昭『人権、国家、文明――普遍主義的人権観から文際的人権観へ』筑摩書房、一九九八年
(41) そのアポリアを詳述した文献として、藤野一夫「創造都市論と「都市への文化権」のディレンマを超える復興の構想力――KIITOにおける文化芸術創造都市モデル事業を手がかりに」『社会文化研究』第一六号、二〇一四年
(42) 根木昭『文化行政法の展開』水曜社、二〇〇五年、二三ページ
(43) 正木桂「文化権の憲法上の根拠に関する一考察――憲法的議論の困難性から出発して」『文化政策研究』第三号、二〇〇九年
(44) 衛、前掲、二〇〇二年
(45) 鈴木滉二郎「分権化過程における文化権制定法理の課題――条約‐憲法‐法律‐条例間関係の権利展開」『文化政策研究』第一号、二〇〇七年
(46) 横大道聡『現代国家における表現の自由』弘文堂、二〇一三年
(47) 増野亜子「〈ペンデット〉論争――バリ島の伝統芸能の所有権をめぐって」『桐朋学園大学研究紀要』第三六号、二〇一〇年

第8章　芸術の自由

小林真理

本章は、「芸術の自由」という、日本ではあまり聞き慣れない概念に注目をし、その論理や思想を日本に導入可能かどうかを検討することを目的としている。この問題をよりわかりやすく考えるために、以下のような課題を設定する。それは、国公立の美術館や劇場で公衆に展覧したり鑑賞させたりする目的で企画や公演をするために働く人は、その内容について自由に判断することができるのだろうか、である。かつて筆者はある研究会で、文化領域における公的助成が増えていく状況においては、「芸術の自由」について考えていかなければならないのではないかと発言したことがある。その際、人文系の別の研究者が目を丸くして――おそらくこちらの意図を十分に汲まずに――「それは表現の自由の問題でしょう」といい、議論が嚙み合わなかったことがある。ここで明らかにしなければならない「芸術の自由」とはどのような概念なのか。とりあえずここでは、芸術振興施策の一環として国や地方自治体からの公的助成を受けて運営される美術館や劇場といった文化施設において、そこで働く職員や芸術家が展覧する、あるいは鑑賞させる目的をもって企画する展示や公演に対して、政府からの不必要な関与を受けずに自律的に判断する権利、とでもいえばよいだろうか。ここで重要なのは、「国や地方自治体から公的助成を受けている」という事実であり、このような財政的な制約はあるが、政治的な関与（干渉）を受けない自律的判断をする権利が認められるのかという問題である。

基本的人権は原則として国家の制度を定める憲法のなかで規定される。なぜなら、基本的人権に関しては、公権力との関係における人権の保障にほかならないという歴史的経緯があるからである。「表現の自由」はその最たるものであり、我が国においても日本国憲法第二一条において、その保障を明示している。日本国憲法第二一条は「1　集会、結社及び言論、出版その他一切の表現の自由は、これを保障する。2　検閲は、これをしてはならない。通信の秘密は、これを侵してはならない」というものである。この基本的人権は無条件的であると考えられているから、展覧会や公演の企画者も表現者ということになり、表現の自由を根拠にこの問題を考えていくことは可能であるかもしれない。その「表現の自由」を保障することと、「芸術の自由」という概念はどのように類似し、異なっているのだろうか。日本においては「図書館の自由」という言葉を聞くことはあっても、芸術の自由、美術館の自由、あるは劇場の自由という言葉はあまり聞かれない。「図書館の自由」も、日本においては表現の自由論のなかで展開されてきた。この問題を考察する上で、法学上の二つの議論に着目しながら検討を試みる。一つ目が、大学の自治を導き出す根拠となっている「学問の自由」を敷衍させて考察する方法である。二つ目は、法学領域での表現の自由論をめぐり、とくに二〇〇〇年代以降の文化と国家を論ずる一連の議論のなかでも、法学以外の世界では耳慣れない「政府言論」のあり方から行うアプローチである。

1　「芸術の自由」概念の成立——比較法的アプローチ

本節では、「芸術の自由」が成立してくる状況に目を向けながらこの問題にアプローチする。具体的には、憲法成立過程前後における劇場の位置づけに注目しながら事例を検討する。そのことにより、日本において、「芸術の自由」という概念が展開しなかった理由がみえてくると考えられる。すでに本書第2章で述べられているとおり、第二次世界大戦終了前の日本においては、日常の文化活動のすみずみに至るまで「検閲」が制度化されていた。それを具体的に示すものとして、かつて文京区本郷に存在し、東京大空襲により跡形もなくなった、本郷座という劇場についての資料が展示されたことがある。[1]そこには以下のキャプションがついていた。

昭和20年以前の日本においては、警察による脚本の検閲が行われていた。敗戦後も、占領軍による検閲があった。演劇上演前に、所轄の警察に提出し、検閲を受けなければならなかった。とくに戦中は反政府・反戦思想に対する抑圧は厳しくなり、台詞のカットのみならず、役者の動き、表情、群衆の人数、衣装、舞台裏の音、小道具までもが検閲の対象になった。初日の直前になっても検閲が終わらなかったり、突然上演禁止になったり、かなりの苦痛・労力と経済的損害にもなった。上演の際は検閲台本通りに上演しなければならず、観客席後部の臨官席で警察が監視した。削除箇所は掲示など、どんな方法でも観客に知らせることはできず、初めから書かれていないように演じなければならなかった。[2]

戦前の日本において、なんらかの形で公的助成を受けて運営が行われていた劇場は存在しない。ここでいう劇場とは、公演の制作と上演を劇場施設と一体となって行う制度のことであり、これらは民間の資本による株式会社等の運営が基本であった。したがって先の本郷座も、その前身の春木座や奥田座も、民間人が許可を受けて劇場を開設し、その後に株式会社化されたという歴史的経緯がある。検閲に関していえば、昭和初期から戦争終了まで国民娯楽として重要な位置を占めたのは映画であるが、映画法による検閲の対象と国策映画のための産業統合の対象になっていたのは民間の映画産業である。したがって日本においては、基本的に検閲の対象となっていた文化活動は民間によって行われていたものであったといえる。一方、日本において大学の研究者の学問内容への政府からの関与や、国家との関係において大学の自治が問題になったのは、帝国大学の教員が発表した論考や政府への建議書や講演を理由に、人事に関する任免権限をもつ文部大臣によって教員が処分される事件が多発したことである。ちなみに、国の近代化の一端を担う一組織として誕生した日本の大学は一八八六（明治一九）年の「帝国大学令」で制度化されたものである。このように、日本における大学（公営）と劇場（民営）をめぐる状況はまったく異なっていた。

それに対して、「芸術の自由」という概念を早くに憲法に取り入れたドイツにおいては状況は異なる。現行のドイツの憲法にあたるのがドイツ連邦共和国基本法であるが、芸術の自由と学問の自由を第五条の第三項において同等に規定している。この条文全体が「表現の自由」を保障する権利であることは疑いのないものであることから、この条文を根拠に芸術表現の自由をどこまで保障できるのかについて、これまでに様々な判例が積み上げられてきた。

ドイツ連邦共和国基本法第五条（表現の自由）

① 何人も、言語、文書および図画をもって、その意見を自由に発表し、および流布し、ならびに一般に入手できる情報源から妨げられることなく知る権利を有する。出版の自由ならびに放送および放映の自由は、保障する。検閲は、行わない。

② これらの権利は、一般法律の規定、少年保護のための法律上の規定および個人的名誉権によって、制限される。

③ 芸術および学問ならびに研究および教授は、自由である。教授の自由は、憲法に対する忠誠を免除しない。

ここで注目したいのは、芸術表現の自由の制限や限界ではなく、第五条の第三項をどのように解釈するかという問題である。比較法的に検討すると、たとえば日本国憲法は、第二一条において「表現の自由」を保障しており、さらに別途「学問の自由」を第二三条において保障している。第二三条の内容には個々の研究者の「学問の自由」はもとより、[3]「大学の自治」の保障が含まれているということについての争いはなく、「大学の自治の内容をどこまでのものと見るかについては議論のあるところであるが、少なくとも教授その他の人事権が大学の自治の重要な内容をなしていることも、論をまたない」とされてきた。[4]日本国憲法においては「芸術の自由」を保障する規定は存在しないが、「学問の自由」を援用すれば芸術家の「芸術の自由」はもとより、芸術機関の自治の保障が含まれる可能性があると考えることができる。実際、日本国憲法制定の議論において、民間草案を作り上げた憲法研究会による「憲法草案要綱」において、ヴァイマル憲法に影響を受けて「芸術家ノ権利」と「芸術の自由」が検討されていたことがわかっているが、[5]実際には実現しなかった。

先のドイツにおける「学問の自由」は、一八一〇年にベルリン大学が創設されることに伴い主張されるようになったものであり、大学ないし大学教授の学問研究の自由を意味していた。当時のドイツにおいては、一般の市民には認められない特別の自由が大学教授に保障される必要から、「特権」として主張されたものである。[6]したがって、「芸術の自由」も芸術家の「特権」として主張されたものではなかったのかということである。

初宿正典は、論考「憲法と芸術の自由――学問の自由との関連にも触れながら」（一九九九年）のなかで、ヴァイマル憲法から現行のドイツ連邦基本法において「芸術の自由」が保障される経緯を明らかにしている。初宿は、他国の憲法で「芸術の自由」を明示的に保障している例は少ないことから、ドイツの例は珍しいものであり、さらに「芸術の自由が学問の自由と一体のもの、ないし少なくとも密接不可分のものとして捉えられている点」に特徴があるとしている。ドイツの憲法において、「芸術の自由」が明文化されるのは一九一九年のヴァイマル憲法である（第一四二条「芸術、学問およびその教授は自由である。国は、これに保護を与え、その奨励に参与する」）。それ以前の一八四九年のフランクフルト憲法や、五〇年のプロイセン憲法においては、単に「学問およびその教授は自由である」という文言を定めるだけで、「芸術」に関する記述はなかった。またヴァイマル憲法の草案段階においても当初は「芸術」に関する記述はなく（一九一九年一月一七日までの段階）、途中二月一七日に諸邦委員会に提出された案から挿入され、新たに「芸術の自由」が付加されたことについて当時の議会は、「何らの議論にもならなかった」ということである。その背景には、帝政期からヴァイマル共和政に至るまでのドイツにおける劇場統制の状況が影響していたと考えられている。[7]

一九世紀後半のドイツにおいて、「とくに劇場における演劇上演に対して厳しい検閲がなされ」、「ほとんどすべての劇作家の作品の上演が禁止ないしカットされていた」とのことであり、ヴィルヘルム二世は、「自ら徹底的に新しい芸術を弾圧しようとした」。またプロイセン上級行政裁判所の演劇に対する決定から、検閲が徐々に正当化されていく様をみてとれる。この時期における芸術の自由を求める文言の追加は、当時のプロイセンの文化大臣の提案によるものであったとされている。そこで、演劇上演に関して厳しい検閲がなされ、上演禁止やカットされた演劇を公演していた劇場の運営構造という側面に目を向ける。[8]

一九世紀半ばは、市立劇場（名称上は市立であるが、市民の寄付によって設立された市民劇場としての色合いが濃いものもある）が市当局の管理下に入り、運営のための資金として行政当局からいわゆる補助金を受けるという形に変化していく時期にあたる。とくに公的助成によって運営される公立（現代でいえば、州立・市町村立）の劇場の公営化が進むのが、まさにヴァイマル憲法が制定される時期である。多くの劇場が公的資金の投入により公営化され、社会的な意味を付与されながら運営されていた。ヴァイマル憲法の「芸術の自由」の効力はそれほど大きなものではなく、「芸術に対する規制は依然として存在していた」ということであるが、ヴァイマル憲法時代は、短い期間ではあったが、劇場に対する検閲も廃止（緩和）された時期であった。そして、経営上の安定を公的資金によって維持しながら、演目の選定、俳優や歌手の選定、制作の方法、おそらく運営方法も含めて「劇場の自治」が獲得されていた時代であった。

また劇場で働く人々はこの時期様々な権利をいったんは獲得した。このことを考慮にいれれば、大学人が学問の自由を獲得してきたように、芸術家が芸術の自由という権利を獲得してきたとするのが妥当である。もちろんここでの芸術家とは誰なのかという問題もある。それは、自由権論を考察する際の前提となる政府の支配－被支配という関係性とは異なる内実であったかもしれず、国家と市民社会が分離されてはいない世界における楽観的な権利獲得であったかもしれない。それが一転し、劇場の自治が制限され、政府の支配下におかれるようになったのはナチス・ドイツによる劇場法の制定（一九三四年）によってである。ナチス・ドイツは劇場・美術館等の芸術機関の自由を奪い、徹底的に管理・統制した。「芸術の自由」の背景にあるこのような事実を見落としてはならない。

翻って日本の状況を振り返ると、大学については、その目標がどのようなものであれ、国費で（というよりも、国家行政の一組織として）運営されてきているが、一方、戦前に劇場に対して運営費が国家から投入されていた事例はない。政府からの資金提供は移動演劇等の管理を前提としたものであり、少なくとも劇場関係者においては、劇場運営のための財政的な保障を政府から得ながら、芸術家が権利を獲得するという発想はありえない。せいぜい（といっても大きな成果であるが）検閲制度を撤廃することで、自らの芸術を自由に表現する権利を獲得したということにとどまるであろう。以上のような観点からすれば、残念ながら、日本では「芸術の自由」は獲得できず、芸術家が公的資金を獲得しながら自らの表現を行うようになるのは、公式には一九九〇年に芸術文化振興基金が設立されるまで待たなければならなかった。

2　「芸術の自由」の検討——文化の専門職とは何か

日本において学術政策を行う際に「学問の自由」を尊重しなければならないという日本国憲法第二三条のような思想や理論は、芸術政策においては存在するであろうか。日本では「芸術の自由」という概念は獲得できなかったものの、戦前の生活全般にわたる検閲制度の実施と政治を目的とした文化利用の経験は、政府による文化への関与の仕方を一定程度暗黙的に規律していると考えられてきた。たとえば、戦後の文化に関連する立法は、議員立法による制定がなされてきており、文化に対する政治的あるいは政策的闘争を回避する姿勢がみてとれる。それが明示的に示されているものがあるわけではないが、文化に対する政府による干渉を法的に回避できる根拠は憲法第二一条ということになろう。

たとえば富山県立近代美術館で起きた天皇コラージュ事件や、昨今公立の美術館によって自主的に行われている展示物の撤去あるいは対処という問題を表現の自由論から立論するために法学領域ではいくつかのアプローチが試みられている。まずは代表的なものを紹介したい。一つがパブリック・フォーラム論であり、一つが専門職の判断統制の論理である。

駒村圭吾は、現代の国家と文化の問題についての憲法学的な関心は、多様な振興助成のあり方が伝統的に実践されてきた文化振興助成領域（給付行政）の論理に「いかにして自由の論理を持ち込むか」であったと記している。(9) ここでは、紙面の都合上、国家が文化振興施策を行うことの妥当性や根拠の問題ではなく、何らかの形式で行われている文化振興施策において、芸術表現の自由を確保できる法理があるのかという点に絞って考察する。

まず確認しておきたい法理として、アメリカ合衆国の最高裁判所の判例において構築されてきたパブリック・フォーラム論がある。

パブリック・フォーラム論とは、公有地あるいは公的に管理されている場所の第一次的機能（たとえば、道路、公園等の第一次的機能は、交通ないしレクリエーションのためであり、表現活動のための使用は第二次的なものとされる）に支障をきたさないかぎり、表現活動の場としてアクセスする権利が認められるという見解のことを指す。この理論は、一般的には、伝統的パブリック・フォーラム、政府の指定によるパブリック・フォーラム、非パブリック・フォーラムという三つの類型で論じられる。伝統的パブリック・フォーラムとは、長きにわたる伝統や政府の命令によって集会や討論に「捧げられてきた場所」のことで、道路や公園がこれに該当するとされている。そして、政府の指定によるパブリック・フォーラムとは、「政府がある場所やコミュニケーション手段を意図的にパブリック・フォーラムに指定した時は、言論主体は、やむにやまれぬ政府の利益なく排除されない」ものとして考えられ、これには公立劇場等が該当するとされている。[10] そして非パブリック・フォーラムとは、伝統的ではない、あるいは政府によって指定されているわけでは「ない」公的財産を指し、言論主体の見解に反対するという理由での制限は許されないものの、時、場所、方法、その他の規制も合理的である限りには許される場所とされている。

日本の公の施設と「表現の自由」の問題で重要な判断が下されたのが、最高裁平成七年三月七日判決の「泉佐野市民会館使用不許可処分事件」である。これまで、地方自治法第二四四条にいう公の施設として、「集会の用に供する施設」においては、その施設の設置目的に反しない限りその利用を原則認められるので、管理者が正当な理由なくその利用を拒否することは、集会の自由の不当な制限につながるとされていた。

そして、本件における最高裁判決は、利用を制限できる正当な理由について、条例の制限規則を厳格に判断し、「会館における集会が開かれることによって、人の生命、身体又は財産が侵害され、公共の安全が損なわれる危険を回避し、防止することの必要性が優越する場合、その危険性の程度としては、単に危険な事態を生ずる蓋然性があるというだけでは足りず、明らかな差し迫った危険の発生が具体的に予見されることが必要」であるとした。

駒村はこの判決について、公共施設の管理権に対して、「自由」が優位するという一定の基準線が引かれたとしている。またこの判決は、「集会の用に供する施設」という設置目的規定の重要性についても述べている。

次に、専門職の判断統制の理論である。一般に「天皇コラージュ事件」として知られる富山県立近代美術館事件の事実概要でその問題の所在を確認する。富山県立近代美術館は作家が制作したコラージュ作品四点を一九八六年三月に購入展示し、図録に載せていた。展覧会終了後の六月に、県議会の委員会で議員が当該作品の選考意図等について質問したことを契機に作品の非公開・廃棄処分を求める県議会議員等による抗議行動が起きたことから、県教育委員会は作品を他に譲渡し、図録を焼却する決定をしたというものである。これに対して、条例で規定されている特別観覧許可や図録閲覧を希望していた人々とともに当該作家が表現の自由、鑑賞する権利、知る権利を侵害されたとして損害賠償を求め、県教育委員会の処分の無効確認等を請求した。裁判において作家たちの請求は認められなかったが、この事件で検討すべきことは、専門家の判断によって県が購入し、展示した作品を県教育委員会が他に譲渡し、図録を焼却するという決定をした点である。本件は公立美術館の専門家の自律性をどのように考えるかという問題および専門職の判断の提起になった。

また公共施設と専門職の問題として引き合いに出される事件に「船橋市西図書館事件」(最高裁平成一七年判決)がある。これは、船橋市西図書館の司書が「新しい歴史教科書をつくる会」の関連書籍を、船橋市立図書館資料除籍基準に該当しないにもかかわらず、大量に除籍したという事案である。この判決において、最高裁は、図書館関連法令を総合的に解釈して「公立図書館は、住民に対して思想、意見その他の種々の情報を含む図書館資料を提供してその教養を高めること等を目的とする公的な場」であり、「そこで閲覧に供された図書の著作者にとって、その思想、意見等を公衆に伝達する公的な場」と位置づけた。その上で、職員が著作者の「思想や信条」を理由にして廃棄をすることは「不公正」であり、図書館職員の職責に違反するとした。

この判決は、富山県立近代美術館事件の後に出されたものであるが、「後付けの議論になるが」と断った上で、駒村はこの判断を応用すれば富山県立近代美術館事件の事案においても「異なった判断が下される可能性がある」としている。つまりこの議論を援用すれば、著作物を作成した著作者の「表現の自由」は守られるべきものであるということであり、専門職の判断は「公正」でなければならない(「中立」ではない)。裁判において、専門職の判断の公正さを適正に判断できるかは不明であるが、それが争点になるということにはなろう。船橋市の事例での専門職の公正さは「独断的な評価や好み」に基づいたものであってはならないということと、その施設及び専門職の使命と職責が問題になった。この判断は、たとえば、独断的な議論や判断を押しつける政治的あるいは行政的な介入も当該図書の著作者の人格的利益を侵害するものとして国家賠償法上違法となるということを導くともいえる。ただし、ここでもやはり専門職の公正な判断への政治的あるいは行政的な介入には踏み込めていない。たとえば美術館の職員が職責にのっとって判断した行為に対して、上位の行政機関はその「内容」に干渉が許されるかどうかという問題がある。組織上のたんなる上命下達の問題ではなく専門職をどのように位置づけるかということである。このことは、現在のように公の施設の管理を指定管理者に任せる上でも重要な問題として立ち現れてくるはずである。

実は、先の現行ドイツ憲法の第五条第三項「芸術の自由」において、芸術の自由の保護は芸術家だけではなく、芸術家と公衆との間で「不可欠の媒介機能」を果たす専門職にまで広げられている。

さて、法学者たちの議論から考えさせられるのは、「文化」に対する楽観的ともいえる見方についてである。文化振興施策が展開される実際の現場において、「文化」はそれほどまでに独自で固有の行政施策領域と認識されているのだろうか。実際には、政治的あるいは経済的な理由や、市民からのクレームに対する過剰なまでの反応により、自主規制的な措置が安易にとられることが多くなっている。自主規制とは、規制されたと考える者が声を上げることなくしてはみえてこないものである。

「芸術の自由」という権利を保障していく上で、たんなる「表現の自由」の保障だけではなく、より重要なのが、芸術表現を可能にする制度であったはずである。それを既存の美術館や劇場とは別に、公的に制度化したのがイギリスの助成機関として登場したいわゆるアーツ・カウンシルである。詳細は次章に譲るが、本来アーツ・カウンシルは、「芸術の自由」という芸術家の権利保障を芸術支援によって制度化したものであり、当初はアームズ・レングスの原則を重視したものであった。アームズ・レングスの原則は、イギリスらしい言い回しではあるが、政府から一定の距離をおくことを意味している。その歴史を繙くと、前身は民間の助成財団であるピルグリム財団によって銃後の国民を支援するために設立された音楽芸術奨励評議会（Council for Encouragement of Music and Arts）に遡る。そこにおいても、「政府からの一定の距離」を重視していたことがわかる記述がある。このことの意味を改めて問い返す必要がある。(11)

注

（1）文京ふるさと歴史館編『本郷座の時代――記憶のなかの劇場・映画館』文京区教育委員会、一九九六年

（2）同上、四一ページ

（3）「学問、研究、教授に従事する各人は、――5条3項2段による忠誠義務を留保して――学問的認識の獲得、伝達の過程に対するあらゆる国家の影響に対する防御権を有する」、ボード・ピエロート／ベルンハルト・シュリンク『現代ドイツ基本権』永田秀樹／倉田原志／松本和彦訳、二〇〇一年、二二三ページ

（4）初宿政典「憲法と芸術の自由――学問の自由との関連にも触れながら」、京都大学法学部百周年記念論文集刊行委員会編『京都大学法学部創立百周年記念論文集第2巻　公法・国際法・刑事法』有斐閣、一九九九年。国立大学の法人化や、学校教育法の改正など、大学を巡る問題と、大学の自治の問題は深刻であるが、ここでは詳細には立ち入らない。

（5）中村美帆「日本国憲法制定過程における「文化」に関する議論」『文化資源学』第九号、二〇一〇年、八三ページを参照。

（6）浦部法穂『憲法学教室I』日本評論社、一九九五年、一三二ページ

（7）詳細については奥山亜喜子「憲法上の基本権としての「芸術の自由」成立史（1）王政‐帝政期からヴァイマル共和政期のドイツにおける、特に演劇をめぐる統制を中心に」『女子美術大学研究紀要』第四三号、二〇一三年

（8）詳しくは小林真理「ドイツの公共劇場の成り立ち」、伊藤裕夫／松井憲太郎／小林真理編『公共劇場の10年――舞台芸術・演劇の公共性の現在と未来』美学出版、二〇一一年

（9）駒村圭吾「国家と文化」『ジュリスト』第一四〇五号、二〇一〇年

（10）パブリック・フォーラム論については、おもに中林暁生「パブリック・フォーラム」、駒村圭吾／鈴木英美編『表現の自由I――状況へ』（尚学社、二〇一一年）を参照した。

（11）現代の状況については、ロバート・ヒューイソン『文化資本――クリエイティブ・ブリテンの盛衰』（小林真理訳、美学出版、二〇一七年）を参照。

第9章　アーツ・カウンシル

菅野幸子

1　アーツ・カウンシルの理念と政策目標

アーツ・カウンシル（Arts Council）とは、芸術全般に対する公的資金を一元的に管理し、再配分する専門組織であり、芸術文化の発展を振興する機関である。アーツ・カウンシルにおいて、芸術文化に関する政策や人事、助成に関する意思決定は政府とは一定の距離を置き、独立性を保つことを意図する「アームズ・レングスの原則」が尊重され、実施される。そして、専門家集団から構成される組織としてのアーツ・カウンシルは国家の文化政策に助言を行い、また同時に文化政策を実践し、さらには芸術のあり方についての国民の議論を喚起する役割も担っている。[1] 制度としてのアーツ・カウンシルは、英国を中心として、世界七八カ国に設立されており、各国の文化政策の中核を担っている。[2] 国内でも地域アーツ・カウンシルが、東京、横浜、新潟、大阪、沖縄などで相次いで設立されている。

世界最初のアーツ・カウンシルは、第二次世界大戦終結直後の一九四五年、英国において誕生したアーツ・カウンシル・オブ・グレート・ブリテン（Arts Council of Great Britain、以下、ACGB）である。ACGBの前身は、一九四〇年一月に設立された音楽・芸術奨励評議会（Council for the Encouragement of Music and Arts、以下、CEMA）という非営利の団体である。CEMAは、第二次世界大戦下の英国民を激励し、鼓舞することと、戦争のために失業したアーティストたちの雇用という二つを目的として、演劇やコンサート、展覧会を組織して全国に巡回派遣していた(3)。これは、国民に芸術を普及することが主目的であった。戦後の英国においてもこのCEMAをアーツ・カウンシルという組織として継続させ、芸術文化の振興を図ることがアーツ・カウンシルの初代会長の経済学者のジョン・メイナード・ケインズを中心として計画された。アーツ・カウンシルの当初の理念はケインズの考えを反映し、趣味やアマチュア活動への支援ではなくプロフェッショナルを支援する団体として設立された。当時、一般市民が芸術を創作するプロセスを体験したり、そこに参加することへの支援という発想はまだなかった。

しかし、現在のアーツ・カウンシル・イングランド（Arts Council England、以下、ACE）のミッション（理念）は、「すべての人々に優れた芸術と文化を（Great art and culture for everyone）もたらすことを目指す」であり、その達成目標として、以下の五点が掲げられている。

目標1　「卓越性」こそ、芸術、博物館・美術館、図書館に活気と賑わいをもたらす(4)。
目標2　すべての人々が芸術、博物館・美術館、図書館を体験し、刺激を受ける機会を有すること。
目標3　芸術、博物館・美術館、図書館には回復力があり、環境的観点からも持続可能であること。
目標4　芸術、博物館・美術館、図書館におけるリーダーシップと労働力は多様な人材から構成され、適切なスキルを有していること。
目標5　すべての青少年が、芸術、博物館・美術館、図書館の豊かさを体験する機会が持てること(5)。

特に目標2と5においては「体験する」ことが奨励されている。この、二つの目標が成立した経緯にはアーツ・カウンシルと多様な文化セクターとの議論や連携、時には拮抗してきた歴史的経緯がある。いずれの目標も、一九七〇年代に起きた、より多くの人々に芸術への門戸を開こうとする様々な試みや議論と密接に関わっていた。そもそも、アーツ・カウンシル[6]が創設されて以来、現在に至るまで、芸術の質の確保としての「卓越性（エクセレンス）」を優先するのか、あるいは芸術への門戸を広げていくのかのどちらに文化政策の重点が置かれるのかが常に議論の対象となってきた。

2　一九七〇年代、アーツ・カウンシルのジレンマ

英国における一九七〇年代とは、ハイアートとサブカルチャーの相克、芸術と教育の関係、コミュニティ・アーツやアーツ・センターといった多様なムーブメントの勃興、文化の多様性といった様々な社会的課題が一気に表面化した時代であった。激しく変化する時代に対応できないＡＣＧＢはジレンマを抱えていた。他方、これらの課題への対応がより多くの人々に芸術への門戸を広く開いていく権利を求めるムーブメントとなり、アーツ・カウンシルに変化を求めることにつながったのである。以下に一九七〇年代から現在の目標に集約されるまでの経緯を考察する[7]。

（1）「卓越性」と「アクセス」、「最高（ベスト）」と「より多く（モア）」のジレンマ

現在の目標１および２に関しては、前述の通りアーツ・カウンシルの成立の経緯と深く関わっている。一九四五年にＡＣＧＢが創設された当初、初代会長に就任したケインズは、英国民全てが芸術を享受できることを理想としていたが、国家からの支援としては「最多の人々（most）」より「最高（best）」の芸術に助成すべきだと考えた。プロのアーティストたちによる芸術への助成を優先したため、一般の市民の趣味的な文化活動、若者たちのオーケストラ活動、民俗芸能、そして評価が定まっていない実験的な芸術に対する支援が行われることはなかった。結果として、設立当初のＡＣＧＢは一部の上流あるいは中流階級層だけが享受できる評価の定まった芸術の

みを支援していた。特にハイアートとしてのオペラやバレエが優先的な支援対象だった。しかしながら、ハイアートを楽しめる聴衆の数や社会層は限られていたため、税金で上流階級が楽しむ芸術だけを支援しているのではないかとアーツ・カウンシルは常に批判にさらされていた。実際、ACGBの評議員や役員、スタッフもほとんどが中流階級以上の出身者で構成されていた。これに加えて、アーツ・カウンシルが支援する芸術は地域も限定されていた。そのため、国家的な大型文化施設が首都ロンドンに集中していることもあり、ロンドンと地方都市やその他の地域との文化的格差も大きくなっていた。

しかし、ACGBの前身のCEMAは「最も多くの人々に最高の芸術をもたらす（The Best for the Most）」というスローガンのもと、以下の四点を運営の目的としていた[8]。もちろん、芸術の水準を保持し、高めることが前提ではあったが、CEMAでは、より多くの人々が芸術を楽しむ機会を全国に広げること、芸術への門戸を広げることが重視されていた。そして実際に体験することも奨励されていた。

① 戦時中にあっても、音楽、演劇、絵画の分野においても高い水準を維持すること。
② 戦時中にあっても、芸術を楽しむ機会を全土に広げること。
③ 戦時中にあっても、人々が音楽を創作し、また、演技することを奨励すること。
④ 戦時中、演奏や創作の機会が少なくなったプロフェッショナルの歌手や役者たちに対し間接的に支援をすること。

ACGBは、ケインズが急逝した四六年、王室の認可を得て正式に設立されたが、その後、一九六〇年代半ばまで英国の文化政策と公的助成のあり方が大きく変化することはなく、ハイアートを中心に助成が行われていた。一九六五年二月、労働党政権下で芸術大臣のポストが初めて創設され、ジェニー・リー[9]が就任し、「芸術政策――最初の一歩（A Policy for the Art: the First Steps）」と題された白書が発表された。この報告書において、限定された社会層への支援ではなくより多くの人々がアートへアクセスすることが奨励されたことは、英国文化政策史において、大きな転換点になった。さらに、現役のアーティストへの支援も行われるようになり、若手アーティスト支援の予算も五倍に増額された。特に、一般市民の創作活動や現代アートの創造の場として各地にアーツ・センターの設立も奨励されたため、ACGBもようやくアーツ・センターへの支援を開始した。その結果、七〇年代には英国全土にアーツ・センターが急速に設立され、多彩なアートイベントやワークショップが開催され、多くの人々がアートに触れる機会が提供されるようになった。加えて、実験的あるいは前衛的なアーティストたちの表現の場も増え、アーツ・センターは英国のアート・シーンにおいて大きな役割を演じるようになった。

また、この時期、経済的に恵まれない地域などで参加型アート・プロジェクトなどを実践するコミュニティ・アーツ・ムーブメントも盛んになっていた。コミュニティ・アーツでは、卓越した芸術を創造するより、創作のプロセスに関わることに重点が置かれ、次第にムーブメントにまで発展した。一九七五年には、コミュニティ・アーツ委員会（Community Arts Committee）が実験的に設立され、コミュニティ・アーツ・グループやアーティスト協会（Association of Community Artists）からの要請によって、ACGB内に二年という期限つきでコミュニティ・アーツ・プロジェクトに対する助成が検討されるようになった[10]。ようやくコミュニティ・アーツへの支援が行われるようになったが、当時のACGBの助成対象の九割がハイアートであり、残り一割がコミュニティ・アーツへの助成に充当されたにすぎなかった[11]。

当時は、一般の人々にとっては著名な作家の作品を鑑賞するという受動的な活動がほとんどであり、創作のプロセスに参加するという発想はまだなかった。また、参加型アート・プロジェクトも社会運動と判断され、そうしたコミュニティ・アーツへの助成は、プロのアーティストによる作品の質を重視するACGBの役割ではなく、むしろ地方自治体が支援すべきであると最終的には結論づけられた。とは言え、プロフェッショナルと芸術の卓越性にのみ価値を見出し助成してきたこれまでのACGBの活動に対し、このコミュニティ・アーツ・ムーブメントにおいて、アーティストやアート・マネジャーたちが連携し異議申し立てをしたことは大きな意義があった。

それ以前は、芸術の専門家やエリートたちだけしか政策の意思決定に関わることができなかったからである。しかし、このときのコミュニティ・アーツ・ムーブメントでは、一般市民や多様な文化セクターの声が政府やACGBを動かし、文化政策やその方針に反映される契機となった(12)。

芸術の卓越性は、現在のACEにとってもいまだ課題であり、しばしば議論の的となっている。二〇〇七年、当時の文化メディア・スポーツ省（Department for Culture, Sports & Media、以下、DCMS）の文化大臣であったジェームズ・パーネルは、文化への公的資金の投資と使途に関して三つの課題を提示し、エディンバラ国際演劇祭のディレクターであったブライアン・マクマスターにそれら課題の調査を委託した。その課題とは、第一に「公的セクターが芸術文化を支援する上で、卓越性と革新を追求するのと同時にリスクを取れるようにするには、どのような仕組みが必要か？」、第二に「芸術的卓越性が観客からより広く、かつ深く関心を得るためにはどうしたらよいか？」、第三に「文化芸術の質を判断する上で、官僚主義に陥らずもっと簡便に実施できる方法はあるか？」という内容であった。〇八年一月、この課題に対する答申として『芸術における卓越性を支援するには——測定から判定へ』（McMaster Report、以下、マクマスター報告書）が発表された(13)。マクマスターは、公的な資金を使う上で、卓越性、革新性、リスクを取ること、そして表現の自由を保障するには、これまで以上に戦略性を持った財政支援が行われるべきであると政府に提言した。卓越した文化や芸術はあらゆる人々の人生を変えるほどの大きな影響力を持っており、芸術文化が社会に果たす役割は非常に大きいとしながらも、政府からの財政支援を受けているすべての芸術文化団体はその支援を、さらなる革新、志、創造性を目指すための投資として捉える意識を持たなければならないとマクマスターは主張した。同時に、現状では、助成を受けている団体はこの投資を十分に活用しているとは言えず、芸術文化団体側の認識の甘さを厳しく指摘した。そして、今後は政府からの財政的支援を受ける際には人々の人生を変える力を持つ芸術性と卓越性の向上を優先することが提言された。マクマスターの提言を受けて、政府は文化政策の基本に「卓越性」を改めて据え、現在のACEの第一の目標に掲げられることとなったのである。このマクマスター報告書の作成の過程には、マクマスターのほか一四〇名にのぼる多くの専門家や二六五団体が関わっていた。例えば、元DCMS大臣のクリス・スミス、テイト・ギャラリーのニコラス・セロータ、サウスバンクス・センター芸術監督のジュード・ケリーなどである。このように、現在の政策形成過程においては、文化セクター全体に幅広くコンサルテーションを行い、現場の意見を取り入れ、反映されるようになっている。こうした芸術の質を問う課題は、社会的階層を超えた受容者の広がりや先述の目標5とも密接に関連している。

一九四六年、王室の認可によって正式に承認された際にACGBが掲げた目的は前身であるCEMAのそれを継承しつつも、次の三点に絞られた。すなわち、①芸術の受容者を増加させること、②芸術の実践の基準を上げること、③プロフェッショナルのトレーニングシステムを奨励すること、であった[14]。

なかでも、①の芸術の受容者を増加させることは、ACGBにとって卓越性の維持とともに今日に至るまでの課題となっている。英国の場合、芸術や教育において受容者を拡充する上で、階級社会が大きな阻害要因だと考えられている。例えば、経済的に恵まれない環境にある子どもたちは芸術を楽しむ余裕や習慣がなかなかなく、美術館やコンサートに行く機会も余りないと考えられている。成人後に芸術を楽しむには、子ども時代から芸術に触れ、親しみ、楽しむ環境が重要であると考えられており[15]、幼少時から芸術に触れることのできる環境の整備が必要とされる。また、一般的には、経済的に余裕のある子どもたちは私立の学校に、それ以外の子どもたちは公教育に依存しているのだが、公教育のカリキュラムに芸術は含まれておらず、学校などで芸術に触れる機会はほとんどない。したがって、芸術の受容者を増やすことは、より広い社会的階層に対して、芸術への門戸を開きそこへのアクセシビリティをいかに高めることができるかという課題と大きく関わっていた。

こうして、一九七〇年代、博物館・美術館や各地のアーツ・センターで、子どもたちや成人を対象とした、教育活動やコミュニティ・アーツ・プロジェクトが盛んに行われるようになると、その成果も次第に認知されるようになっていた。また、子どもたちと一緒に活動することは、アーティストにとって新しい刺激とアイディアを得る源ともなる。作品ができる過程を知ることは創造のプロセスに触れるきっかけとなり、子どもたちが芸術への理解や親しみを持つことにつながる。こうした試みは、芸術と一般市民との間のバリアを取り除くことにもなり、アーティストの雇用の機会創出にもつながった。[16] さらに、一般市民の創造力を引き出す芸術の効果が徐々に知られるようになり、学校教育や美術館などに芸術を取り入れる動きが生まれてきた。他方、ACGB内では教育を振興する部署はなかなか立ちあげられずにいた。しかし、一九七五年、ロイ・ショーが労働者階級出身の初の事務総長に就任したことによって、ようやく芸術教育が推進されるようになった。ショーは生涯教育の専門家であり、大学教授からACGBの職員へと転身した人物である。六五年にリーによって発表された白書に賛同し、創造力と自己表現をトレーニングすることと芸術を享受することは両方とも必要であると主張し、芸術を理解できる受容者を増やすことが何よりも重要だとショーは考えていた。[17] しかし、当時のエリートの官僚たちはケインズの理念を継承し、ACGBの第一の義務はプロのアーティストのためにあると考え、受容者は二の次で支援対象ではないとして体制の変化を拒んでいた。ショーは、芸術教育の担当部署を組織しようとしたが、財務担当の同僚からACGB内に教育担当官を雇用する予算の充当を断られ、民間のグルベンキアン財団からの三年間にわたる助成金を獲得し、ようやく「教育連携オフィサー（Education Liaison Officer）」一名と秘書を確保することができたのだった。

一九七〇年代を通じてプロのアーティストが学校やコミュニティで活動することが盛んになり、また、七八年には、ロイヤル・チャーター（国王から国家のために活動する法人にその権利を認めた書状）にも、教育的観点を重視することが付言されるようになった。教育機関とアーティストや助成を受けている団体との連携をACGBもようやく奨励するようになり、芸術と距離がある若者たちに対しアクセスを向上させていく契機となった。[18]

この後、一九九七年に樹立したブレア労働党政権は広がる社会的・経済的格差を解消するための社会的包摂政策を推進したが、文化政策においても同様であった。二〇〇一年一二月より、博物館・美術館の常設展への入場料が無料となったが、公的な文化施設へのアクセスの改善が目的であり、多様な社会層の人々の来館を可能にするためであった。こうした考えは、一二年のロンドンオリンピックが開催された際にも、ロンドンだけでなく英国全土で多くの人々、特に若者たちが文化プログラムに参加することが推奨されたことにも反映されていた。

3　アーツ・カウンシルの持続可能性――アームズ・レングスの原則とリーダーシップ

一九四五年に創設されて以来、アーツ・カウンシルは英国の文化政策の発展に大きな役割を果たしてきているが、時には厳しい批判にもさらされ、何度かその存続が危ぶまれたこともある。二〇一二年のロンドンオリンピック開催後は、厳しい英国の経済的環境とも相まって、予算とスタッフの大幅な削減を常に迫られている。

また、いわゆるアームズ・レングスの原則を基本とし、芸術文化に関する意思決定に関しては、ACEの独立性を尊重し、政府は干渉しないことが大きな特徴とされている。この原則の本来の意味は、「二つの団体の間の取引を示す法律用語であり、いずれの団体も相手をコントロールすることはできないこと」である。[19]この原則は、一九七六年に発行された英国の文化支援のあり方に関する報告書「イングランド、ウェールズにおける芸術支援のあり方（Support for the Arts in England and Wales）」で言及されて以来、政治家と官僚との間に一定の距離を取る実際的な手段として使用されてきている。[20]英国の政治制度においては、従来、保守党と労働党の二大政党が、それぞれの政策をマニフェストとして提示し、選挙を戦い政権を獲得してきた。保守党は比較的裕福な社会層から支持され、労働党は比較的所得の低い社会層から支持され、政権交代を繰り返してきた。当然、政策にも両党の考えの違いが反映され、政策に一貫性が欠けることも起こる。概して、保守党政権では芸術の卓越性に重点が置かれ、労働党政権においては、芸術文化への予算が増え、芸術へのアクセスの拡充に重点が置かれる傾向がある。このように、二大政党制の英国では総選挙のたびに政権交代が予期される。政権が交代すれば、政策は大きく変化し、中央省庁の改編も行われる場合もあり、人事にも大きく影響する。したがって、政権交代の影響をなるべく受けることのないよう、アームズ・レングスの原則が導入されるようになったとも言えよう。

前述の報告書の中で執筆者であるレッドクリフ・モード卿は、税金の使途について誰からも説明責任を求められることもなかった当時のACGBの助成金決定のあり方において、ACGBを廃止することも、アームズ・レングスの原則を放棄することも考えられないが、権力者に依存することなく権力を行使する場合は、常に疑問に応えることにオープンであるべきであるとも提言していた[21][22]。

しかし、このアームズ・レングスの原則ゆえに、ACGBの決定は秘密裏に行われていると議会からはしばしば疑問の声が上がることも多く、ACGBの説明責任、さらにはその存続の是非についても議論されることもあった。

レッドクリフ・モード卿は、ACGBに対する主な批判を以下のように列記している[23]。

①　評議会や委員会の人事は民主的ではなく、エリート主義に陥っている。
②　舞台芸術分野に偏向しており、個々のアーティストへの支援は不十分。
③　国立機関はぜいたくな支援を受けていて、ACGBの総支出のほとんどを占めている。
④　ACGBは地方自治体に対し芸術事業に積極的に取り組むよう奨励したが、失敗している。
⑤　芸術は教育に取り入れられている場合とそうでない場合とで格差がある。
⑥　ACGBの代表たちは地方では見かけないし、地方で開催される会議にも出席していない。
⑦　ACGBはアクションを取る前に他の機関に相談しない。とりわけ地方においてはその傾向が顕著である。
⑧　ACGBには独自の方針があるのではなく、受身である。

CEMAは、当初、民間のピルグリム・トラストからの寄付によって創設され、その後、財務省から直接支援を受けるようになった。また、一九六五年以前は、教育省ではなく、財務省がACGBに対して直接責任を負っていた。当時は、財務大臣がACGBの会長を指名しており、六五年になって、リーが芸術大臣に就任したのを契機としてＡＣＧＢの所管が教育科学省に移管された。しかし、芸術文化を政治の主要な議題と考える政治家はほとんどおらず、実際は放任されていたとも考えられる。その後、九七年、ブレア労働党政権下、ＡＣＥを所管する省としてＤＣＭＳが創設されると、ＡＣＥと中央政府は財政支援合意書（Funding Agreement）に則った契約を基本とした関係性となり、両者間の乖離と上下関係のヒエラルキーがむしろ一層明白になった。[24]また、二大政党が拮抗する英国政治においては政権交代によってアーツ・カウンシルの政策も当然影響を受け、その目標、ターゲット、予算額も大きく変化する。実際には一貫性のある政策を継続することができない。したがって、アーツ・カウンシルの政策や組織としての存続は磐石ではなく、アームズ・レングスの原則も政府との理想的な関係性を表現しているものでは決してない。組織としての持続可能性の観点から言えば、重要なことは政府とアーツ・カウンシルの関係性や、アーツ・カウンシルと文化団体との関係性が信頼に基づかなければ機能しないということなのである。[25]

現在、ＡＣＥを含めた文化セクター全体が継続的に今後発展していくための人材の育成や確保は大きな課題となっている。一九六〇年代以降、労働力として多くの移民を英国は受け入れ、多様な文化背景を持つ人々で社会が構成されるようになり、社会環境が大きく変化した。しかし、博物館・美術館などの文化施設は白人を中心とする従来の西洋中心主義的な視点から設立されていたこと、また、一般市民からは敷居が高く感じられる知的拠点という場所とみなされ、多様な文化背景を持つ人々が文化施設で雇用の機会を得たり、気軽に来館することは難しい状況にあった。

前述の通り、ＡＣＧＢ本体においても、設立当初は限られた階層のスタッフのみが勤務していた。したがって、受益者も、文化セクター全体に従事するスタッフの雇用も、白人優位、男性中心となりがちであり、[26]多様な文化背景を持ったエスニック・マイノリティの人々にとって文化施設へのアクセスや雇用の機会、アーティストとなることは大きな課題であった。

一九七〇年代になり、ジェンダーやエスニシティの問題がようやく表面化し議論されるようになった。当時、人口の三パーセントを非白人が占め、その内の四〇パーセントが英国生まれになっていたが、エスニック・マイノリティとして社会的・経済的に恵まれない状況に多くの人々が置かれていた[27]。長年、白人のアーティストたち以外の人々の創作活動に対して支援策が講じられることはなかった。一九七六年、ナシーム・カーン[28]は、「英国民が無視する芸術（The Arts Britain Ignores）」と題した報告書を発表し、エスニック・マイノリティによる創作活動が芸術として正当な評価を受けていない現状を指摘した。カーンの報告書が発表された後、ようやくACGBにおいてもエスニック・マイノリティの芸術に対して責任があると認識されるようになったのである。

また、この時期、ACGBに女性スタッフはほとんどいなかった。理事たちも男性ばかりで、女性は数えるほどしかいなかった。一九六七―八〇年の間に、六六のポストの内で女性は九名のみで、七年以上ACに勤務した一九名の内女性はたった一名だった[29]。

女性アーティストたちもまた、これまで自分たちが無視された存在であったことに声を上げ始めていた。一九七一年、ロンドンのウッドストック・ギャラリー（Woodstock Gallery）で女性解放アートグループが展覧会を開催し、翌七二年、女性アーティストたちの組合が結成された。女性アーティストたちはこれまで不利な状況に置かれていたが、ACGBが主催するヘイワード・ギャラリー（Hayward Gallery）で開催された展覧会に女性アーティストは七八年になってようやく初めて招待されるようになったのである[30]。この後、長い間不利な状況にあった女性たちやエスニック・マイノリティの人々をめぐる文化的・社会的・経済的状況は徐々に改善されるようになった。

近年、文化セクター全体を牽引するマネジメントの強力なリーダーシップの存在が欠如していることもしばしば指摘されている。独創的で有能なアーティストやアート・マネジャーを輩出してきているものの、彼らは往々にして予算計画や戦略的なマネジメントは苦手という場合が多かった。

そこで、創造性と経営能力の両方を兼ね備えた文化セクターのリーダーの不在に対する危機感から、二〇〇二年、民間の非営利財団であるクロア・ダフィールド財団（The Clore Duffield Foundation、以下、クロア財団）が中心となって、文化セクター全体の底上げを目的とした人材育成のためのクロア・リーダーシップ・プログラム（Clore Leadership Program）を立ち上げた。このプログラムは、ビジュアル・アーツ、パフォーミング・アーツ、映像、文化遺産、博物館・美術館、図書館、公文書館、創造産業、文化政策、アーツ・マネジメントなど多様な分野の文化団体の理事やディレクターを育てると同時に文化セクター全般のリーダーを育成するためのフェローシップや短期の研修コースを提供するというものであった。同プログラムは、英国の文化セクター全体の底上げに大きな役割を果たし、優れた多くの人材を輩出している。

4　アーツ・カウンシルの未来

これまで、見てきた通り、ACEはその創設から七〇年という歳月を経てきているが、その歴史には紆余曲折があり、また、その理念は時代の要請に応じて変遷を遂げつつ、現在に至っている。現在においては、社会の原動力として芸術文化の果たす役割は以前にも増して重要だと認識されるようになったものの、いまの保守党政権においては芸術団体が公的支援に頼ることなく、企業協賛の獲得や民間の財団からの支援を積極的に活用するよう奨励されている。こうした現状にあって、創設当初からアーツ・カウンシルの支援を受けていた団体で、財政的自立を宣言するところも現れている。[31]

また、芸術文化と一般市民との関係性を変化させているインターネットをはじめとするデジタル技術の発展は芸術文化のあり方、アーツ・カウンシルのあり方にも大きな影響を与えている。

すなわち、誰もがアーティストになりえ、芸術におけるプロフェッショナルとアマチュアの違いやハイとローの区別がなくなってきている現在にあっては、プロフェッショナルにこだわるケインズのACGB創設当初の方針はもはや時代と合致しなくなっている。したがってアーツ・カウンシルの支援のあり方は大きく転換し、これまでとは異なる役割が求められるようになっている。[32] それは、国家の成長戦略に資する芸術文化への投資という役割であり、一般市民へ芸術文化へのアクセスを拡充するという役割である。

他方、芸術への公的投資の削減や英国の文化セクター全体の先行きの見えない将来を憂い、将来の英国の文化政策のあり方を議論するため、二〇一一年、新しいプラットフォームとして「What Next?」が始まった。これは、固定したメンバーや決まったリーダーがいる団体としてではなく、緩やかなプラットフォームとしての活動である。誰にでも開かれており、リラックスした雰囲気のなかで議論が進められる。課題の解決策を模索してはいるが、結論を性急に求めているのでもない。ダンスや演劇カンパニーの代表、ミュージアム・アソシエーションから、芸術教育関係者、芸術文化や助成財団の代表、文化セクターのリーダーたち、ACEのスタッフ、アーティストなど多様なメンバーが会議に参加している。大切なのは、それぞれの間にヒエラルキーがなく、フラットで対等な立場で刺激的な議論が行われていることであり、これまでのような社会的帰属や立場にこだわった議論や活動とは異なるムーブメントであるということだ。

現在、「What Next?」は全国に一気に広がり、一つのムーブメントになっており、英国の文化セクターのリーダーたちも数多く参加している。[33] すなわち、将来、個人や団体がフラットで対等な関係と距離として「協働」と「信頼」関係が重要になるということである。[34]

現代における社会的課題はますます複雑になっており、芸術文化に関しても、単一のセクターや団体で対応できなくなっている。従来は、主義主張が異なるセクター間においてはセクターごとに主張や権利を求めるというやり方で行われてきた。しかし、現在においては、異なる分野、異なるセクター、異なる文化背景を持つ人々が国や組織、セクターを超えて課題や情報を共有していかなければ諸事万端に対応できない。確かにアーツ・カウンシルが果たしてきた役割は大きいが、アーツ・カウンシルだけで英国の文化政策を形成してきたわけではない。アーティスト、ACEを補完する民間の多様な中間支援組織や助成団体、アートNPO、アート・マネジメント関係者など文化セクターに関わる多様な人々や団体の努力と活動の集積や連携によって文化政策は形成されてきているのである。また、アーツ・カウンシルを中核とした多様な非営利団体、美術館、劇場、アート・センターなどの文化施設、アーティスト、アート・マネジャーなど文化セクターを構成する層の厚い、かつ多様な存在が切磋琢磨し、時に拮抗し、時に連携することで文化セクターを形成し、発展してきているのである。

注

（１）吉本光宏「海外ＳＴＵＤＹ英国アーツカウンシル——地域事務所が牽引する芸術文化の振興と地域の活性化」『地域創造』第二九巻、二〇一一年、五六ページ

（２）アーツ・カウンシルの国際的なネットワークとして、International Federation of Arts Councils and Cultural Agencies（ＩＦＡＣＣＡ）がある。(http://www.ifacca.org/membership/current_members/)

（３）Andrew Sinclair, *Arts and Cultures: The History of The 50 Years of The Arts Council of Great Britain*, Sinclair-Stevenson, 1995, p. 30.

（４）英国のアーツ・カウンシルは一九四五年から九三年までは、イングランド、ウェールズ、スコットランドを含めてArts Council of Great Britain（ＡＣＧＢ）と呼ばれていた。一九九三年、地方分権により、イングランド、ウェールズ、スコットランドにそれぞれ独自のアーツ・カウンシルが設立された。

（５）Arts Council England, *Great Art and Culture for Everyone: 10 Year Strategic Framework 2010–2020*, Arts Council England, 2013, p. 39.

（６）創設時には、ＡＣＧＢ。なお、本章では、一九九三年以前はＡＣＧＢを対象とし、九三年以降はＡＣＥを対象とした。そして、対象とする時期の違いによりＡＣＧＢ、ＡＣＥを使い分けている。また、一般名詞としては、「アーツ・カウンシル」としている。なお、現在、博物館・美術館、図書館もＡＣＥの所掌範囲となっている。

（７）ＡＣＥの予算、組織体制や助成制度については、吉本光宏や野村総合研究所による詳細な報告（吉本、前掲、野村総合研究所、前掲）があるので参照されたい。

（８）Sinclair, op. cit., p. 30.

（９）1904–1988。スコットランド生まれの女性政治家。父は、スコットランドの炭鉱夫だった。

（10）Su Braden, *Artists and People*, Routledge & Kegan Paul, 1978, p. 106.

（11）Ibid., p. 179.
（12）コミュニティ・アーツについては、小林瑠音「一九六〇年代から一九八〇年代における英国コミュニティ・アートの変遷とアーツ・カウンシルの政策方針」（日本文化政策学会『文化政策研究』第九号、二〇一五年）を参照されたい。
（13）ブライアン・マクマスターは、ブリストル大学で法律を専攻した後、アート・マネジメント界に入り、一九七六年から九一年までウエルッシュ・ナショナル・オペラのマネージング・ディレクターとして頭角を現した。一九九一年、エディンバラ国際演劇祭のディレクターに抜擢され、二〇〇六年までの長期にわたりディレクターとして手腕を発揮した。
（14）Sinclair, op. cit., p. 44.
（15）Robert Hewison, *Cultural Capital: The Rise and Fall of Creative Britain*, London, Verso, 2014, p. 229.
（16）Braden, op. cit., 1978, p. 119.
（17）Robert Hutchinson, *The Politics of the Arts Council*, Sinclair Browne, 1982, p. 142.
（18）Braden, op. cit., p. 1.
（19）Hewison, op. cit., p. 32.
（20）「アームズ・レングスの原則」については、太下義之の「アーツカウンシルにおける「アームズ・レングスの原則」に関する考察」（日本文化政策学会『文化政策研究』第八号、二〇一四年）も参考にされたい。
（21）Ibid., p. 32.
（22）一九九三年に国家遺産省が創設され、ＤＣＭＳはそれを改組した省である。
（23）Lord Redcliffe-Maud, *Support for The Arts in England and Wales*, Calouste Gulbenkian Foundation, 1976, pp. 73-74.
（24）菅野幸子「英国の行政改革が文化政策に与えた影響——政府と文化セクターとのアームズ・レングスの原則の変化」、小林真理編『行政改革と文化創造のイニシアティブ——新しい共創の模索』美学出版、二〇一三年
（25）Hewison, op. cit., p. 232.
（26）Hutchinson, op. cit., p. 31.
（27）Robert Hewison, *Culture & Consensus: England, art and politics since 1940*, Methuen, 1995, p. 82.
（28）両親はインド人とドイツ人の移民。ＡＣＥのダイバーシティ部門のヘッドも務めた。
（29）Hutchinson, op. cit., p. 31.

(30) Ibid., p. 42.

(31) 東ロンドンに位置し、アーティストたちの創作スタジオを提供してきたアクメスタジオ(Acme Studio)は、一九七二年の創設以来受けてきたアーツ・カウンシルの助成に二〇一五年から頼らず、自立することを宣言した。(http://www.acme.org.uk/aboutacme/news)

(32) John Holden, *Culture and Class*, Counterpoint, 2010, p. 56.

(33) Hewison, op. cit., p. 217.

(34) Ibid., p. 223.

第10章　分権

長嶋由紀子

日本とフランスの自治体文化政策の歴史に共通項の多い時期がある。一九七〇年代がそれにあたる。日本では首長部局に文化担当部署を設ける自治体が現れ、従来の文化財保護行政や社会教育行政の枠を大きく超えて、行政組織全体を貫く形での「文化行政」が試みられるようになった。並行して、ハード面とソフト面が混在するまちづくりのなかでも、歴史、景観、芸術、市民の文化活動、公共空間デザインなどに軸を置く「文化のまちづくり」の実践が、さまざまな主体の協働によって各地で積み上げられている。フランスでは、一部の地方都市で六〇年代後半から、芸術文化施設運営や団体助成などの従来型施策に留まらず、都市計画、教育、福祉などの領域を横断する課題として文化問題を捉える自治体文化政策の構想が芽生え、七〇年代に「文化的発展」(développement culturel) の概念とともに拡大をみた。いずれも地方分権化以前の集権的なシステムのなかで、自治体が自主的かつ自律的に展開した動きである。

その後まもなくフランスでは一九八二年、八三年に地方分権法と権限配分法が成立し、行政権限を各レベルの自治体に配分する地方分権化が行われた。ただし文化に関する権限はほとんど階層化されていない。公設民営の文化機関や、アソシアシオン (非営利協会) への助成、あるいはプロジェクト実行のためのアソシアシオン新設とそれらへの助成を通して、国と全レベルの自治体が各自の選択でともに関与する方式が拡大し、ときに問題を指摘されながらも政策実践を支える基本構造となって今日に至る。

日本の地方分権は、より時間をかけて推移した。二〇〇〇年の地方分権一括法施行で機関委任事務が廃止され、住民の代表機関としての性格をより明確にした自治体に、地域固有のニーズを反映する施策展開がいっそう求められるようになった。また市民セクターが伸張し、特定非営利活動法人（ＮＰＯ）などの形態で公共的課題にとりくむ活動が発展するなかで、行政側がこれをいかに地域運営に結びつけるかも問われている。

本章では、自治体文化政策の理論と実践のなかで「分権」の概念がどのように捉えられ、施策に反映されたのかを、自治と分権が希求された日本とフランスの一九七〇年代に焦点を絞って検討する。

1　自治体「文化行政」の根源的課題

はじめに、日本の「文化行政」が出発点で設定した課題を知るために、『文化行政――行政の自己革新』（一九八一年）に主によりながら、自治体文化行政草創期の理論の骨子を確認する。[1]

まず全体的な枠組みとして看取されるのは、「文化行政」が自治・分権型社会の構築を主導動機とした点である。「文化行政」とは、「文化」へのとりくみを通じて自治体行政が遂げる自己変革であり、大局的には社会システム全体の転換を促すものだった。「官治・集権システム」から「自治・分権」型社会への転換を求める姿勢が通底する。国の機関委任事務によって自治体の自律的な施策展開が限られるなか、委任型集権制から参加型分権制への切り替えと、生活様式や価値観の変革を伴う新しい社会システムの創出が求められていた。

当時の社会状況を考えれば、この希求が実態を伴って広がっていたことがわかる。一九六〇年代以後の地方政治では、たとえば横浜市の飛鳥田一雄市長（在任一九六三―七八年）による「一万人市民集会」開催や「区民会議」創設のように、住民参加や市民参加を前面に出した、地域民主主義確立のための具体的な問題提起がなされている。[2] そこでは、戦後政治の過程のなかで、議会制民主主義は国民の代表機関として十分に機能せず、むしろ支配機構の一部と化しているのではないかとの危機感さえも表されていた。憲法の「自治の本旨」に鑑みて、市民一人一人がエネルギーを具体的に注ぐことのできる地域コミュニティを基本単位として自治を構築しようとする自治体の姿勢があったのである。[3] 高度経済成長期の都市問題を背景に、地域への関心が高まるなかで、六〇年代前半から全国で革新自治体が誕生し、石油危機後の七五年時点では「全国革新市長会」への加入自治体が一一七市四区を数えた。

「文化行政」は、こうしたなかで一九六〇年代後半に現れた新領域である。「地方の時代」を求める動きとともに文化行政に向き合う自治体が増加し、相互交流が行われるまでになった潮流は、「明治一〇〇年にわたる官治・集権システムの転換」の兆候とも目された。文化行政が模索された契機は、六〇年代に世界的に拡大した市民運動による問題提起にあったとされる。「工業化・民主化」社会に共通する画一主義と官僚主義への批判に立って、生活の質を「地域特性」として見直し、「地域特性」を活かせる自治・分権システムを確立する課題設定が、「文化」を自治体行政の新たなテーマにしたのである。「文化」への着目は、産業化社会の画一的価値観の転換を図るものだったといえるだろう。

「文化行政」は、したがって国主導の文化政策とは根本から方針を異にしている。その目標は「市民自治による市民文化の形成」にあり、①市民自治、②基礎自治体主導、③行政革新、を原則とした。「市民文化」とは、自然や歴史などの地域の個性を反映して生まれるものであり、それとともに「自由・平等・共和」が市民の生活感覚として成熟し、市民の間にゆたかなコミュニケーションが生まれる状態を指した。さらにそれを成立させる地域の「空間」の構造としても想定されている。文化行政の理論的目標は、明治以来連綿と構築された「官」主導の集権システムのなかで未成熟な状態に置かれてきた「市民文化」が開花する条件を整え、「自由・平等・共和」を原理として、自立した市民が主体となる自治・分権システムを実現することにあった。

その不可欠なプロセスとして主題化されたのが、自治体行政自身の思考と行動を官治・集権型から自治・分権型に切り替える「自己革新」である。文化行政の実現に向かって、教育委員会が管轄する社会教育行政と文化財保護行政の範囲を大きく超えて、地域固有の文化のあり方を考えるためには、自治体行政の諸領域を「ヨコ割り」に見渡す必要がある。それゆえに文化行政は、中央と地方を「タテ割り」に結ぶ組織体系に馴染んだ行政の体質転換を促す「戦略行政」として位置づけられた。「行政の文化化」というキーワードに集約された課題は、市民文化の成熟とともに、あるいはそれに一歩先んじて行政自身が、「文化的」になり、法令前例重視の旧来の姿勢を脱して、地域の必要性を充たす政策を自主的に立案実行する「創造体」へと進化を遂げることを意味した。(4)

当時の文化行政論が描いた未来図は、自治体行政と市民が対等な立場で「ともに」創造的な地域運営を担うあり方だったといえるだろう。公共的意識をもつ市民と「文化化」した自治体行政の協働を通して、画一的な基準とは異なる政策公準「シビル・ミニマム」を設定し、それがひいては国レベルの政策転換にもつながっていく。(5) 日本の「文化行政」は、そのような「市民文化」を土壌とする分権型社会を実現する構想から歩みを始めている。

2　一九七〇年代フランスにおける革新自治体の伸張

フランスでも日本と同様、一九七〇年代を通じて革新自治体が勢力を伸張した。その後八一年に成立したミッテラン政権が地方分権化に着手し、同時期にジャック・ラング文化大臣のもとで国の文化政策の規模と領域が大きく拡大されたことは知られている。この歴史的な政権交代は、七七年地方議会選挙における左派勝利の「遅すぎた複製」だったと表現されるほどに、先行した地方政治の状況に支えられていた。(6) そして文化政策は、まず七〇年代の左派自治体で重視され、その後、国レベルで重要課題とされた経緯がある。(7)

同様に、地方分権化に関しても、左派自治体による分権要求との連続性が政治史研究によって指摘されている。フランスにおける自治・分権への動きは、一九六八年「五月革命」後の市民社会への期待の高まり、アソシアシオンを通した市民活動の活発化、そしてコミューン（基礎自治体）レベルで展開された参加民主主義運動に裏付けられていた。

先進例とされたコミューンのひとつに、「参加民主主義」を掲げて一九六五年にグルノーブルで成立したユベール・デュブドゥ市政がある。高度経済成長期の都市問題に対処できない市行政に解決策を示そうとした市民アソシアシオンGroupe d'Action Municipale（以下、GAM）が構成した市議団とその代表である首長が、三期一八年にわたって自治体運営をリードした。グルノーブルGAMは、先端産業、研究機関、そして高等教育機関が集積する地方都市に転入した新住民が中心となった、提案型の市民運動だった。その後他都市にも生まれたGAMは、自治体改革運動を推進する全国的な潮流となった。(8)

グルノーブルGAMは、既成政党枠を超えた個人とグループの自由な連合から生まれている。「トックヴィル・サークル」の「市民責任」研究会、「都市問題と市政研究グループ」、「経済とユマニスム」などの自主研究会が、その源流である。また一九六五年の市議会選挙において、文化省が市に提案した「文化の家」(Maison de la Culture)設置が争点となった経緯から、市内の文化関係アソシアシオンの多くがGAMに合流した。(9)

市長の論文によれば、市民参加の目的は、「民主主義の実践に日常的現実を与え、都市政策の実現とグルノーブルの都市整備を通して新しい都市文明を建設することに寄与しつつ、個人と集団が自らの運命の支配者になること」にあった。(10)その実現手段として、既存の自治会組織「住区連合」を制度化し、これを基礎単位として住民の直接参加、市議会議員と住民の密なコミュニケーション、そして議会に対する市民監視に基づいた意思決定体制を実現している。

デュブドゥ市政はまた、発足時に民衆教育団体出身の一市議を「文化担当副市長」に任じて、市の「文化行動」すなわち自治体文化政策にとりくんだ。その経験は、全国の自治体議員、文化施設関係者、官僚などの有志が一九六四年から開催した「文化的発展」を掲げる都市文化政策フォーラムで、当時はまだ数少ない先進的な例として、全国に発信されている。(11)

グルノーブルの経験は、日本でもまた同時代に参照されていた。先にみた「文化行政」理論に照らせば、デュブドゥ市政の参加民主主義と自治体文化政策の実践は、日本とは異なる政治制度のなかで「市民文化」に支えられる形で「行政の自己革新」が急速に現実化したケースだったといえるだろう。[12]『世界の都市政策』(一九七三年)にデュブドゥ市長の論文が掲載されたほか、横浜市は、デュブドゥ市政第一期六年間の記録を、「文化活動」(＝文化行動)と「住民との関係」を中心に訳出し、「市政運営の参考」とする目的で一九七二年に発行している。[13]

3　参加民主主義を支えた自治体文化政策の思想

デュブドゥ市政の文化政策の主眼は、「住民が住区と市自体の活動を活発化させる」ための条件づくりにあった。そのために「文化を受動的な消費と考える傾向」と闘い、「観客[public＝公衆：引用者注]の一人一人を役者[acteur＝行為者：引用者注]とする」方針が第一期から掲げられている。一九七五年までの施策内容は、市と文化省の協力による調査記録として出版された。[14]ここから特徴的な施策のいくつかを取り上げ、参加民主主義を支えた自治体文化政策の思想の一端をみていく。

第一に、市の文化政策構想にもっとも直接に影響を与えたのは、民衆教育運動の非営利協会「人民と文化」(Peuple et Culture、以下、ＰＥＣ)である。一九四五年にグルノーブルで誕生し、六〇年代には全国組織となっていたこのアソシアシオンは、市内に多くの会員を擁し、文化担当副市長を務めた二人の市議の出身母体でもあった。①芸術文化政策と生涯教育政策は本来不可分である、②文化は生活《ヴィ》(人生)から生まれ生活を変える、というＰＥＣの人格主義的な方針に沿って、全市民が日常生活のなかで生涯にわたり文化的機会に触れることのできる都市をつくり、その経験が各人の生活様式や価値観の変革に反響することが目指されていた。そのために市政府は、領域横断的な政策推進を基本方針とし、縦割り組織の障壁を越えて、文化施設・機関のみならず都市空間全体を文化政策の対象領域と捉えている。七一年に「文化的発展」が国家計画の文化政策の指針とされて以後、フランス政府は文化を狭義の芸術概念を大きく超える概念として再定義し、生活の質や都市環境との関連において文化問題を考える方針を国際的にも発信したが、グルノーブルは、五年ほど国に先行してそのような文化政策に着手していた。

第二に、施策としては第一点と共通するが、一九六〇年代に展開された都市論の反映が認められる。デュブドゥ市長の都市政策論は、哲学者アンリ・ルフェーヴルによる「都市」の定義、すなわち「文化・制度・道徳・価値をともなった一社会全体の、土地への反映」を起点に置いている。「都市使用者」である市民の都市計画への参加を通して、国主導の数量的・技術的計画とは異なる次元にある、社会的かつ質的な「都市の発展」を自律的に実現することがその骨子であった。参照されたルフェーヴルの都市論は、産業化社会において進行する空間の商品化や「交換価値」への還元の実態を暴き、消費社会に従属させられた日常生活における疎外を批判するものであり、人間に圧倒的な力を及ぼす「空間」の重要性を指摘している[15]。ルフェーヴルの主張は、都市を「使用者」の手に取り戻し、経済的な「交換価値」に対して「使用価値」の優位性を確立しようとする点にあった。都市のもつ象徴的な次元、あるいは媒介（メディア）として、祭りの場として、出会いの場としてのその「使用価値」を高め、遊びやアートを通して人々が創作に参加する「作品」としての都市を実現し、時間、空間、身体の感覚を通して都市を「我有化」する。そのような「都市への権利」を通して、現代社会における個人の主体性を回復する「人間主義」を、ルフェーヴルは提示していた。

一九六八年冬期オリンピック開催地であったグルノーブルでは、多くの都市整備事業が実現した。これと連動した市政府の「文化行動」は、実験的な側面を多く含んでおり、PECの方針にもルフェーヴルの都市論に通じる構想がみられる。たとえば、六七年夏の「彫刻シンポジウム」では、開催史上初の試みとして建築物のある都市空間内に一五カ所の公開制作の場が設定された。ここで市政府が示した開催目的は、「地域内の意見交換を活発化させ、街中の広場、交差点、庭園が論争と議論の場となること」であった[16]。見慣れた日常生活の風景を一変させるアートの出現が、違和感や拒絶も含めて、観る者に各自各様の感覚を呼び覚まし、市民間のコミュニケーションを刺激する効果が想定されている[17]。また、旧市街では、市民参加による歩行者街復元や歴史的建造物の修復が行われ、それによって実現した新しい公共空間では、七一年から「祝祭都市」が開催された。この夏期フェスティバルの企画運営は「文化の家」が担当し、当時の最先端のアートの潮流を取り入れた事業が展開された。カフェのテラス、広場、オリンピック村など、市内のさまざまな空間で道化や火吹きの大道芸が繰り広げられ、中心街広場では現代バレエ公演や野外映画会がすべての人に無料で公開された。

第三の特徴として、文化的背景の異なる複数のコミュニティが市内に存在するなかで、一定の社会集団の文化的表現と社会参加を促す性格の事業が実施されたことが挙げられる。ここには、一九六八年「五月革命」を契機に示された「非観客」に働きかける文化行動の考え方が反映されている。

この傾向は、カトリーヌ・タスカがディレクターを務めた一九七三年から七七年の「文化の家」の活動に顕著にみられる[18]。市政府の推薦を受けて着任した若い文化省官僚は、グルノーブル文化の家設立に六七年から関わっていた[19]。タスカは、地域市民社会の文化ネットワークのなかに文化の家を位置づけて、「都市の文化的発展の必要性」を満たす芸術創造・普及を行う方針を堅持し、社会学的観察に基づいて、個人、集団の表現能力や関係構築力を育てる事業に注力した。タスカによれば、表現の困難さは個人の発展と社会参加にとっての重大な障害である。そして多くの場合、問題を抱えるのは経済弱者であり、そこにはさまざまな格差が認められる。「文化の家」は、この課題を「個人と集団の文化的発展の鍵」とし、文章表現・口頭表現ワークショップ数を多く開催した。また地域内の社会集団内に議論を喚起する目的で、アーティストとともにコミュニティの現実を反映させた舞台作品を創作し、上演した。こうした芸術普及活動は、受容側に表現への意欲を生み、自ら創作表現する流れにつながると考えられていた。

第四点として、文化施設や事業の管理運営権限を、アソシアシオンや企業に最大限にもたせる共同管理方式が選択されている。市民運動アソシアシオンから生まれた市政府が、文化政策の実践において重視したのは、市民社会の創意を最大限に反映させる調整者の役割を果たすことだった。

一九七六年初頭に実施された調査によれば、市内では四〇八人の文化活動推進者（アニマトゥール）が、図書館、音楽機関（器楽アンサンブル、音楽教育）、劇場、バレエ団、美術館、博物館、文化の家、青少年文化の家、児童館、地域センターのほか、企業委員会、フランス・アルジェリア協会、移民労働者支援事務所、高齢者福祉事務所など、六一組織で活動していた。[20] 市の行政組織内には、まず情報収集・流通係が置かれたが、これは後に文化関与課として再編され、市政府の優先施策の実行に際して、各地区のアニマトゥールをチームとして束ねる役割を負った。

また当時の「文化の家」は、文化省と自治体が設置し、両者の助成を受けるアソシアシオンによって運営される公設民営型の芸術文化機関だった。国と自治体はアソシアシオン理事会に会員代表とともに議席をもつ。市民運動から実現した都市圏最大の芸術文化機関グルノーブル文化の家は、初期には市民活動が集束する場としての性格を有していた。[21]

一九六八年以後のフランスでは、「自主管理」（autogestion）という語が社会運動の一つの流れを形容した。[22] GAMはその重要な一翼とされる。七〇年代フランスの自主管理社会主義は、官僚主義と商品支配によって損なわれた市民社会を再建し、国家を「支配的機能」から撤退させて、社会的調整を担う「指導的機能」への役割変更を促す立場を明らかにしていた。グルノーブルの自治体文化政策には、その地域規模での具体的な実践をみることができる。市民活動を地域運営に活かす仕組みをつくる一方で、ハード・ソフト両面の公共空間デザインにおいては「都市への権利」の回復を図り、社会的背景ゆえに十分な政治参加がかなわない集団の文化を積極的に承認することによって、その潜在力を引き出そうとした。デュブドゥ市長は、都市内のもっとも周縁的な人への「責任の分権化」をつねに意識していたといわれる。[23] 参加民主主義の土壌を耕す自治体文化政策は、すべての人が市民としての権利を真っ当に行使できる条件を整え、市民社会がさらに力を獲得するための政策だったのである。

4　「地方分権」後の「分権」へ

一九七〇年代の日本とフランスにおける自治体文化政策をめぐる議論は、「官治・集権」から「自治・分権」への転換を求め、自立した市民社会の形成を目指す枠組みにおいて一致している。集権システムによって支えられる、経済効率優先の価値体系に留まることを自明視することなく、市民社会が地域の必要性に応じて設定する独自基準によって、自治体運営を行うことがその目的だった。ここでは、中央から地方への「地方分権」と、地域内における「個人や集団への分権」という、垂直方向と水平方向の二種類の分権が模索されていたとみることができる。前者は、権限の階層性と法的な強制力に基づく「支配」（ガヴァメント）の構造を問うものであり、後者は、利害関係者の協働を重視して、調整と合意形成をはかる「共治」（ガヴァナンス）の課題である。[24]

「地方分権」は、自治体の自律的な施策展開にとっての必要条件である。一九七〇年代当時、機関委任事務に縛られて、「三割自治」と揶揄されるような状況にあった日本の自治体も、また教育や経済など多くの領域に手出しできない限界を意識していたフランスの自治体も、地方分権化を要求し、その一方で権限上の制限を受けない文化の領域を開拓した経緯において共通している。

一方、「共治」の前提となる地域内の分権を重視する姿勢は、フランスにおいてより明確に意識されていたと考えられる。グルノーブルの例でみたように、地域市民社会の構造を、多様なアソシアシオンの集合として分析することによって、各アクターの専門性や活動の独自性を活かして責任を任せ、協働のしくみをつくることが可能だった。とくに文化に関しては、戦前からの民衆教育運動や民衆演劇運動が、多くの場合はアソシアシオンの形で、自立した活動を展開し、国と自治体の文化政策形成に先行してきた歴史がある。たとえば、文化の家をアソシアシオンで運営する方式は、民衆演劇運動の組織をモデルとしたものだ。文化創造と振興の担い手が、基本的には市民社会であることが、当時は経験的にも明確に認識されていた。

市民社会の未成熟を問題にした日本の文化行政論もまた、未来への方向性としては、市民社会と行政の協働に基づく「共治」型の自治体運営を示していた。そして現実に日本の市民社会は、その後の社会変動を経て、徐々に成熟を遂げている。一九七〇年代以後、今日まで各地で進行する「まちづくり」は、地域社会に存在する多様な資源に立脚して、さまざまな主体の連携と協力によって、まちの活力と魅力を高め、生活の質の向上を実現する持続的な実践であり、市民主導が基本である[25]。九〇年代に存在感を増した市民セクターは、九八年の特定非営利活動促進法制定を経て飛躍的に拡大した。今日、市民社会には、芸術や文化に関してさまざまな創意と専門性を発揮する活動や、独自の文化資源を見いだして地域デザインの基礎とする活動が、ゆたかに存在している。

一方、現実的な課題として、自治体行政運営の自己改革として始まった「文化行政」は、施策展開とともに変容を遂げ、市民や非営利活動団体などと政府組織が同レベルに立って行政運営を担う方向性が現場で共有されていないことも指摘される[26]。一時期の自治体文化行政が、文化ホールや文化会館の建設を中心に推移してきたことが、その一因とされる。

文化行政の草創期から時を隔て、脱産業化が進行した今日、経済効率を最優先し大量生産大量消費を支えた価値観は、もはや支配的なスタンダードではない。現代の地域運営の価値基準は横並びではあり得ず、地方分権化後の自治体は、それぞれ独自の施策展開を求められている。官治・集権システムへの依存が許されない時代に、「シビル・ミニマム」は、もはや自治体運営の標準的な考え方だともいえる。そしてこの間、成熟に向かった市民社会は、持続可能で創造的な社会に向かうための新しい価値観を提出してきた。文化やアートが示すオルタナティヴな視点で、小さな単位から社会を再構築しようとする多数の試みは、そのなかにある。

一九七〇年代の日本とフランスの自治体文化政策をめぐる議論に共通する「共治」の思想は、いま「分権型社会」に向かい、文化によってともにまちをつくろうとする日本の地域社会に対する多くの示唆を含んでいる。

注

（1）松下圭一「自治の可能性と文化」、松下圭一／森啓編『文化行政――行政の自己革新』学陽出版、一九八一年

（2）神奈川県地方自治研究センター「自治研かながわ月報」第二〇号、一九七九年

（3）飛鳥田一雄「自治権の確立」、『岩波講座　現代都市政策XI　都市政策の展望』岩波書店、一九七三年、三七―五八ページ

（4）田村明「行政の文化化」、松下／森、前掲

（5）松下圭一「シビル・ミニマムと都市政策」、『岩波講座　現代都市政策V　シビル・ミニマム』岩波書店、一九七三年

（6）Emmanuel Wallon, <Critères et dilemmes du service public>, in le Théâtre (la revue), Dossier « Service public », Arles: Actes Sud, no. 19, 1998, pp. 62-88.

（7）David Wachtel, *Cultural Policy and Socialist France*, Greenwood Press, 1987, p. 24.

（8）中田晋自『フランス地域民主主義の政治論――分権・参加・アソシアシオン』御茶の水書房、二〇〇五年

（9）歴史的経緯と意義については、長嶋由紀子「「文化開発」の理念とフランス自治体文化政策の創成期――グルノーブル市文化政策（1965―83）の問題意識と影響力」（『文化資源学』第六号、二〇〇八年）を参照されたい。

（10）ユベール・デュブドゥ「グルノーブルにおける都市政策と市民参加」『岩波講座　現代都市政策　別巻　世界の都市政策』岩波書店、一九七三年

（11）Philippe Poirrier éd., <*La naissance des politiques culturelles et les rencontres d'Avignon: (1964-1970) Sous la présidence de Jean Vilar*>, Paris: La Documentation française, 1997.

（12）フランスのコミューン議会議員は、名簿式投票の比例配分で選出され、首長は互選される。この制度では、議会内に安定多数派を形成する首長と議員のチームが、六年単位で自治体運営をリードする。大山礼子『フランスの政治制度』（東信堂、二〇〇六年）を参照。

（13）アルベール・ルソー／ロジェ・ボネ『グルノーブルの経験――自治体活動：その可能性と限界』横浜市企画調整室都市科学研究室、一九七二年

（14）Didier Béraud, Jeanne Girard éd., <*Une Aventure culturelle à Grenoble. 1965-1975*>, Fondation pour le développement culturel/Ville de Grenoble, 1979.

（15）アンリ・ルフェーヴル『都市への権利』森本和夫訳、ちくま学芸文庫、二〇一一年

（16）Ivan Bocon-Perroud, Marie Savine, <*Un Musée sans murs: Le premier Symposium français de sculpture Grenoble, été 1967*>, Grenoble: Musée Dauphinois Magasin / Centre national d'art contemporain, 1998.

（17）彫刻シンポジウムでは、参加彫刻家が数カ月間の公開制作を行う。一九五九年オーストリア、六〇年チェコスロヴァキア、六二年ドイツ、そして六三年日本（真鶴）では、建築物のないエリアに公開制作の場が置かれた。

（18）「文化の家」は、「文化の民主化」を目的として設置された文化施設である。劇場、映画館、図書館、展示室などの機能をもち、芸術普及と同時代の創造活動支援をその責務とした。

（19）タスカは後に社会党所属議員として活動し、ジョスパン内閣では文化大臣を務めた。

（20）Bernard Gilman dir., *Dix ans d'action culturelle à Grenoble 1965–1975, Eléments pour un bilan*, Ville de Grenoble, 1977.

（21）ただし一九七〇年代半ば以降は、文化行動を二義的な活動とみなすアーティストの発言が増している。八一年以後の文化の家は、芸術創造機関としての側面を強めた。

（22）ピエール・ロザンバロン『自主管理の時代』新田俊三／田中光雄訳、新地書房、一九八二年。グラムシの理論的影響が解説されている。

（23）Jean-Louis Quermonne, "La décentralisation avant l'heure", in Pierre Ducros, Pierre Frappat, François Lalande éd., <*Les Années Dubedout à Grenoble: Action municipale innovation politique et décentralisation*> Grenoble: La Pensée sauvage, 1998.

（24）宮島喬編『岩波小辞典　社会学』（岩波書店、二〇〇三年）の「ガヴァナンス」の項を参照。

（25）まちづくりについては多くの定義の試みがある。日本建築学会『まちづくりの方法（まちづくり教科書第1巻）』（丸善出版、二〇〇四年）をここでは参照した。

（26）小林真理「自治体文化行政と行政改革——理念と現実の乖離」、小林真理編『行政改革と文化創造のイニシアティヴ——新しい共創の模索』美学出版、二〇一三年

第11章　文化の民主化、文化デモクラシー

土屋正臣

1　はじめに

「文化の民主化」という用語から私たちが想起するのは、一九五九年の文化省設立に見られるフランス文化政策であろう。しかし、「文化の民主化」を文化活動への市民のアクセスが切り拓かれた状況を示す言葉として捉えるならば、それは決してフランスに限定されるものではない。そして、そこでは政府・地方自治体が推進する、「上からの」文化政策の結果としての「文化の民主化」だけでなく、文化政策が形成されるまでの研究者や市民の多様な思想や試行錯誤が織り交ぜられた結果としての「文化デモクラシー」が存在する。このような草の根型の「文化デモクラシー」の系譜は、主に欧州におけるマイノリティーの権利回復要求の動きと密接に関連するものである。

「上からの」文化政策と「草の根型」の文化活動の系譜は、複雑に絡み合いながら、親和的あるいは対立的な局面を呈している。それは大局的に見れば、欧州だけに限定されるものではない。本章では、文化政策に関わる問題の普遍性に着目するため、戦後日本における埋蔵文化財行政を取り上げる。

今日の文化財保護行政における市民参加論を捉え直す上で、文化活動への市民のアクセスを切り拓こうとする

議論は、一部の文化行政研究者や文化行政担当者によって参照枠として評価されつつある。確かに、文化活動に対する試行錯誤の歩みは、これからの文化活動における市民の関与のあり方を議論するための一つの指針となりうるには違いない。(1)

しかし、そうした歩みには、これまでの政府・地方自治体による文化政策を問い直すヒントが隠されているとはいえ、市民参加による文化政策が問われている現在、市民の手によるこれまでの文化活動へのアクセスの系譜それ自体を問い直す必要があるのではないだろうか。

このような問題意識に基づいて、本章は、戦後日本における文化財保護行政のなかでも埋蔵文化財行政の黎明期に焦点を絞って、現在の文化政策を形作ってきた思想や試行錯誤を俯瞰的に検証し、「文化の民主化」や「文化デモクラシー」の現在的課題について問い直す。

2　埋蔵文化財行政をめぐる今日的課題

(1)　埋蔵文化財行政と社会の関係をめぐる政府の動き

現在、日本で行われる発掘調査は、大学や博物館を主体とした学術目的による「学術発掘」と文化財保護法に則り、地方自治体が主体となって実施する「行政発掘」に大別される。さらに、地方自治体が実施する発掘調査は史跡の保護・整備を目的としたものと開発行為によって破壊される可能性の高い遺跡を報告書に記録として保存するためのものに分けられる。これらのうち、日本において最も件数が多いのは、開発行為に伴う記録保存のための発掘調査である。(2)

記録保存のための発掘調査は、一九六〇年代以降の大規模公共事業によって破壊される遺跡を対象として開発者の費用負担によって実施されてきた。それに関わる法制度の整備や地方自治体における担当部署の設置や担当職員の配置といった諸環境を整えることで、埋蔵文化財の保護政策を図ってきている。しかしながら、こうした一連の制度化は、七〇年代以降の開発件数の増大とともに、「遺跡の処理化」と揶揄されるようになっていく。[3]
破壊される遺跡を機械的に記録に残す作業としての自治体運営の発掘調査について、一九九〇年代以降の社会経済の変化に伴う開発件数の減少とともに、その説明責任が自治体に問われ始めるようになる。さらには、そうした発掘調査の社会的意義も問われることになった。こうした状況に対して、文化庁は一九九〇年代後半から「埋蔵文化財発掘調査体制等の整備充実に関する調査研究委員会」（以下、調査研究委員会）を設置し、埋蔵文化財の保護と社会との関係を問い直す試みを開始した。

このなかでも特筆すべきは、二〇〇七年に出された提言『埋蔵文化財の保存と活用――地域づくり・ひとづくりをめざす埋蔵文化財行政』である。この提言で調査研究委員会は、埋蔵文化財が「歴史的・文化的資産」、「地域及び教育的資産」としての価値を持つものと位置づけ、埋蔵文化財についての情報を社会に還元していくために、学校教育現場や地域住民・民間との連携といった具体的な方策を示している。こうした問題意識は基礎自治体の埋蔵文化財行政の現場に関わる職員の間でも存在してきたが、二〇〇〇年代に入ってからは、国レベルで社会と埋蔵文化財行政の関係が問い直されている点に注目する必要があるだろう。

さらに、二〇一三年には教育委員会制度の改革の流れのなかで、文化庁文化審議会文化財分科会は報告『今後の文化財保護行政の在り方について』をまとめている。この報告では、文化財保護行政が教育委員会固有の職務（地方教育行政の組織及び運営に関する法律第二三条）であることを確認した上で、教育行政における埋蔵文化財行政の位置づけを検証し、学校教育や社会教育という枠組みから埋蔵文化財行政と社会の接点を問うている。このように国レベルにおいても、埋蔵文化財の記録保存の重視から教育行政としての意義や文化政策総体のなかでの位置づけへと埋蔵文化財行政は議論の焦点を移してきている。

（2）　地方自治体における埋蔵文化財行政と地域社会の関係性の問い直し

以上のような埋蔵文化財行政をめぐる政府の動きは、地方自治体における埋蔵文化財行政と地域社会のあり方を問い直そうとする試みと連動してきた。特に自治の担い手に対する問い直しが図られるなかで、埋蔵文化財行政の担い手としての市民像が模索されている。地方レベルでは、埋蔵文化財行政への市民の直接的な関与が試みられつつある。

市民参加による文化財保護の実例としては、たとえば、高崎市（旧群馬町）の保渡田古墳群史跡整備事業がある。ここでは、古墳の墳丘に配置する埴輪を市民の手で製作したり、公募によって集まった市民が古墳時代の祭祀を再現する古代演劇が継続されている。前者は実験考古学としての機会となり、後者は学術研究の成果に基づいた祭祀の復元など、市民の直接的な文化財保護の関わりが学術的な〈知〉を形成する機能を果たしている。[4]

それまで雑草が生い茂り、地域の歴史的遺産として誰にも認識されてこなかった古墳が、こうした地域の人々の能動的・直接的な文化財保護や考古学への関わりによって、そこに暮らす人々自らの地域文化の創造の場へと転換している。同時に、古墳そのものへの認識が変わっただけでなく、「ここは何もない町」から「素晴らしい古墳のある町」へと地域全体に対する人々の意識をも変えていったのだという。[5] 保渡田古墳群の市民参加による史跡整備事業に見られるような、市民の埋蔵文化財行政への直接的な関わりは、二〇〇〇年前後からの埋蔵文化財行政と地域社会の関わりに対する問い直しの流れと符合するものである。

しかし同時に、埋蔵文化財行政における今日的な市民参加論の流れだけでは、この事例を理解することができないのもまた事実である。保渡田古墳群に関する事業の担当職員であった若狭徹が、市民参加型の埋蔵文化財行政のモデルとして、一九五三年に岡山県で行われた「月の輪古墳」の発掘調査を引き合いに出している。[6] 職業的研究者だけでなく、遺跡地に暮らす人々が参加して行われたこの発掘調査は、研究者だけが調査主体になりうるというそれまでの発掘調査のあり方を問い直す運動論としての評価をされてきた。「私の二〇年間のささやかな実践は、この時の感動と確信に支えられた」と述べるように、若狭は保渡田古墳群の市民参加による史跡整備事業に対する参照枠として、「月の輪運動」を位置づけている。

今日的な市民参加論とは別の、戦後において多様なバックグラウンドを持つ人々が集うこのような発掘調査の文脈もまた、文化財保護行政と地域社会のあり方を捉える上で重要な位置を占めている。月の輪古墳については後述する。

(3)　考古学と市民社会の関係をめぐる国際的動向

さらに、第三の潮流として欧米を中心とした考古学と市民社会のあり方への問い直しの議論をここで挙げることができる。これを象徴するのがパブリック・アーケオロジー（公共考古学）である。

パブリック・アーケオロジーという言葉は、チャールズ・マックギムジーの著作『パブリック・アーケオロジー』（一九七二年）に初めて登場する。マックギムジーは本書のなかで、開発事業による遺跡の急速な破壊に対して、遺跡を守るためには市民を考古学に関与させ、その支援を取り付けることが必要であると説いた。

その後一九八〇年代に入ると、欧米ではパブリック・アーケオロジーの議論が加速するようになる。松田陽によると、その理由は、①ポストプロセス考古学の台頭のような考古学理論における、一般市民の考古学的成果への認識や理解が議論の対象となったこと、②イデオロギーの弱体化、文化相対主義の広がり、ポストコロニアルの台頭といった世界的な潮流のなかで、過去をめぐる政治的課題が考古学分野にも波及したこと、③開発業者が発掘調査費を負担して進められる記録保存型の発掘調査において、調査者側の説明責任や社会への成果の還元が求められるようになったこと、が挙げられるという(7)。

このような考古学と市民社会の関係に対する国際的な議論の加速と行政運営の透明性の担保といった状況の変化のなかで、国による文化財保護行政への問い直しとこれと連動した基礎自治体における市民参加の実践を通じて、文化財の保護における市民の直接的な関与の道が切り拓かれつつある。

しかしながら、こうした文化財保護に対する市民の直接的・能動的な参加は、今日の社会環境の変化や地方自治体による「上から」の政策的な効果として理解すべきなのであろうか。それとも、保渡田古墳群の市民参加に基づいた史跡整備のように、草の根型の文化活動の系譜上に位置するものとして捉えるべきなのだろうか。そこで、次節では文化政策における多様な階層の直接的な関わりの源流を分析する。

3　市民参加論の源流

(1)　月の輪古墳というモデル

今日の市民参加型の発掘調査や史跡整備のモデルの一つとされているのは、岡山県勝田郡飯岡村（現美咲町）の月の輪古墳の発掘調査である。この発掘調査は、当時岡山大学の助手だった近藤義郎を中心に、一九五三年一月に飯岡村文化財保護同好会が発足したことに始まる。この同好会による遺跡の分布調査の結果、存在が確認されたのが同村に所在する月の輪古墳だった。同年五月には正式にこの古墳の調査が決定され、その方針として「村民が自主的に自分達の手で」、研究者の指導のもとに発掘調査を行い、「この発掘を通して神がかりの歴史でなく正しい歴史を学習」をすることが定められた。その方針は社会教育や社会科教育の枠組みのなかに位置づけられるものであり、特に「村人・学者・教師・生徒が一体となって古墳発掘に力を合わせる」という調査スタイルが重視された。このために、在日朝鮮人・韓国人や被差別部落の住民らがこの発掘調査に関わっている。一方で、三笠宮崇仁が二泊三日の日程で参加してもいる。延べ人数で一万人が参加したこの発掘調査は、同年一一月一四日には主要部分の調査が終了し、発掘の経過報告を兼ねた総会が開催されている。

小国喜弘が整理しているように、この発掘を支えた背景として、①戦前からの労働運動の体験を基盤とする戦後民主主義運動の積み重ね、②発掘を主唱した人々の戦争体験、③一九四〇年代末からの教育の「逆コース」があった(8)。それゆえに、当初からこの発掘調査は学術研究であると同時に社会運動としての側面があった。

月の輪古墳発掘を支えてきたこのような思想的背景には、この発掘に直接携わった人々の問題意識だけではなく、当時のマルクス主義系知識人に広く認められる問題意識があった。その問題意識を共有していたのは、具体的には、民主主義科学者協会（民科）で提示された「国民的科学」に基づいた「国民的歴史学運動」という運動方針の担い手であった。この運動方針の内容は、①民科は研究の創造をおこなう、②民科は科学の成果を大衆に普及し、大衆の問題を大衆とともに解決してゆく、③学問の発展の条件をつくりあげ、それを阻害する条件とたたかう、というものだった[9]。

月の輪古墳の発掘調査そのものは、民科の活動に直接連なるものではなかったが、この発掘調査を積極的に評価し、上記のような運動論的な枠組みで解釈する人々の思想によって、その後の市民参加型発掘調査や史跡整備の嚆矢として位置づけられていくのである。その理由は、この月の輪古墳の発掘調査が、運動論的な思想を具現化したという物語を描き出しえただけでなく、研究者以外の人々の学習へと実際に結びついていったことにある。

たとえば、月の輪古墳の発掘調査への事前準備が本格化するなかで、この発掘に参加する遺跡地周辺の人々の間には、「みんなが、基礎的な知識を把握しておかないと、学者まかせの発掘になってしまいはせぬか」という懸念が生じていた。このために、遺跡地周辺の人々は、「古墳研究会」を立ち上げ、定期的に輪読会を開催している。遺跡地の人々の自発的な学習は、結果的に発掘調査そのもののあり方に影響を与えることになる。「多数の村人たち、おかっぱ髪の少女たちまでが、毎夜の講座や発掘計画の集りで専門家諸君の考え方や理解にいろいろ重要な資料を供し、問題を投じ、影響を与えていた」と渡部義通が指摘するように、発掘調査という学術的な行為に素人である遺跡地の人々の視点が組み込まれ、調査・研究活動はより豊かなものになっていった[10]。発掘調査の実施によって、実際に人々の意識や行動に変化をもたらしたこともまた、多くの人々にこの発掘が説得力を持って受け止められた要因となった。

しかし、一方で、月の輪古墳の発掘調査が遺跡地の人々すべてに受け入れられたわけではない。発掘調査前の段階では、「大学が掘って、いい物は持ち帰ってしまうんじゃないでしょうな」といった研究者による調査資料の収奪への疑念や「何とばからしい仕事じゃないか、お前達は大学の先生が博士号をとろうとおもってはじめた仕事に、こきつかわれているんだぞ」という研究者の下請け化への危惧が人々によって抱かれていた。その危惧の根底には、それまでの発掘調査のあり方やアカデミズム、政治性に対して人々が抱く不信感があった。それゆえに、調査終了後もこの発掘調査が研究者以外の人々の直接参加を成功させたモデルとして称賛される一方で、あまり肯定的でない意見もまた存在した。たとえば、「この事業は、たしかに順調に進み成功であったから反対論が表面に出る機会がなかった。映画・新聞・雑誌・協力団体の後援・三笠宮御来訪と、政治的な策略が成功したのだという人もある」といった言説は、社会運動としての発掘調査に対する懐疑的な意見があったことを示している。しかし、こうした少数の声は発掘運動を称賛する声にかき消されていったのである。

実際の埋蔵文化財行政の現場だけでなく、日本におけるパブリック・アーケオロジーの議論でも必ずと言っていいほど参照枠として言及されるのが、この月の輪古墳の発掘調査である。そして、現在月の輪古墳発掘調査を取り上げるとき、この発掘調査を支えてきた左翼イデオロギー的な思想的背景への言及は極力抑えられ、今日的な市民参加論への接続についてのみが焦点化される傾向にある。また、月の輪古墳発掘成功譚の裏に存在した、この発掘に肯定的でない立場の人々の存在は今日では捨象されているのである。このため、月の輪古墳の事例は今日的な市民参加論の源流の一つではあるのだが、もう少し視点を変えた詳しい分析が必要である。そこで、この発掘が実施された同時期の、まったく異なる立場の考古学者たちからの議論を参照する。

(2)　研究者以外の人々の参加に対する疑義

ここで取り上げるのは、一九五六年の座談会「埋蔵文化財をめぐる諸問題」である。この座談会には、後藤守一（明治大学教授）、藤田亮策（東京藝術大学教授）、八幡一郎（東京大学講師）、滝口宏（早稲田大学教授）、斎藤忠（文化財保護委員会・文部技官）といった当時の職業的考古学研究者や国の文化財保護行政に関わる人々が参加している。当時の時代背景として、一九五〇年の文化財保護法施行と文化財保護委員会の設置からまもない時期であり、戦後の文化財保護の制度化が急速に整えられつつあったことがある。

こうした時代背景にあって、この座談会では、地方の文化財を保護するという観点から、「何でも東京へ取り上げるという非難を受けつつも法律の命ずるままに東京に集められておったことは、遺物の保存という立場からは、大へん大きな手柄をしておると考えるんですがね[11]」という後藤の発言が残されている。そこには、「民」の手による文化財保護の限界と、「官」による保護の制度化の有効性と正当性への後藤の主張が見え隠れする。

さらに、この議論を受けるかたちで、座談会は、教育行政における文化財保護行政の位置づけに話が及ぶ。八幡は次のように述べている。

文化財保護ということは、学校教育とかあるいは社会教育の基本にはなるけれども、しかし文化財保護行政は即学校教育行政、社会教育行政ではない。文化財保護行政はどこまでも独自の国家要請に基づきその面では教育行政に優先する。優先することによって、文化財は完全にそして正しく国民の宝になる。[12]

そして、八幡は、学校教育や社会教育は、それらを通じて文化財保護思想を国民に敷衍し、「国民がそれ（文化財）を宝だと自覚する」ための手段だとする。文化財保護行政は学校教育行政や社会教育行政とは一線を画すものの、これらと接続することによって、文化財の保護が国民によってなされるというのが八幡の主張だった。

この見解は、ここに出席したメンバーだけに単に共有されたわけではない。この座談会が行われたのと同じ年に制定された「地方教育行政の組織及び運営に関する法律」が、教育委員会固有の職務権限の一つとして「文化財の保護に関すること」（第二一条第一四項）を掲げているように、行政における文化財保護のあり方が問われていた時期と八幡の主張は重なっていた。そのために、これ以後は地域の文化財と人々は直接的にどのように向き合うべきかといった議論は後景化し、代わりに文化財を保護・愛護する国民を育て上げるという観点から、文化財保護行政は、学校教育や社会教育と関係性を構築しながら、教育行政における位置が定まっていくことになる。

こうした議論の方向性のなかで、この座談会の三年前に行われた月の輪古墳の発掘は、座談会メンバーにとっては批判の対象となった。

滝口　考古学というのは、結局発掘の累積によって初めて何か結論らしいものが出てくる。ところが最近は、たとえば一つの古墳を掘って、ただちにこれの結論を出して、そして大いに宣伝をやるというような傾向があるのですね。これは私は非常に非学問的なものだと思うのです。

藤田「これが学問だ」なんて宣伝するからね。

滝口　ところが、世の中はそれをしりませんからネ。古墳を掘って、ここに男尊女卑が出てきたとか、貴族と庶民の生活がここに現れたというふうに言われるから、なるほどそうだと拍手喝采する。非常に宣伝もうまい。これは私はきわめて非学問的な、宣伝的な行事だと思うんですがね。ちょっと私の言い方は強いかもしれませんけれども……。(13)

月の輪古墳発掘における研究者以外の人々の直接的な関与についてマルクス主義系知識人を中心とした人々から称賛される一方で、結論ありきの調査・研究手法に対して疑義を呈する人々がこのように存在したのである。そしてそれは、研究者ではない人々の発掘調査への関わりが文化財の破壊や学問的な検証プロセスを経ない可能性がありながらも、社会のなかで無批判に称揚されてしまうことの危うさへの指摘でもあった。博物館や大学が発掘調査を行い、資料を蒐集していくことは、調査成果が遺跡地に直接還元されないという批判はあるにせよ、文化財の保護としては成功したという共通の見解がこの座談会メンバーの間には存在した。それゆえに、これまでの遺跡破壊の経験に基づけば、彼らにとっては月の輪古墳の事例は批判の対象でしかなかった。そして、こうした考え方に基づいた文化財保護行政は、素人である市民の直接的な発掘調査・研究への関与の機会を減少させることになる。

(3)　月の輪古墳発掘関係者自身の問い直し

職業的研究者以外の人々の参加によって実現した月の輪古墳の発掘調査が無批判に称揚されてしまう危うさは、

一定の時を経て、この発掘成功の熱狂が収束に向かうなかで当事者自身にも自覚されていくことになる。月の輪古墳の発掘調査終了後、岡山県を中心とする市民や研究者により「考古学研究会」が結成される。一九五四年には、会誌『私たちの考古学』が発刊される。その後に会誌は『考古学研究』と名称を変えて、現在に至っている。この研究会の一〇周年記念講演会のなかで、月の輪古墳の発掘を主導してきた近藤義郎がこの会誌に込められた当初の趣旨について触れている。それは、①「専門家とよばれる少数の人たちだけの雑誌ではなく、これから勉強しようとしているお百姓さんにも青年にも郷土史の研究者にも社会科の先生にも本当に役立つ会と雑誌」であること、②「考古学を通して正しい科学的な古代史を知ること（中略）そのためには遺跡遺物を見る時に（中略）その物の本質――一つの社会の中におけるその物の果たした役割――を考えるように努力する」こと、③「狭いわくから出て、できるだけ広い地域のことをよく知（り）（中略）おたがいが意見を交換し、史料をみんなの共通のものにし」ようという三点に集約されるとした。

ところが、一〇年経過した段階で近藤は、①については「一般民衆との直接的な結合をひじょうに性急に会誌や例会活動に課そうとつとめた面がみられる」、②については「創造的な活動面に対する軽視」する傾向が、「普及活動その他の面の強調の中に隠蔽されがち」であったとする。③については、「狭い地域の仲間的な交流」にとどまってしまったと述懐している。(14)

のちに、月の輪古墳の発掘が今日の市民参加型発掘の嚆矢として位置づけられているのとは対照的に、この発掘を支えたイデオロギーとそれを性急に具現化しようと試みた結果の歪みがここに表れている。そして、近藤の述懐には、座談会「埋蔵文化財をめぐる諸問題」で批判された、人々の自由意思による発掘調査への主体的参加という物語への反省が込められていた。

しかし、草の根型の発掘調査の思想性や手法に対する、文化財保護行政やアカデミックな考古学研究に関わる人々のこうした疑義が、その後の文化財保護行政のあり方を完全に決定付けたとも言えないのである。

4　日本の文化財保護行政における文化の民主化を構成する複数の流れ

これまで見てきたように、今日の文化財保護行政においては、その成果をどのようなかたちで社会に還元すべきか、という議論が主流となりつつある。そこでは、第一にパブリック・アーケオロジーに見られるような国際的な潮流がある。第二に地方自治体が正しい市民へと人々を教導しようとする社会教育行政から社会参加や自己実現の場としての生涯学習への移行を背景として、社会教育や学校教育との連携が問い直されつつある文化財保護行政のあり方についても、文化財愛護の思想敷衍から地域認識の場や大人の学びの場への転換が自治体職員や市民の手で模索されている。

それゆえに、八幡らが座談会において主張したような、文化財保護行政が教育行政に優先し、「民」の手による文化財保護の限界と、「官」による保護制度の有効性や正当性だけが文化財保護行政の本質ではないことを近年の動向は物語っている。このような状況のなかで、月の輪古墳発掘の事例もまた、八幡らが批判した政治的な側面が忘却され、市民参加型の文化財保護の参照枠として再び浮上している。

この現象は言い換えれば、月の輪古墳の発掘における「参加」という部分だけがデフォルメされて現在的な市民参加論と接合されているのである。そこでは、市民参加型発掘調査の系譜の連続性だけがことさらに強調され、本来そこに含まれていた課題が私たちの視野の外側に置かれてしまう危険性を孕んでいる。結論を急ぐあまり、手法や議論がおざなりになり、市民の手による文化財保護行政という物語だけが前景化することになりかねない。

もちろん、官主導の「文化の民主化」は多くの問題を孕んでいる。しかし、市民の能動的な活動の結果生まれるであろう、草の根型の「文化デモクラシー」というストーリーもまた注意深く見ていかなければならない。様々な試行錯誤の系譜が折り重なって、今日の「文化の民主化」や「文化デモクラシー」が成り立っているのは事実であるが、特に「文化デモクラシー」の系譜において「民」が主役になっているからといって、それが必ずしも「美しい物語」とは限らないのである。そしてそれは、日本の文化財保護政策だけでなく、様々な地域の文化政策に広く存在する課題でもある。

したがって、私たちは、こうした自由意思に基づいて多様な人々が直接関与可能な過去の文化活動を参照する際に、その時点で生じた議論や課題も意識的に掘り下げる必要がある。このようなプロセスを経なければ、過去の事例は、今日の市民参加論の先に立ち現れるであろう「文化の民主化」、「文化デモクラシー」の正統性をただ補強するためだけの材料に過ぎなくなってしまう。

そして、過去の事例をその時点で生じていた議論や課題にまで掘り下げて詳細に検討すると、今日的な市民参加論がすでにイデオロギー化していて、多様な人々を抽象化して示す「大衆」や「民衆」といった過去の用語が「市民」という用語に置き換えられたに過ぎないことに気づくだろう。

たとえば、保渡田古墳群の市民参加による史跡整備については、新たな文化遺産と地域社会の関係を構築した実践例として評価される一方で、こうした素人の参加による積極的な復元は捏造に等しいとの批判も受けている[15]。地域社会への直接的な還元を意識したとき、それはわかりやすさとセットにならざるを得ない側面がある。わかりづらいものをわかりやすく他者へ伝えることが教育のあり方の一つであるならば、こうしたスタンスは教育行政としては正しい。しかし、このわかりやすさを追求することは、不用意な結論につながることになってしまう。先の座談会の席上で滝口が月の輪古墳の発掘を批判したのはまさにこの部分ではなかったのか。筆者もまた、地域社会と文化遺産が直接的な関係を持つことから新たな地域文化が生みだされる可能性に期待したい反面、かつての「大衆」や「民衆」という言葉が「市民」という言葉にただ置き換えられているだけであり、過去の事例と共通した「わかりやすさの優先か、学術性の確保か」あるいは、「民の直接関与か、官による制度化か」といった二項対立的な呪縛から、今日に至っても、私たちは解き放たれていないことを痛感するのである。

このような文化財保護行政の事例から読み取ることのできる、「文化の民主化」や「文化デモクラシー」の現在的課題はどのように解消されるべきであろうか。この解決策のためのヒントになるのが文化活動を支えている

「市民」とは誰かという問いである。実は、戦後、研究者以外の多様な人々の文化遺産への直接的な関与が議論されるなかで、すでに触れたように、そこで想定される主体は余りに抽象化され過ぎ、その実態からは乖離がある。したがって、多様な地域のステークホルダーと文化遺産との関係が問い直されるなかでこそ、次の新しい段階が切り拓かれていくに違いない。

注

（1）本章の市民とは、職業的研究者などの特定の専門性を有した人々以外を指す。したがって、市民参加型発掘調査とは、考古学や古生物学の研究者以外の人々が直接学術発掘に参加する形態を表すものとして扱うことにする。

（2）二〇一二年には、「工事に伴う発掘調査の件数」は七九四九件に対し、「学術調査等の件数」は、四三四件である（文化庁文化財部記念物課『埋蔵文化財関係統計資料』二〇一四年）。

（3）日本考古学協会埋蔵文化財保護対策委員会「埋蔵文化財保護をめぐる諸問題」『日本考古学』第二六号、二〇〇八年、日本考古学協会

（4）若狭徹「埴輪」『季刊考古学』第八一号、二〇〇二年、四九―五二ページ

（5）若狭徹「古墳の保存と活用――復元整備を中心に」『日本歴史』第七五二号、二〇一一年、一七ページ

（6）若狭徹「地域歴史資産の活用と地域文化の創造――史跡保渡田古墳群での実践を例に」『専修大学人文科学研究所月報』第二三七号、二〇〇八年、一六―一七ページ

（7）松田陽／岡村勝行『入門パブリック・アーケオロジー』同成社、二〇一二年、一九ページ

（8）小国喜弘「国民的歴史学運動における日本史像の再構築――岡山県・月の輪古墳発掘を手がかりに」『人文学報・教育学』第三八号、二〇〇三年、一―三〇ページ

（9）梅田欽治「「国民的歴史学」運動の遺産――一九五〇年代の「歴史評論」の歴史」『歴史評論』第一五〇号、一九六三年、一〇六―一二二ページ

（10）渡部義通「「月の輪」所感」『歴史評論』第五三号、一九五四年、六一―六七ページ

（11）斎藤忠ほか「埋蔵文化財をめぐる諸問題（座談会）」『日本文化財』第一三号、一九五六年、二五ページ

(12) 斎藤忠ほか、前掲、二八ページ
(13) 同上
(14) 近藤義郎「考古学研究会10年の歩み」『考古学研究』第一一巻一号、一九六四年、六ページ
(15) 田中新史「有段口縁壺の成立と展開――特化への道程・類別と二地域の分析」、『土筆』第六号、二〇〇二年、四〇四ページ

第Ⅲ部　制度規範と文化

第12章　社会教育

新藤浩伸

1　はじめに

文化政策の目的としてしばしばいわれる「文化の振興」の問題を考えるとき、「教育」という概念を用いるにせよ避けるにせよ、「人」の問題、および文化との関係の中での人の何らかの変化のプロセスを無視することはできない。また、文化について学ぶ、文化のなかで学ぶ、文化を創り出す学びなど、位相は複数あるが、文化と教育、学習の関係を考える際、学校に限らず、広く社会における多様な機会を想定する必要がある。本章で文化政策の思想として「社会教育」を扱う理由はここにある。

しかし、文化政策と社会教育の関係はあまり明瞭なものではない。例えば、市民の文化活動の支援という政策課題は、両者の境界領域にある。社会教育施設である各地の公民館において、趣味の会などの文化活動は、健康・スポーツ活動と並び、量的には中核を占めている。しかし、文化産業やスポーツ産業の進展のなかで、文化はスポーツとともに社会教育行政、さらには公的支援の境界領域に存在している。また、文化活動は、個人の関心にねざした私的な活動であり、社会教育が本来扱うべき生活や地域の課題に導くためのいわば「サシミのツマ」[1]だという指摘もなされて久しい。こうした市民の文化活動は、他国においても文化や教育等の複数の行政にまたがる領域だが、日本では文化行政が進展を見せ、生涯学習が叫ばれた一九八〇年代以降、公的支援の論理としては特に曖昧になってきている。通俗的な教育委員会不要論や行政所管の縄張り争い、さらには「教育」の語から連想される上意下達的な発想を嫌う文化関係者の意識などもあり（当然ながら同じ意識は教育関係者の中にもある）、あまり有益な議論もなされていないように思われる。この問題をどう考えたらよいか。文化政策と社会教育はどのように関わり、その論点をどう深めていったらよいのか。

日本において両者の接点は、それぞれの概念が成立した第一次世界大戦以降、歴史的には三点存在する。社会教育が文化政策へと包摂される第二次世界大戦期、それがある意味逆転する終戦直後、そして両者が分化していく一九七〇年代以降である。本章では、文化政策と社会教育が交錯するこの三期の検討を通じて、文化政策の思想の一側面を照らし出すことを試みる。

2　一九四〇年代――社会教育の消滅／総合政策としての文化政策へ

「社会教育」の語は明治初期から用例はあるが[2]、一般に用いられるようになったのは、「通俗教育」としてなされた明治初期の就学奨励、大逆事件以後の文芸作品の統制等を経て、第一次世界大戦後の大正中期以降のことである。

近代学校制度に相対するものとして一九世紀に始まった近代的意味での社会教育は、第一次世界大戦後、①学校教育の補足（青少年の心身訓練、労働者階級の台頭、大戦後の社会不安に対する精神指導・生活指導、一方での民主主義的風潮のなかでの新教育の思潮の高まり、児童の学校外の生活への教育的配慮）、②学校教育の拡張（労働組合運動の発達とともに高まった教育機会均等、高等教育開放の要求、他方での支配層の精神指導への関心）、③学校教育以外の教育的要求（現職教育、余暇善用、精神指導、生活改善、青年運動、労働者教育）などの文脈で各国に展開していった[3]。日本では、行政内においては、一九一九年に文部省普通学務局第四課が、「通俗教育ニ関スルコト」という分掌規程のもと新設された。これが二四年に社会教育課、二九年に社会教育局となった。

こうした国家と市場の変化のなかで登場した社会教育は、「文化政策」の概念とも時代と思想の文脈を共有している。すなわち、福祉国家化への過程のなかで、警察国家の段階とは異なり、国民の精神面にまで政策領域が拡大していく[4]。そして、思想戦や宣伝戦としての性格をもっていた第一次世界大戦期、民族文化の強調という文脈のなかで、文化政策の概念が登場し注目されていった。

その社会教育が思想的にも制度的にも転機を迎えるのは、本書第6章が示すとおり、一九三〇年代後半から四〇年代初頭である。教育・科学・宗教・文芸等の思想に関わる分野が総動員体制に向けて再編を迫られるこの時期は、ナチスドイツの影響も受けた、複数の行政機構をまたぐ総合政策としての「文化政策」に社会教育行政が包摂されていく時代であった[5]。メディアや大衆娯楽の戦争への利用が政策として打ち出され、大政翼賛会文化部（一九四〇年設立）をはじめ、社会教育行政だけでない官民諸団体による精神面での総動員体制にむけた運動が展開された[6]。

一九三九年三月の第七四帝国議会で、内務・文部・厚生各省が関わる映画法が可決する。同法は日本初の「文化立法」といわれ、映画国策を中心に文化国策が盛んに論じられることとなった。映画法は同年四月に公布、一〇月に施行されたが、それと同時に文部省社会教育局は行政機構再編となった。それまでの青年教育課、成人教育課、庶務課のうち、庶務課の所管であった国民娯楽の改善指導に関する事務を拡充し、庶務課を廃し映画課が新設された[7]。

一九四〇年、第二次近衛内閣が成立すると新体制運動が展開されるが、このことは文化政策にとって一つの画期となった。四一年の教育審議会答申「社会教育ニ関スル件」は、国民の日常生活を全面的に統制する課題に応えて、学校教育と区別された社会教育の理念を「国民大衆ヲ対象トシ、其ノ日常生活ノ間ニ於テ行ハル」ものとし、「実際生活ニ即シ」た形をとるものと規定した。また「社会教育関係団体ノ統合」「各種常会ノ社会教育的機能ヲ発揮」等、個別に取り組まれていたことの総合化もうたわれていた[8]。答申は、社会教育一般、青年学校、青少年団、成人教育、家庭教育、文化施設の六項目からなる。「皇国ノ道ニ則リ」の文言が繰り返し用いられながら、組織的な政策遂行、そしてそれにより「高度国防国家体制ノ整備ニ資スル」ことがめざされていた[9]。

さらに、一九四二年三月の文部省機構改革により、映画課は文化施設課とされた（本シリーズ第2巻第2章も参照）。時勢の進展に伴い、映画のみならず国民娯楽全般の健全な発達が目指されたため、それまでの名称が不適当になってきた、というのが文部省の発表した変更の理由であった[10]。国民大衆の文化的向上を図る施設を「文化施設」とし、相関的・統一的に扱うことが文化施設課では目指された。同時に、成人教育課は指導課とされ、教化の論理が強められた。

さらに一九四二年一一月には、社会教育局は宗教局と合併して教化局となり、総務課、宗教課、文化施設課の三課体制となった。当時の文部官僚で、戦後は公民館の構想に関わった人物として知られる寺中作雄は、宗教・芸術とともに「宗教及文化一般の一元的振興を企図」するというのが、社会教育を教化局へ移管した今回の社会教育行政改革の意図だとした。従来は宗教局所管の古典芸術、専門学務局所管の現代芸術、社会教育局所管の映画・演劇・国民娯楽に関する事項を教化局に移し、「芸術文化行政として一元化」しようとした。このような、宗教、一般芸術、文化施設を含む文化活動は、「社会教育と呼ぶよりも教化と呼ぶ事がより実質的に適確正当であるとの見地」から、教化局の名称で包摂することになった[11]。

そして、四三年一一月には、教化局は図書局とともに教学局に併合された。この時期にいたって、社会教育政策は文化政策として再編されることになり、その名称も消滅した。当時、文化政策の目的は文化財（宗教・芸術・科学・道徳・教育等）の促進と宣伝の二つがあるとされていたが[12]、この時代の社会教育も、この目的の貫徹がめざされていたといえよう。

3　戦後改革期——社会教育行政の復活と文化政策の挫折

（1）社会教育行政改革

統制的・総合政策的な色彩を強くした文化政策に関する言論は、終戦を迎え、行政機構とともに消滅する。そして社会教育行政は復活し、戦後体制への再編を経験する。この時代の変化を思想的に見れば、戦時中「宣伝」を中間項にして文化政策の下位概念となっていた社会教育が、自由主義的な色彩を帯びて独立していった経緯としてとらえることができる。戦時中に文化政策の文脈で宣伝と教育の密接な関係を説いた宮原誠一が[13]、戦後に「社会教育の本質」を説くにあたって、宣伝は相手の説得を、教育は相手の成長を問題にすると述べて両者の差異を明確にしたことは[14]、宮原自身の反省もありながら、新しい社会教育のあり方を示そうとした努力だと考えられる。

戦後いち早く文部省から出され、戦前の国体護持論を維持した文書として知られる「新日本建設ノ教育方針」（一九四五年九月一五日）での「社会教育」の項目は「国民道義ノ昂揚ト国民教養ノ向上ハ新日本建設ノ根底ヲナスモノデアルノデ成人教育、勤労者教育、家庭教育、図書館、博物館等社会教育ノ全般ニ亘リ之ガ振作ヲ図ルト共ニ美術、音楽、映画、演劇、出版等国民文化ノ興隆ニ付具体案ヲ計画中デアルガ差当リ最近ノ機会ニ於テ美術展覧会等ヲ盛ニ開催シタキ意嚮デアル」とされ、芸術文化振興がいちはやく注目されている[15]。

一九四五年一〇月一五日には社会教育局が復活した。「国民道義ノ昂揚及国民教養ノ啓培ニ関スル事項」を筆頭項目とし、教学局の教化的体質を継承する性格であったが、ジャーナリストの関口泰局長以下、民間人が起用され、社会教育課・文化課・調査課・宗教課の四課制として始められた。そこで出された「日本新生社会教育五カ年計画大綱案」では、初年度の四五年度の目標の一つに「芸能文化の振興」が掲げられた。また、社会教育局の職掌は、「一　国民道義ノ昂揚及国民教養ノ啓培ニ関スル事項　二　芸術ニ関スル事項　三　図書館及博物館（科学教育局所管ノモノヲ除ク）並ニ各種観覧施設ニ関スル事項　四 宗教ニ関スル事項　五 出版文化ニ関スル事項　六 映画・演劇其ノ他ノ国民娯楽ニ関スル事項　七 国宝及重要美術品等並ニ史蹟名勝天然記念物ノ保存ニ関スル事項　八 公民教育、勤労者教育、婦人教育等成人教育其ノ他社会教育ニ関スル事項　九 国史編修院、帝国芸術院及美術研究所ニ関スル事項」とされた(16)。同年一一月一〇日には公民教育課、一二月三一日には芸術課が加わり（この日は情報局廃止の日でもある）、今日出海が初代芸術課長となった。その際、文化課の役割は「一 国宝及重要美術品等ノ保存ニ関スルコト　二 史蹟名勝天然記念物ノ保存ニ関スルコト　三 図書館及読書指導ニ関スルコト　四 博物館及各種観覧施設ニ関スルコト　五 文化団体ニ関スルコト」、芸術課の役割が「一 芸術ノ奨励及調査ニ関スルコト　二 文学、音楽、美術等ニ関スルコト　三 映画、演劇、演芸其ノ他国民娯楽ニ関スルコト　四 映画教育ニ関スルコト　五 帝国美術院及美術研究所ニ関ヌ《ママ》ルコト　六 新聞、出版及放送ニ関スルコト　七 芸術団体ニ関スルコト」とされた(17)。

一九四六年五月二九日、第一次米国教育使節団報告書を受けて、文部省の手による改革書「新教育指針」が打ち出された。ここでも「芸能文化の振興」が取り上げられ、新しい芸能文化は、「それ自身が人生の目的として追求せらるべく、他の目的の手段であってはならない」、「統一調和を本質とし、平和建設に役立つものでなければならない」、「明朗で健康で建設的でなければならない」という視点が提示された。そして、人間性を尊重する民主主義は芸能文化の栄える地盤であり、芸能文化の栄えるところに民主主義も栄えるとされ、家庭教育の重要性や、厳しい財政下での芸能復興、荒廃した都市村落の情景の復興、鑑賞機会の拡大による貧富の差解消などが論じられた(18)。

これらの文書からは、職掌の文言等は戦前のものを引き継いだ部分も見られるものの、特に新教育指針で芸能文化が他の目的の手段であってはならないことが明記されたように、文化や教育の自由化へと踏み出していることが読み取れる。

行政機構から事業に目を移すと、占領初期の文化関連事業としては、後述の芸術祭のほか、「文化講座」をはじめとする様々な講座や美術展などがあった。「文化講座」は一般成人を対象として一九四六年度から開催され、全国の官公私立二九校において「民主主義精神の普及徹底を中心とする10時間乃至20時間の講座」として、主として、国民学校中心に教職員の協力を経て開設された。[19]　文部省主催の第一回日本美術展覧会は同年三月一日から三一日まで行われ、七万六八〇五人の入場者を集めた。[20]

このように、終戦後最初期の段階から社会教育行政内では芸能文化に対する振興の構想はあり、関連した施策も行われた。その理念は、啓蒙的要素を残しながらも従来の教化動員型から平和国家や民主主義国家の実現へと転換が図られた。ただし、総じて活動の中心は公民教育あるいは政治教育に置かれており、社会教育行政の活動の範囲は、中央ではＧＨＱ－ＣＩ＆Ｅ（民間情報教育局）、地方では地方軍政部の指導にそいつつ、文化活動の領域へも拡がったが、中心的な施策ではなかった。[21]

（2）文化行政の構想と挫折

本書第3章で論じられているように、それまでの軍事国家から「文化国家」としての再出発への期待が当時あった。戦後教育改革の中心的役割を担った教育刷新委員会では、社会教育行政のなかに文化を位置づけるのではなく、文化行政独自の体系を構想する計画が一九四六年末の段階でなされている。

一連の戦後教育改革初期の中心的課題は教育基本法の制定である。議論を担った教育刷新委員会では、前文との関連で「文化」の問題も論じられたが（「民主的で文化的な国家」、「普遍的にしてしかも個性ゆたかな文化の創造」）、ここでは「文化施設」の文言が登場する社会教育に関する条文（第七条）に注目する。

社会教育に関する条項設置は、審議開始当初は想定されていなかったが、その後、社会教育に関する議論を行う拠点として、第七特別委員会の設置が審議途中の第一四回総会（一九四六年一二月六日）で決定された。社会教育に関する条項が初めて盛り込まれたのは、「第一特別委員会参考案　昭和21年11月15日案・〔社会教育〕同12月27日案複合案」である。[22]　以下に示すこの案では第三項に「文化施設」に関する規定がなされ、民間も含め広い意味で「文化施設」に関する法整備が盛り込まれて、「施設」の意味も、営造物だけでなく「事業」に近い意味として幅広くとらえられている。

十一　社会教育

国及び公共団体は、教育の目的を達成するため、家庭及び学校における教育活動の外あらゆる手段方法による教育の実施に努力しなければならないこと。

工場、事業場その他勤労の場においてなされる教育の施設は、国及び公共団体によつて奨励さるべきであること。

新聞、出版、放送、映画、演劇、音楽その他の文化施設は教育的考慮の下になされることが望まれること。

しかし、一二月二九日の文部省調査局による「教育基本法要綱案」および翌一九四七年一月一五日の文部省「教育基本法案」では、第三項は削除されてしまった。削除の理由は議論のなかで直接触れられてはおらず、本条文を議論した第七特別委員会の速記録も現在見つかっていないが(23)、教育刷新委員会総会における第七特別委員会の第二回中間報告（一九四七年二月七日）では、「文化芸術に関する事項は、社会教育的利用と共に文化それ自身としてその保存向上に努めなければならない。従って教育制度の刷新されるこの際純粋な学術、芸術等文化に関する事務の体系は、併せて考究する必要がある(24)」とされている。文化行政の独自の体系が必要であり、別途考察したいという趣旨の内容と考えられる。

また、教育基本法社会教育条項の提唱者でもある関口泰は、中間報告の趣旨として文化局案の存在を同会議で明示した。「純粋な今の学術行政或は芸術行政、文化行政というようなものの体系が、今社会教育局の中にある為に、社会教育的なものに附属して、本当の文化、それ自身としての行政というか、文化行政それ自身としては曲げられる虞れがあるということから、別のものにした方が良いだろう(25)」と述べている。

その後、教育刷新委員会内では「文化省」に関する構想が繰り返し練られた。一九四七年末には、文部省を機構改革し文化省に改称する案が出されていた。そこには、第一に戦後の民主化過程において戦時中の文部省の悪しき伝統を除去すること、第二に、「教育を民主化し、且つ広く国民文化の向上を図るため」、「学校教育、社会教育、体育、学術、学芸、宗教その他文化に関する一切の事項を管掌し、現在の文部省はこれに統合する」（第一〇特別委員会第三回）という意図が存在した。「文化を最高の原理とする平和日本を建設するため」（同第六回、務台理作）、文部省の歴史と決別し、文化省として再生する構想が存在したのである[26]。

しかし、この構想は日の目を見ることなく立ち消えてしまった。占領軍側には、文化省構想を戦前の日本やナチスドイツ的文化統制の構想として危惧する意向があった[27]。結果的に文部省は存続し、文化行政は社会教育行政のなかで展開されることとなった。社会教育法（一九四九年制定）により公民館・図書館・博物館は「社会教育施設」とされたが、それ以外の「文化施設」は戦後永らく「公の施設」（地方自治法）以上の法的根拠をもたないままとなった。

そして、文化は、理念としては、教育の目的としてすえられることとなったが、具体的な制度に結実していくことはなかった。当時の教育刷新委員会では、文化も社会教育もその重要性は強く認識していた一方、問題が多様かつ抽象的すぎて扱いあぐねている様子が会議録からはうかがえる。なかなか議論が煮詰まらない文化問題よりも学校制度改革が優先されていったし、文化に予算を割けない終戦直後の財政事情もあった。文部省社会教育局芸術課による戦後最初期の文化政策といえる一九四六年秋の第一回芸術祭は、国の予算がゼロのなかで、民間興行会社の公演に芸術祭の名義だけ載せるという苦しい状態であった。なお、芸術祭は現在も続けられている。

一方で、歴史の皮肉でもあるが、文化政策がほとんどなされなかったことにも意義を見出すことができる。結果的に自由放任状態となったなかで、民間の芸術文化団体が公的支援を得られず苦労しながらも力強く育っていったことは戦後日本文化の特徴でもある。その後も文化については、自由な活動の側面援助を原則にすえた社会教育以上に、消極的な制度規定がなされてきたといえる。

4　一九七〇年代以降——文化行政の進展と社会教育批判

その後、一九五〇年代から各自治体で文化課の設置が始まる。そして六八年に文化庁が設置され、七〇年代には、教育はチャージ（充電）、文化はディスチャージ（放電）という梅棹忠夫の議論が展開され[28]、各自治体で社会教育課から分離した文化課新設が相次ぎ、各種の文化施設建設が進んだ。また、八〇年代に自治体文化行政が展開していくなかで、行政社会教育の中央集権的性格を批判し市民の自治を強調する「社会教育の終焉」論が松下圭一から出される[29]。梅棹の文化ディスチャージ論と松下の社会教育終焉論は、文化行政推進にとって格好の理論的基盤となった。社会教育の切り崩しだとして教育関係者からは批判を浴びることとなるが、前述のとおり、戦後なしえなかった文化行政が確立していく過程としてこの議論をとらえることもできる。

一九六五年にユネスコで提唱された「生涯教育」の理念が八〇年代以降「生涯学習」として普及し、従来の「社会教育」の概念との異同が問題視されてくる。九〇年代に入ると生涯学習振興法の制定がなされ（一九九〇年）、生涯学習政策が本格化する。日本では好況期と重なったこともあり、この「生涯学習」の理念が消費社会や新自由主義の論理と親和性をもって当時展開されたことが日本的な特徴であり、不幸な面も有していた。すなわち、生涯学習のなかでも文化活動は、個人の欲求と支出に基づき行うものだという認識が広まっていったのである。八〇年代以降、地域を拠点にした文化活動の展開が注目され、文化的権利の保障という論点が出された一方で[30]、制度的にも理念的にも、社会教育（そしてそこに重なる形での生涯学習）と文化の関係は曖昧になっていく。

文化庁『地方における文化行政の状況について（平成二七年度）』によれば、現在の行政機構において、二〇一六年一〇月時点で文化振興全般を担う行政部局は、都道府県、政令指定都市はすべて（和歌山県、京都府、熊本県は教育委員会と知事部局の両方で担当）、中核市では四七市のうち三七市が首長部局である（うち東大阪市は教育委員会と両方で担当）。また、二〇〇七年の地方教育行政法改正に伴い、条例の定めにより、当該地方公共団体の長がスポーツ（学校における体育を除く）、文化（文化財保護を除く）に関する事務のいずれかまたはすべてを管理し、執行できるとされた。この法改正により、急変したとまではいえないが、文化を教育委員会で所管する自治体は徐々に減少しており、少なくとも中核市以上の大規模自治体では文化行政の首長部局化が進んでいる。

では、社会教育行政後退の一方で文化行政が進展しているかというと、少なくとも量的には厳しい状態にある。先述の文化庁調査によれば、二〇一五年度の自治体文化予算の総額は約四二六二億円で、近年は横ばいだが、ピーク時の一九九三年から比べれば半分以下に減っており、特に文化施設建設経費は激減している（一九九三年五八七八億円→二〇一五年六八七億円）。また、『社会教育調査』によれば、これまで一貫して増加を続けてきた文化会館は減少に転じている（二〇〇八年度一八九三館→二〇一一年度一八六七館→二〇一五年度一八五一館）。なお、社会教育施設全体で見ると、ピーク時の二〇〇五年度（九万四九九八館）から二〇一五年は八万九九九三館まで減少した。図書館は微増を続けているが、他は減少が続いており、特に公民館はピーク時の一九九九年度（一万九〇六三館）から二〇一五年度には一万四八四一館にまで減少した。

社会教育行政もだが、量的拡充を続けてきた日本の文化行政も転換期を迎えている。高度成長からバブル期に整備され、維持費だけでも巨額を要する大型文化施設は自治体財政に大きな負担となる。自治体合併や財政逼迫、耐震改修工事や老朽化等に伴い、休館や閉館を迎える施設が増え、事業予算ゼロの文化会館もある。行政は各施設に集客という目に見えやすい量的成果を求め、職員はそれに応えつつも、質的な部分を高めていくことにも取り組んでいる。好況を背景にした一九八〇年代以降の「文化のまちづくり」や、「物の豊かさから心の豊かさへ」といった各種のスローガンも、自治体財政や家計の逼迫、子ども・若者の貧困が叫ばれるいま、別の意味で切実さを帯びてきている。

5　論争を超えて

戦後の教育制度において、文化は、理念としては中核にあったとしても、行政内においては周辺領域であり、教育委員会と社会教育行政改革の最前線におかれてきた。梅棹や松下が指摘せずとも、いずれ問題は顕在化したであろう。「教育」を「自由」の対概念として忌避する発想も梅棹や松下に限ったものではない。しかし、経済発展が見込めず、従来の福祉国家的な環境整備がある種の限界にさしかかっている教育・文化政策の状況下において、こうした「教育」の論理の素朴な忌避や、行政の縄張り争いのような議論を続けていてよいのだろうか。

松下は、「市民」の自治や自発性をうたいながらも、自発性が育つプロセスとその環境の保障は不問に付しており、優れた個人に期待せざるをえないという啓蒙の論理に与している面が見られる。また、市民の文化活動を豊かに支援できる経済成長を前提とした消費社会の論理と、文化活動を私事に委ねる新自由主義との親和性が強い論理でもあり、これらの点はこれまでも議論を呼んできた(31)。ただし松下は、近年に至るまで文化芸術振興基本法（二〇〇一年制定）の中央集権性を批判してきたように(32)、文化行政の実現がそのまま「市民文化」の実現を導くとは考えていない。松下は市民文化を推進するが、文化行政はあくまでその手段としてとらえている。

一方、教育論のほうも、経済優先や中央集権の論理に抗いながらも、近代国家の存在や市場の成長を前提とし、構成員である市民の自立や主体形成、連帯を訴える点では(33)、文化政策と社会教育には同じ立脚点を見出すこともできる。文化政策と社会教育両者の先駆的論者の一人であった後藤新平が折に触れて「自治」を重視していたことも、両者の思想的基盤の共通部分を想起させる。

教育と文化を切り分け、文化を私事や消費の論理としてとらえ、公的支援のあり方を問う論争は、社会教育と文化政策とを成立させてきた福祉国家的な性格の近代国家が転換期を迎え、市場も文化もグローバル化する社会の変化のなかで、論争を超えて次の地点に向かう必要がある。

文化行政の位置づけが自治体の判断に委ねられたいま、その多様化は今後も進むであろう。あえていえば、問題は制度そのものよりも、いかに豊かな文化が育まれるかにある。[34] 私たちは文化活動を通して様々なことを学び、他者や地域、社会を新たな視点でとらえ、自分なりの方法で他者や社会への関わりを築いていく可能性をもっている。[35] 大幅な経済成長は見込めなくとも、日々の暮らしのなかによろこびを見出し、時には多少の気晴らしもして楽しむ。そのような日常を支えることは、教育や文化、労働、福祉など行政の縦割りを超えて求められている。これまでも社会教育関係者は、終戦直後の多様な文化活動（うたごえ運動、親子文化運動）など、本来社会教育の枠外にあった数々の活動に向き合い、その担い手と積極的に連携しながら、実践を開拓してきた。国と自治体の文化政策の進展過程においても同様であろう。歴史に学ぶべきは、十分ではない環境のなかでも実践を重ねてきた人々や制度設計をした政策関係者の、それぞれの立場における努力の蓄積ではないだろうか。

6　おわりに

福祉国家とナショナリズムの進展のなかで「文化政策」の概念とともに生まれた社会教育は、戦間期に行政機構として整備されたのち、第二次世界大戦期、特に新体制運動のなかで総合政策としての文化政策に包摂されていく。戦後は、政策や行政機構として文化政策は具体化することはなく、社会教育行政の一部として担われてきた。それが一九七〇年代以降、社会教育の論理を批判しつつ行政機構として独立し、現代に至る。

社会教育という観点から文化政策に内在する思想を歴史的に読み解こうとするとき、文化の創造や振興といった論理を、自由主義的な方向と統制的な方向のどちらにどれだけ重点をおいて考えるのか、という思想の振れ幅を見出すことができる。また、目的（定まった価値を伝えるのか、価値をつくりだしていく人々を支援するのか）、市場との対峙の仕方（規制するのか、委ねるのか、協働するのか）、教育という営みはそこにどう関わるか（文化の担い手の育成か、文化の合理的な伝達方法の検討か）、といった様々な問題が、歴史のなかで問われ続けてきたことが見えてくる。

いま必要なのは、それらの問いになんらかの解を見出そうとすることよりも、歴史を振り返りながら文化政策の思想が内包する可能性と課題を検証しつつ、これからの国や都市、地域の文化をどうつくっていくかという問いを投げかけ続けることである。

確かな文化の根には人々の暮らしと学びがあり、文化政策と社会教育は分断的というより循環的な関係にある。その循環を活性化していくことが現代的課題であり、そのためには文化政策と社会教育がお互いの蓄積に学び合う関係や、関連行政との連携協力も求められる。過去の構想と努力の蓄積に学び、行政所管をめぐる議論を超え、私たちの豊かな日々の暮らしを支えるための制度のあり方をそれぞれの立場から考えたい。

付記

本章は、拙稿「戦後社会教育と文化行政」（『月刊社会教育』国土社、二〇一三年一月号）、拙著『公会堂と民衆の近代――歴史が演出された舞台空間』（東京大学出版会、二〇一四年）をもとに改稿した。

注

（1）「座談会　芸術・文化活動はサシミのツマか　芸術文化活動の可能性をもとめて」『月刊社会教育』国土社、一九七七年一一月号、六四―八一ページ

（2）松田武雄『近代日本社会教育の成立』九州大学出版会、二〇〇四年

（3）宮原誠一「社会教育の本質」『宮原誠一教育論集』第二巻、国土社、一九七七年（初出：「社会教育本質論」『教育と社会』全日本社会教育連合会、一九四九年一〇月号、一二月号）、一五―二四ページ

（4）大澤章「文化政策と教育」『岩波講座　教育科学　第二十冊』岩波書店、一九三八年

（5）橋口菊／土屋忠雄「戦争と教育」『教育学全集3　近代教育史』小学館、一九六八年、一八五―二二〇ページ、橋口菊

／古木弘造「教化動員期の時代的性格と構造的特質」、国立教育研究所編『日本近代教育百年史8　社会教育2』教育研究振興会、一九七四年、五—五八ページ

（6）宮坂広作『近代日本社会教育史の研究』法政大学出版局、一九六八年、五九〇—六六二ページ、北河賢三編『資料集総力戦と文化　第1巻　大政翼賛会文化部と翼賛文化運動』大月書店、二〇〇〇年

（7）浜島敏雄「社会教育局の機構改革に就いて」『文部時報』第七五七号、一九四二年、三ページ

（8）大串隆吉『新版　日本社会教育史と生涯学習』エイデル出版局、一九九八年、一二六ページ

（9）近代日本教育制度史料編纂会編『近代日本教育制度史料　第15巻』大日本雄弁会講談社、一九五七年、四九七—五〇六ページ

（10）浜島、前掲、四ページ

（11）寺中作雄「文部省行政機構改革の要点」『文部時報』第七七七号、一九四二年、一三ページ

（12）林達夫「文化政策」『教育学辞典』岩波書店、一九三九年、二〇六八—二〇七〇ページ

（13）宮原誠一『文化政策論稿』新経済社、一九四三年、一三ページ

（14）宮原誠一「社会教育の本質」、注3に同じ、四四—四五ページ

（15）鈴木英一／平原春好編『資料教育基本法50年史』勁草書房、一九九八年、一〇〇ページ

（16）勅令第570号『官報』第五六二九号、一九四五年一〇月一五日

（17）文部省分課規定改正『官報』第五六九九号、一九四六年一月一五日

（18）伊ケ崎暁生／吉原公一郎編『戦後教育の原典1　新教育指針』現代史出版会、一九七五年、一一二—一一六ページ

（19）横山宏「国民の学習要求の拡大と組織化」国立教育研究所編、前掲、一一八七ページ

（20）小林文人「占領下初期の社会教育」同上、六五一ページ

（21）碓井正久「戦後社会教育観の形成」碓井正久編『戦後日本の教育改革10　社会教育』東京大学出版会、一九七一年、一六ページ

（22）鈴木英一「教育基本法の成立事情」鈴木／平原編、前掲、三九ページ

（23）第七特別委員会の速記録は第八回（一九四七年一一月二八日）以前が欠本となっており、日本近代教育史料研究会編『教育刷新委員会教育刷新審議会会議録　第9巻　第七特別委員会、第八特別委員会』（岩波書店、一九九七年）にも収録

されていない。

(24) 横山宏／小林文人編『社会教育法成立過程資料集成』昭和出版、一九八一年、一四六ページ

(25) 日本近代教育史料研究会編『教育刷新委員会・教育刷新審議会会議録　第2巻　教育刷新委員会総会』岩波書店、一九九六年、八五ページ

(26) 日本近代教育史料研究会編『教育刷新委員会・教育刷新審議会会議録　第10巻　第九特別委員会、第十特別委員会、第十一特別委員会』岩波書店、一九九八年、一三四ページ、一七八ページ

(27) 鈴木英一『戦後日本の教育改革3　教育行政』東京大学出版会、一九七〇年、五七三―五七八ページ

(28) 梅棹忠夫「文化国家論」(一九七五年)、「地域社会と文化」(一九七七年)、「文化開発論」(一九七八年)、「文化行政のめざすもの」(一九七九年) など。『梅棹忠夫著作集第21巻　都市と文化開発』中央公論新社、一九九三年所収

(29) 松下圭一『社会教育の終焉』筑摩書房、一九八六年

(30) 北田耕也『大衆文化を超えて――民衆文化の創造と社会教育』国土社、一九八六年、佐藤一子『文化協同の時代――文化的享受の復権』青木書店、一九八九年

(31) そのレビューをここで十全にすることはかなわないが、筆者は、松下がロックの統治論に注目している一方で、もし『人間知性論』『教育に関する考察』で展開されている人間理解――そこには人間の愚かさも記されている――にもより注目していたならば、考察は変わってきたのではないか、と考えている。

(32) 松下圭一『社会教育の終焉』公人の友社、二〇〇三年 (再刊版)、二五三ページ

(33) 牧野篤『主体は形成されたか――教育学の枠組みをめぐって』大学教育出版、一九九九年、一〇四―一四五ページ

(34) 小林真理「文化活動を支援する公立文化施設と社会教育」、『社会教育』全日本社会教育連合会、二〇一一年一一月号、一四―二〇ページ

(35) 畑潤／草野滋之編『表現・文化活動の社会教育学――生活のなかで感性と知性を育む』学文社、二〇〇七年、デヴィッド・ジョーンズ『成人教育と文化の発展』新藤浩伸監訳、東洋館出版、二〇一六年

第13章　文化的発展

長嶋由紀子

1　「大衆の文化的生活への参加及び寄与を促進する勧告」の意義と採択経緯

「文化的発展」(cultural development) は、一九七六年に第一九回ユネスコ総会が採択した「大衆の文化的生活への参加及び寄与を促進する勧告」の指針である。[1] この勧告は、世界人権宣言と国際人権規約に明示された「文化への権利」が国際社会で政策的に促進されるようになった新段階を反映し、「文化的生活に参加する権利」を保障する文化政策の基本原理を確認する契機となったとされる。そして文化的権利の具体化と制度的定着を促した点で、「画期的な意義」をもつと指摘されている。[2] 勧告前文では、「文化的発展は、総合的発展を補足し規制するのみでなく、進歩の真の手段である」と述べられている。

本章は、この「文化的発展」の論点を抽出し、勧告採択に先行したフランスでの議論を遡ることによって、万人の文化的活動を活性化する条件をつくる政策の底流にあった思想の一端に迫ることを目的としている。

「文化的発展」は、ユネスコ勧告に五年ほど先立ち、フランスの第六次国家計画(一九七一—七六年)で文化政策の基本方針とされた概念である。ユネスコは、勧告採択への過程で、「人権としての文化的権利に関する専門家会議」(一九六八年、パリ)、「文化政策における制度、行政及び財政の諸側面に関する政府間会議」(一九七〇年、ヴェニス）、そして「文化政策に関する地域会議、欧州文化大臣会議EUROCULT」（一九七二年、ヘルシンキ）を開催して国際的な合意形成をはかった。このプロセスでは、当時フランス国内で文化政策を担った者たちが、「文化的発展」の国際共有と実現に向けて積極的に動いたことが知られている。たとえば、「文化的発展」に関する責務を果たす各国政府の意思が確認されたヴェニス会議に続いて、文化政策策定に必要な努力を確認する書籍がユネスコから出版されているが、その執筆を担当したのは、一連の国際会議で報告者を務めたフランス文化省の職員だった[3]。

なかでもとくにユネスコ勧告への影響が顕著なのは、EUROCULTへの戦略提案を目的として、フランス文化省と欧州評議会が共同開催した国際会議「文化的発展の未来予測」である[4]。会議の結論として出された「アルケスナン宣言」は、EUROCULTが欧州各国とユネスコに出した勧告に受け継がれており、その内容は七六年のユネスコ勧告と大筋で共通している[5]。

以下では、七六年ユネスコ勧告のもつ歴史的意義と欧州での上述の経緯を踏まえて、まずユネスコ勧告が示した「文化的発展」の基本概念を検討する（第2節）。続いて、底流にある思想を知るために、フランスで「文化的発展」の政策的推進をリードしたジョフル・デュマズディエ、ユネスコの「人権としての文化的権利に関する専門家会議」に招かれたフランシス・ジャンソン、第六次国家計画文化問題委員長ピエール・エマニュエルらの著作と発言に光をあてる（第3節）。そして最後に、「文化的発展」に連なる議論に共通する問題意識を検討する（第4節）。

2　勧告における「文化的発展」の基本概念と論点

（1）発展の目的指向性と潜在能力実現アプローチ

七六年勧告前文は、cultural development を「総合的発展を補足し規制するのみでなく、進歩の真の手段」として提示した。これは、発展の目的指向性と実現手段という二つの側面を示す定義である。

勧告は、「発展」ないし「進歩」をどのように捉えているのだろうか。ここで注目したいのは、進歩の前提として、「社会のすべての構成員の十分かつ調和のとれた発展」と「各自の創造力の自由な行使を基礎とした社会の精神的な潜在力の不断の成長」の確保を、勧告が示した点である。「個人の基本的な人間の価値と尊厳の発展」にとっては、「自由な選択に基づく種々の文化活動への参加が不可欠」だという理由から、「参加」を促進する政策が意義づけられている。つまり、文化活動への参加によって個人の価値と尊厳が高まり、各人の創造力が行使される結果として社会全体の潜在能力が実現されるのであり、そのような「発展」の概念として cultural development を捉えることができる。また、cultural development は、対象に働きかけて潜在する可能性を引き出す「開発」のアプローチでもある。

(2)　文化の定義と「文化的民主主義」

勧告は、文化（culture）を、「個人が創造活動に参加し協力することで生ずる社会的現象」と定義した。「文化的発展」を追求する政策は、文化概念を幅広く捉えている。専門的な芸術創造活動に限らず、個人一般の創造的行為や生活様式を含む概念として文化を扱うことを勧告は強調し、少数民族集団や社会的に不利な立場にある者の文化的アイデンティティを尊重した。

一九七二年の「アルケスナン宣言」では、従来の定義との比較を交えながら、文化概念の新定義がより明確に打ち出されている。すなわち、今日「文化」を語るならば、芸術と古典人文学を大きく超えて、「学校制度、マスコミュニケーション、そして新聞、本、ビデオ、映画、広告、住居、ファッションなどの文化産業」をも現代の「文化的現実」は語ることになると指摘し、とりわけ若者や移民といった社会集団にとって、既存の文化機関が遠い存在となっている現実を直視するよう訴えたのである。ユネスコ勧告はこの姿勢を受けつぎ、「大衆」(people at large / masses populaires) とはさまざまに異なる文化をもつ個人の集合であることを踏まえたうえで、社会成員間の差異を前提として、各人の潜在力を実現する方針を掲げた。文化的生活への参加促進によって社会総体の発展を追求する見地からすれば、所与の文化定義から出発するべきではない。各人各様の社会的経済的現実を生きる「人間」を起点として「文化」を捉え直し、文化政策は、個人や集団の多元的な必要性に根拠を置くべきだという考え方にユネスコ勧告はたっているのである。

ふたたび「宣言」から、この点への言及を以下に示す。ここでは、「文化的民主主義」(cultural democracy) という表現が用いられている。

> 文化政策の基本目標は、表現の可能性を広げるあらゆる方法を実現して、表現の自由を保障することにある。これはつまり、人は［各々にとって：引用者注］意味のある生活と社会的実践様式の作者である、と承認することを意味している。従って創造性を育む条件を整えてしかるべきであり、弱者の存在と発展を保障し、文化多様性を認知すべきである。
>
> 直ちに行動を起こす必要がある。(中略)「文化的民主主義」の条件を実現する。分権と多元主義の見地から、当事者に直接働きかける。

これを受けたEUROCULT勧告は、欧州各国とユネスコに対して以下のように指摘した(6)。

> 文化はもはや、選ばれたものが生産、収集、保存して万人の手に届けようとする、あるいは過去の豊かさを引き継いだ民族が、それを歴史として持たなかった他者に対してひな型として示す、作品や知識の蓄積であるばかりではない。文化とは、芸術作品や人文学への接近のみならず、知識の獲得、生活様式の要求、コミュニケーションへの欲求でもある。文化とは、征服し所有する領土ではなく、自分自身と、同胞と、そし

て自然とともにふるまう作法である。文化は、民主化すべき領域であるだけでなく、起動させるべきひとつの民主主義《デモクラシー》となった。

（EUROCULT勧告1－g）

引用の前半は、七六年のユネスコ勧告前文にそのまま引き継がれている。その一方でユネスコ勧告は、「文化の：引用者注」「民主化」（democratisation）や「文化的民主主義」という術語を用いることなく、「接近」、「参加」、「コミュニケーション」に照準した。(7)・文化への万人の民主的接近と享受をかなえる社会的経済的条件を整備する。・文化的生活への実質的な参加を実現するために、自由な自己表現、コミュニケーション、行動、創造的活動を全ての集団と個人に対して保障する。・集団と個人の独創性と相違の尊重にたって、情報、思想、知識を自由に交換し、共有する相互的な関係性を構築する。こうした方針が、勧告の第1章で、文化的発展を追求するための方向軸として示されている。(8)

(3)「文化行動」の方法と政策

第3章「技術的、行政的、経済的及び財政的方法」は、加盟国が取り組むべき課題を、「文化行動」（cultural action）の（A）「方法及び手段」と（B）「政策」に分けて示した。（A）は「施設、活動及び決定の地方分権化」「共同の行動」「鼓舞活動」「芸術的創造」「文化産業」「普及」「調査」、（B）は「コミュニケーション」（放送等のマスコミュニケーションを含む）「教育」「青少年」「環境」「国際協力」の項目をたてて、必要な措置を個別具体的に示している。この文化行動とは、文化活動（cultural activities）とは異なる概念であり、人々の文化活動を活性化させ、文化的生活への接近と参加そしてコミュニケーションを促進する実践と、そのための政策を包括的に指すものである。(9)

方法と手段については、分権的な組織と意思決定システムによる文化行動の実施が求められた。その実際の担い手を「文化的発展担当者」（英語）または「文化行動担当者」（仏語）として想定し、各国に、養成と活動支援を促したほか、地域社会の「自発的な活動家」にも言及している。文化機関、芸術、さらに芸術家と人々をつなぐ活動や、文化や芸術を通して人々を相互につなぐ現実的な実践があることを前提として、こうした活動を振興する方針を示した。政策面では、マスメディア関連事項を含むコミュニケーション政策、教育政策や都市環境整備との連携、そして国際的な協同と連帯といった諸課題があげられている。

勧告が示した実行課題は多岐にわたるが、生活に関わるあらゆる面で文化に配慮する、地域や職場などの単位を基礎として、分権的な文化行動を活発化させる、芸術家自身の政策決定への関与のもとに自由な芸術創造を振興する、といった諸点に集約されるだろう。一方で勧告は、利潤追求型の文化産業の拡大と消費や、マスメディアの伸張が人々の文化的享受に与える影響への懸念を示して、対抗措置の必要性を表明している。

（4）問題意識

一九七〇年代前半の欧州には、文化政策に対して、どのような期待ないし問題意識があったのだろうか。勧告に連なる基本的立場を定めたアルケスナン宣言の冒頭では、「産業の発展は自然を疲弊させ、人間にそむいている。産業の発展とその負の副産物への社会的代償が認識されるにつれて、将来への懸念は拡大している」と、産業化社会における人間疎外への強い危機感が表明されている。つまり「文化的発展」は、未来へのオルタナティヴな道程として示され、経済成長を社会の発展と同一視するような従来の見方に対置されたのである。これはEUROCULT勧告においても同様であった。六八年に各地で続々と顕在化し、国際的な現象となった既存の社会体制への異議申し立て、さらに産業化社会や高度消費社会への批判が、EUROCULT勧告には反映されている。

「宣言」の結論は、第一に消費社会における受動性から個人の創造性への転換、第二に人間の責任の重視、第三に文化の民主化に留まらない社会的多元性に基づく文化的表現の多様性の振興、第四に人間と環境の調和の修復、第五に現状の再生産を狙う文化システムから集団と個人を擁護するシステムへの転換、を提案している。最後の点は、集団や個人の創造力こそが、将来の危機的状況に対応するための最良の手段となるからだ、と理由づけられている。

以上では「アルケスナン宣言」および「EUROCULT勧告」との対照から、七六年ユネスコ勧告における「文化的発展」の概念を検討した。それらは、産業化社会や高度消費社会における個人の受動化を警戒し、文化生活への参加と寄与が引き出す、個人や集団の創造力によってつくられる社会のあり方を、経済発展に対置するパラダイムとして示した。ユネスコ勧告は、その実現の政策的推進を各国に求めた指針であると要約できるだろう。

3　底流にある思想——フランスでの議論から

「文化的発展」は、いかにして文化政策の基本概念として生成されたのだろうか。各地各様の流れがあるなかで、以下ではフランス国内の文化政策史を遡りながら、底流にある思想の一部を取り出す。

(1)　ジョフル・デュマズディエ——「文化的発展」概念の提出

フランスにおいて、「文化的発展」と「文化的民主主義」を一対の概念として提出したのは、民衆教育団体「人民と文化」(Peuple et Culture) 初代会長のジョフル・デュマズディエである。余暇の機能を、「休息、気晴らし、自己開発」(デュマズディエの3D) と整理した社会学研究によって知られるが、研究活動と市民運動を連動させながら、「文化的発展」の実現に向けた政策推進をリードした人物でもあった。

革命期に淵源をもつフランスの民衆教育は、理性に基づく市民社会の実現を目的としている。[10] 民衆教育は、第三共和政期に、教員や知識人による自発的な活動に支えられた社会運動として発展し、民衆と知を共有し、自己学習を促す活動を展開した。一九三六年に反ファシズム左翼政権である人民戦線政府が成立すると、有給休暇制度の創設や余暇拡大政策の実現とともに、民衆教育運動もまた頂点を迎えたが、まもなく起こったナチス侵攻とヴィシー政権成立によって、共和政は四〇年七月に停止した。

「人民と文化」とは、デュマズディエら、レジスタンスを経験した民衆教育運動の活動家が中心となり、解放直後の一九四五年に設立した非営利協会である。(11) その設立マニフェストは、職業や出自の違いを超える連帯をもたらしたレジスタンスが、相互理解の困難さを実感する経験でもあった事実を示し、民衆教育運動の文化観を見直す必要性を強調している。(12) 従来行われてきた、古典的人文学に基づく文化により多くの人々を接近させる努力を批判的に見直して、人間の「生き方」を文化として問うことを掲げたのである。

戦後のデュマズディエは、地方都市市民の余暇行動を克明に調査し、その成果を『余暇文明へ向かって』として著している。(13) その研究関心は「社会的文化的活動への最適な参加を通じた人間の潜在性の十全な開花」や「積極的態度を養成する可能性」に向かっているが、これは「人民と文化」の活動方針に近似する。余暇の最重要機能とされた「自己開発」とは、「遊戯団体、文化団体、社会団体における自発的な活動」、「さまざまな情報源を積極的に利用する態度」、そして「生涯継続する自発的学習と新しい創造的態度」の形成を指す。この理論をもって同書は、「文化的発展の目的は、民主主義の発展の前提となる市民参加」にあるとし、創造的な自己開発と積極的な社会参加を促す文化行動と文化政策の確立を訴えたのだった。

一九六六年の著書 *Le loisir et la ville*（『余暇と都市』）では、政策が振興対象とする文化は民衆の余暇行動の科学的観察に立脚して定義されるべきであり、人文主義的な文化概念よりも広範囲に及ぶ、とデュマズディエは主張している。その主張の根拠は、多くの人々の「個人の人格が自由に花開くため」には「身体的、工芸的、芸術的、知的、および社会生活」など各分野の文化的経験が調和的に発展する必要があるという点に置かれており、その一〇年後のユネスコ勧告に通底するものである。多様な個人の潜在力を実現するために多様な文化的機会を求める姿勢は、ここで「文化的民主主義」と名付けられ、「文化的発展」を支える前提とされた。

一九五九年に文化省が創設されて以後、フランス政府は「国家計画」のなかで文化問題を扱ったが、デュマズディエは第四次から第六次の策定委員会で「文化的発展の計画化」の実現に尽力した。初代文化大臣アンドレ・マルローは、各地に「文化の家」を設置するなど、すぐれた芸術に人々を接近させる「文化の民主化」を重視したことで知られる。「文化的民主主義」に基づく「文化的発展」は、当時これと対立する概念だったわけではなく、レジスタンス経験者を中心とした市民活動家たちに、ともに支持されていた。とりわけ地方都市の公共劇場は、芸術と人々をつなぐ「文化行動」の主要な場であった。

（2）フランシス・ジャンソン——「非観客」を政治的主体とする文化行動

こうした文化政策の転換点となったのが、一九六八年の「五月革命」である。学生運動と労働運動が結びついた長期ゼネストには、フランス全国で約一〇〇〇万人が参加したとされる。このとき、国立劇場オデオン座が占拠されるなど、芸術文化機関にも厳しい批判が向けられた。各地の公共劇場の責任者たちは集団討議を行い、「ヴィルユルバンヌ宣言」を発表している[14]。宣言は、文化を定義し直し、「非観客」(non-public) に向かう文化行動を公共劇場の新方針として示した。同年七月のユネスコ「人権としての文化的権利」専門家会議に招かれたフランシス・ジャンソンは、その起草者だった[15]。ジャンソンは、人間の主体としての役割を重視した実存主義思想家で、サルトルが主宰した「現代」の編集委員等をつとめたが、六八年当時は「文化の家」の開設準備にあたっていた人物である[16]。

ヴィルユルバンヌ宣言は、公共劇場が扱う文化が、社会のごく一部の者のみが選択、相続できるものであることを問題視した。現状の観客とも潜在的な観客とも異なる層を指した、「非観客」という造語によって、文化的現象に接する機会のない周縁的な人々の存在を示し、芸術普及活動が結果的に彼らの排除拡大に加担している、と各地の公共劇場の責任者たちは自己批判した。ヴィルユルバンヌ宣言は、学生や労働者が異議を唱えた文化のあり方にも検討を加え、「単なる伝達の対象」とされるような文化概念を明確に斥けている。

五月革命当時、ピエール・ブルデューらの社会学研究に着想した演劇作品が各地で上演されるなど、社会経済的問題と文化問題を関連づける見方が、フランスで広がっていた。こうした文化資本の相続と文化的再生産の構造解明を背景に置けば、「非観客」とは、既存の文化制度とは無縁な存在へ意識を向けるための表現だったことがわかる。ヴィルユルバンヌ宣言は、演劇創造と連携する文化行動によって、「非観客」が、既存の社会システムのなかで抱かされている無力感を乗り越えて、自発的かつ自由な選択に向かう「政治化」の機会をつくることを打ち出したのだった。

だが、なぜ「文化」によって「非観客」に働きかける必要があるのか。ユネスコ専門家会議でのジャンソンは、「文化という言葉に意味があるとすれば、それは文化によって人間が自分の有効性を実感し、自分の居場所に責任をもてる点だ」と発言している[17]。実存主義に立脚し、世界と歴史に参画する視点を放棄する態度を厳しく批判したジャンソンは、各人が眼前の現実に対して行動することの重要性を主張したのである。彼は、「文化行動」の目的を、人々が市民的責任を担い得る主体となることに定めていたといえるだろう。

(3)　第六次国家計画——シティズンシップ政策としての「文化的発展」

「文化的発展」は、一九七一年三月に発表された第六次国家計画の文化政策指針とされた。ここでは文化的不平等の階層固定化や産業化がもたらす生活様式変化への対応のために、狭義の芸術概念を超えて、文化を生活の質や都市環境と結びつけて広く捉えることが求められている。

当時のフランス政府による文化の定義と政策方針は、ＥＵＲＯＣＵＬＴにおける、文化大臣ジャック・デュアメルの以下の演説に端的に示されている。

［文化とは：引用者注］自身の存在のあり方を選択することです。文化を深めるとは、人が自分自身や世界に対峙しながら行動様式を変化させることであり、より自由な選択ができるようになることです。この意味

において、文化とは、個人と集団の生活をいかに組織するかという要求の序列を組み変えることでもあります。（中略）余暇を通して自らの文化の価値をとりもどす、すなわち人格を再創造する願いが、現在広がりつつあることを、文化政策は無視できません。文化政策には、この有意な変容を加速させる役割があるのです。[18]

中央政府は、文化的発展の実現に向けて、領域横断的な文化政策の実施を可能にする省庁間協力や、中央政府と地方自治体の協力制度を創設した。これは後に一九八一年以後のミッテラン政権下で拡大的に引き継がれるが、七〇年代の文化省がこの方針を現実に重視したのは、デュアメル在任中の二年あまりでしかない。文化大臣の交代後に消極化した政府の姿勢を厳しく批判するなかで、第六次国家計画文化問題委員長のピエール・エマニュエルは、新しい文化政策は、市民が自らの人生の決定者となるための「シティズンシップ政策」なのだと説いた。[19]

4　文化と市民性への問題意識

一九四八年の世界人権宣言は、「人権の無視と軽侮が、人類の良心を踏みにじった」（前文）世界史から生まれたものである。その第二二条では、すべての人の「自己の尊厳と自己の人格の自由な発展とに欠くことのできない」権利として「文化的権利」が示された。本章で概観したユネスコ勧告の「文化的発展」に連なる議論は、この権利を単に行使可能なものとして認めるにとどめず、いかにして実質的に保障するかが模索された過程と軌を一にしている。「文化的民主主義」に基づく「文化的発展」は、従来の「文化の民主化」のみでは到達できない、より多くの人々の表現能力、アイデンティティ形成、社会関係の構築、文化間コミュニケーションの実現を目指した政策理念である。また、そうした創造的な力を発揮する個人や集団によって、主体的につくられる社会の方向性を示した概念だった。

こうした議論が展開された土壌には、「個人の尊厳と人格の発展」を、もっとも本質的な公共的課題と捉える社会意識がある。そしてこれが阻害された場合に、個人の精神が受動化することの危険性が訴えられ、時代の危機感とともに広く共有されていた。先の三人に即して見れば、デュマズディエは、強力なプロパガンダを展開したヴィシー政権下でのレジスタンス経験から、いかなる社会状況においても「偏向、堕落、裏切り」を回避するために、「新しい精神の覚醒」の必要性を確信したことが戦後の活動の原点だった、と顧みている。[20] ジャンソンは一九六八年の講演で、「実践的＝惰性態」（pratico-inertie）から脱して、自身の選択に基づいて行動することが、能動的な「耕す文化」だ、と述べている。「実践的＝惰性態」とは、本来は自由であるはずの人間が、習慣や作法と化した精神の動きに無批判に従うことによって、自ら自由を遠ざける状況を指したサルトルによる概念である。前述のデュアメル文化大臣の文化定義は、この「耕す文化」の含意を踏襲している。「文化的発展」を推進する政策は、市民的権利の十全な行使を支えるための「シティズンシップ政策」だと説明したエマニュエルは、人格主義の立場から、自覚的で自律的な人格の実現を慮っていた。

本章では、一九六〇年代から七〇年代半ばを射程として、「文化的発展」の概念を検討した。その後「文化」と「発展」の結びつきは、時の経過とともにこれとは異なる文化政策の動機として示されるようになり、ユネスコの政策も、後には、創造的産業や文化観光などの文化的要素を、経済的発展のなかで考慮する方向性をみせている。しかしながら、人間を起点に置いて政策対象としての文化を定義し、分権的な文化行動の実践を重視しながら、すべての人が社会の未来をつくる主体となることを目指した「文化的発展」は、市民が担う「新しい公共」を模索する今日の日本においても、きわめて現代的な課題を提示していると考えられないだろうか。とりわけ、多様な個人が生活する地域社会における文化政策に対して、基本的な考え方を示す概念として、さらに理解を深めていきたい。

注

（1）本章における勧告からの引用は、基本的には日本ユネスコ国内委員会の勧告仮訳による。ただし仏語英語版との対照から必要と判断した場合は、明記して修正する。
http://www.mext.go.jp/unesco/009/004/018.pdf（2015/04/22 最終参照）
http://portal.unesco.org/en/ev.php-URL_ID=13097&URL_DO=DO_TOPIC&URL_SECTION=201.html（2015/04/22 最終閲覧）

（2）佐藤一子『文化協同の時代——文化的享受の復権』青木書店、一九八九年、一一ページ

（3）Augustin Girard, Geneviève Gentil, <*Développement culturel Expériences et politiques*>, Paris: UNESCO, 1972/1982.

（4）Etienne Grosjean, <*Quarante ans de coopération culturelle au Conseil de l'Europe, 1954-1994*>, Strasbourg: Editions du Conseil de l'Europe,1997, p. 100.

（5）Déclaration d'Arc-et-Senans（https://www.coe.int/t/dg4/cultureheritage/culture/resources/CDCC（80）7-F_AeS.pdf）（2015/05/07 最終参照）

（6）"Rapport Final Conférence intergouvernementale sur les politiques culturelles en Europe Helsinki", 19-28 juin 1972, UNESCO, p. 22.（http://unesdoc.unesco.org/images/0000/000014/001486fb.pdf）（2015/05/02 最終閲覧）

（7）communication は仮訳では「伝達」とされているが、本章では双方向性と相互性の含意を示すために「コミュニケーション」と記した。勧告における communication は、放送事業などを示すマスコミュニケーションの意で用いられている部分も多い。
七六年勧告は、Ⅰ「定義及び勧告の適用範囲」、Ⅱ「法規及び規則」、Ⅲ「技術的、行政的、経済的及び財政的方法」、Ⅳ「国際協力」、Ⅴ「連邦国家、同盟国家」、の5章で構成される。

（9）cultural action と cultural activities は、仮訳ではいずれも「文化活動」とされている。本章は、前者を「文化行動」、後者を「文化活動」と表す。

（10）共和主義の根本には、人民は、啓蒙された自由な精神をもち、民主的な議論によって示される選択肢の妥当性を自立的に評価できるときにはじめて、十全に主権を発揮できるという考え方がある。Isabelle Mathieu, <*L'action culturelle et ses métiers*>, Paris: PUF, 2011, p. 12.

（11）後にユネスコの初代成人教育部局長となって生涯学習の概念を示したポール・ラングランも、「人民と文化」の共同創設者のひとりである。

（12）http://www.peuple-et-culture.org/IMG/pdf/manifeste_peuple_et_culture.pdf（2015/05/02 最終閲覧）

（13）Joffre Dumazedier, <*Vers une civilisation du loisir ?*>, Paris: Seuil, 1962.（ジョフル・デュマズディエ『余暇文明へ向かって』中島巌訳、東京創元社、一九七二年）

（14）“La déclaration de Villeurbanne”, in Robert Abirached éd., <*la décentralisation théatrale 3.1968 le tournant*>, Arles: Actes sud-papiers, 1994, pp. 193-198.

（15）宣言は、演出家ロジェ・プランションとジャンソンの連名で、公共劇場責任者らの賛同署名とともに発表された。新しい美の様式を追求するための実験室を望んだプランションと、ジャンソンの間には意見の不一致があったことが指摘されている。

（16）ジャンソンは、アルジェリア戦争におけるフランス軍脱走兵を救援する非合法活動によって、有罪判決を受けた。アルジェリア戦争終結後の恩赦を経て、マルローより文化の家開館準備を命じられている。

（17）« Interventions de Francis Jeanson à la réunion d’experts à l’UNESCO, Paris, Juillet 1968 », in Francis Jeanson, <*Cultures & «Non-Public»*>, Sofia: Editions Le Bord de l’Eau, 2009, pp. 69-91.

（18）« Extraits du discours prononcés à la première conférence des ministres européens de la Culture, Helsinki, 9 juin 1972 », in Geneviève Gentil et Philippe Poirrier éd., <*La politique culturelle en débat: Anthologie 1955-2005*>, Paris: La Documentation française, 2006, pp. 67-68.

（19）一九七三年一〇月五日付けインタビュー（フランス国立視聴覚研究所ＩＮＡ映像アーカイヴ）（http://www.ina.fr/video/CAF95054152）（2015/05/02 最終閲覧）

（20）Peuple et Culture, <*Hommage à Joffre Dumazedier Itinéraire d’un humaniste*>, La Lettre de Peuple et Culture, numéro 27, Tiré à part, 2002, p. 11.

第14章　文化と経済

阪本　崇

1　文化政策における二つの変化

現在、世界で最も著名な文化経済学者のひとりであるデイヴィッド・スロスビーは、著書『文化政策の経済学』の冒頭で、近年、文化政策をめぐって二つの大きな変化があったことを指摘している[1]。第一の変化は、文化と経済との結びつきがより強くなり、広範囲にわたるものになったということである。その理由として、スロスビーは、次の三つの理由を上げている。第一に、「文化」が芸術と文化遺産を中心とする従来の概念から拡張され、各種メディアやファッション、デザインなどを含むより広い意味を持つ言葉として理解されるようになってきたこと、第二に、グローバリゼーションによって、文化的財の生産、流通、消費の場である経済環境そのものが大きく変化したこと、そして第三に、情報通信技術の発達によって、文化の消費者が単に受動的に消費する主体から、場合によっては積極的に発信する主体へと転じるなど、文化の消費そのものの性格が変化してきたことである。

こうした文化と経済とのより幅広い結びつきを背景に生じたのが、第二の変化である文化政策が経済政策の一環とみなされる傾向が強まってきたこと、いわば「文化政策の経済化」である。文化と経済との結びつきが強まった以上、とりわけ上に述べたような広い意味での文化を「生産」する文化産業と経済発展との関係が重視され、経済発展を実現するための文化政策——文化の生産に対する支援——を行うべきであるという見解が生まれるのは自然な流れである。

しかし、このような見解に関しては、強い懸念を持つ人々も少なくない。文化政策が経済政策の一環とみなされることは、文化の経済への従属ともとれるからである。文化産業の発展に関して批判的な議論を展開したアドルノとホルクハイマーの名を挙げながらそうした懸念があることに触れつつも、スロスビーは、「文化産業は経済政策の立案者の眼中に、文化を認めさせるのに役立つ」と述べて、文化政策が経済政策の一環としてみなされることをむしろ肯定的に捉えている(2)。その背景には、文化それ自体の重要性や文化を経済的に支援することの必要性が指摘されることはあっても、文化の公的支援は政策過程のなかで必ずしも十分に議論されてこなかったという事実がある。そのような観点から見れば、文化の発展が経済の発展に結びつくという認識が強まってきたことはむしろ朗報とも言える。

いずれにせよ文化の発展に経済的な基礎が欠かせないことは明らかであり、文化と経済という文脈のなかで文化政策が存在意義を持つのは、それがなければ文化は十分な経済的基盤を獲得できないという認識があるからである。しかし、その一方で文化政策は必ずしも文化に経済的基礎を提供することに成功しておらず、むしろ文化の領域における資源配分を歪めるとする見解もある。以下ではスロスビーの指摘した「文化政策の経済化」について確認した上で、市場と政策との関係を検討する。

2　芸術・文化と市場の失敗

人間の行為は、それがいかなる内容を持つものであろうと、経済問題との関わりを断ち切ることができない。ここで言う経済問題とは、ライオネル・ロビンズが著書『経済学の本質と意義』のなかで経済学を定義する際に言及したことでも知られる、人間の持つ数々の欲求に対して稀少な資源をどのように割り当てるかという問題である。その精神的な側面が強調されることの多い芸術をはじめとする文化についても、この問題と無縁ではありえない。絵画や伝統工芸品など文化的な財の多くがそれを生み出すのに資源を必要としているだけでなく、精神的な活動を行う人間の生命を維持すること自体が経済的基礎を欠くことができないからである。

このように考えれば、文化政策の文脈において、文化に関わる人間の行為に対して稀少な資源をいかにして配分するかという点をめぐって文化と経済との関係がまず問われてきたのは自然なことである。具体的には、公的支援によって、それが存在しなかった場合よりも多くの資源を文化に割り当てることの根拠はどこにあるのか、そして根拠があるとするならば、どのようなメカニズムでそれを実現するかということが議論されてきた。とりわけ、公的支援の根拠は、文化と経済との関係についてはじめて体系的な議論を展開したウィリアム・J・ボーモルとウィリアム・G・ボーエンの著書『舞台芸術――芸術と経済のジレンマ』（以下、『舞台芸術』）以来、一貫して文化経済学における主要なテーマであった。

『舞台芸術』は、アメリカの実演芸術団体の多くが所得不足の状態に陥っていることを膨大なアンケート調査から明らかにし、のちに文化経済学の基本命題のひとつとなる「ボーモルのコスト病」の下敷きとなった実証的研究の報告書として知られている。しかし、それと同時に、この著作は、当時のアメリカでの芸術・文化支援の実態を示した上で、よりいっそうの公的支援が必要であることを主張した政策提言の書でもある。この著作で特に強調されている公的支援の根拠は、実演芸術が純粋に私的な楽しみをもたらすだけでなく、公的なニーズを満たす混合財としての側面を持つ可能性である。実演芸術によって満たされる公的なニーズとしてボーモルらが挙げたのは、国家に付与する威信、周辺のビジネスに与えるメリット、将来世代の便益、教育的貢献の四点である[3]。

芸術・文化の直接的な使用者[4]ではない者が受け取る価値であるということから、これらは不使用価値と呼ばれることが多いが、経済学的な視点から見れば、その多くは正の外部性と呼ばれる現象の一形態である。経済学では、市場における経済主体の行動が直接的な取引関係のない第三者に対してプラスの影響を与えることを、正の外部性と呼ぶ。ある財が正の外部性を生み出す場合、その財の供給は社会的に望ましい水準よりも低くなる。たとえば、予防接種はそれを直接的に受けた本人を伝染病から守るだけでなく、その蔓延を防止することによって予防接種を受けていない人々の感染の防止にもつながる。しかしながら、これらの人々はそのことによってもたらされる利益に対して直接的に金銭的な支払いを行うことがないため、仮にそうした支払いが行われるとした場合と比較して、予防接種への資源配分は結果として過少になる。芸術・文化の場合にも、これと同様の論理が成り立つとするのがボーモルらの主張である。

もちろん、芸術・文化に対して公的な支援を行うことの根拠は他にも存在する。歴史的建造物によって彩られた街並みは、公共財としての性質――非競合性と非排除性の二つの性質――を持つために、何らかの公的支援がなされなければ維持されないかもしれない。また、文化に対する需要が少ないのは、人々が幼少期に文化に触れる十分な機会を持たず文化の楽しみを十分に認識できていないからだとすれば、情報の不完全性の観点から、鑑賞者開発という形での政府の介入が正当化されるであろう。このように、いわゆる「市場の失敗」を引き起こす要因はすべて公的支援の根拠となる可能性を持っている。また、所得分配に対する配慮も平等的見地から根拠となりうるであろう。

ところが、こうした公的支援の根拠は必ずしも明白かつ強固なものではない。正の外部性に限ってみても、その存在が公的支援の根拠として意味のあるものになるためにはさらに条件が必要となる。一般に正の外部性が公的支援の根拠となるためには、外部性の総量ではなく、外部性の限界量（支援一単位の追加によって発生する正の外部性）が公的支援の限界費用（支援一単位を行うために必要な費用）を上回る必要がある。たとえば文化に対して新たに一万円の補助金を支出することが正当化されるためには、政府が一万円を調達するのに要する費用（徴税コスト等）を補助される一万円に加えた額を超える正の外部性がこの支援によって追加的に発生することが確認されなければならない。それが保証されてはじめて当該の政策が社会の福祉の向上につながったと言えるのである。これは極めて厳しい条件である。たとえば、しばしば指摘されるように、高等教育サービスへの公的支援を正の外部性の観点から正当化するのは容易ではない。それが科学技術の発展などの形で正の外部性を生み出すことは明らかであるが、高等教育を受けることの私的便益が十分に大きいため、私的便益によって支えられる需要がすべて満たされた時点で、正の外部性のほとんどが実現されてしまうとも考えられるからである。

また、この場合、その根拠となる社会的便益が未実現の潜在的なものであるに過ぎないことも正の外部性による正当化を脆弱なものにしている。この点は、公害のようにすでに顕在化している被害が根拠となる負の外部性のケースとは根本的に異なるところである。くわえて文化に関しては、たとえそれが潜在的なものではなく、すでに顕在化しているものであったとしても、測定することすら容易ではないという問題もある。ボーモルらが指摘した国家に付与する威信や将来世代の便益といった形での外部性は、具体的に測定する以前に、それにいかなる尺度を与えるべきかといった点でも意見の一致を見ることは困難である。以上の議論から明らかなように、文化政策の政策的有効性を否定された際には、それに対して説得的に反論することが難しいという大きな弱点が正の外部性による正当化にはあると言わざるをえない。正の外部性以外の根拠、すなわち公共財としての文化や文化消費における情報の不完全性の存在についても同様の難しさがある。

3　経済政策としての文化政策

以上で述べたように曖昧さの残る根拠に代わって、近年になってさかんに取り上げられるようになったのは、文化は単に経済によって支えられるばかりの存在ではなく、むしろ、経済の発展に貢献する存在であり、文化に対する支援はいわば経済活性化のための投資とみなすことができるとする考えである。こうした考え方は、日本政府の具体的な政策のなかにも表れている。二〇〇一年に「文化芸術振興基本法」が制定されて以降、「文化芸術立国の実現」というスローガンのもとに、「文化芸術振興に関する施策の総合的な推進」が図られてきたが、その基本的な視点として『文部科学白書』では「成熟社会における成長の源泉」や「文化芸術振興の波及力」が挙げられている。[5]

厳密に境界を引くことは難しいが、ここで述べられている芸術・文化による貢献の経路は二つである。第一の経路は、芸術や文化が既存の経済的資源あるいは需要を引き寄せるなどして、その周辺での経済を活性化させるというものである。こうした効果は、『舞台芸術』のなかで実演芸術が周辺のビジネスに対して経済的なメリットを与えることをボーモルらが指摘したことに端を発するが、現在でも、創造都市論に代表されるように、文化が周辺の経済活動を活性化させる可能性は、その視点をより多様なものへと発展させながら、指摘され続けている。たとえば、クリエイティブ・クラス（価値を新しく作り出す人）の集積が都市経済の発展に重要な役割を果たしていることをリチャード・フロリダが指摘して以来、クリエイティブ・クラスにとって魅力的な都市を創りだす文化の役割に注目が集まっている。

第二の経路は、芸術・文化自体が新たな経済的な資源となりうるというものである。スロスビーは文化産業の同心円モデルを提示した。そこでは、創造的コアと呼ばれる芸術・文化を中心に、音楽産業から観光産業まで多種多様な文化産業が位置づけられることを示すとともに、芸術・文化が生産過程のなかに投入され、それがさまざまな形で利用されることによって新たな価値を生み出す価値連鎖が創り出されるとした。[6]しかし経済的な資源としての文化への着目もまた決して目新しいものとは言えない。アメリカの経済学者ジョン・ケネス・ガルブレイスが、ニューヨーク近代美術館での講演で自動車をはじめとする工業製品におけるデザイン性や芸術性の重要性に触れながら「芸術と経済との隔離によって損するのは芸術家ではなくて経済である」と述べて、生産要素としての文化的要素の重要性を指摘したのは、一九五九年のことであった。[7]近年になってこのような文化の効果が以前にもまして注目をあつめるようになった背景には、冒頭で取り上げたスロスビーの指摘にあるように、情報通信技術の発展により、その可能性が従来よりも広がってきたという事実があるためであろう。

遺贈価値や威光価値に顕著であるように、正の外部性という概念が抽象的でわかりにくいのに対して、経済成長への貢献は理解しやすく、コンテンツ産業の集積のように、場合によってはその具体的な形も明確である。このような効果に訴えることで、芸術・文化への公的支援を引き出すことはより容易になるはずである。

ところが、このような文化支援の根拠は文化政策にとって重大なジレンマとなりかねない危険性をはらんでいる。文化を経済成長の手段とする見方は、それを実現するのにより有効な政策手段（経済成長に役立つ文化）を選別しようとする契機となりかねないからである。経済成長その他の政策目的に貢献するという理由からの選別は、文化政策の基本原則であるはずのアームズ・レングスの原則――政府がその意図によって助成の対象となる文化を選別してはならないとする原則――をいとも簡単にすり抜けてしまいかねない。その意味で、文化が経済に貢献するという文化支援の根拠は、芸術・文化にとって諸刃の剣であるとも言える。

もちろん、第二次世界大戦終結間際にケインズがアームズ・レングスの原則を提唱した背景には文化政策が思想・信条の統制につながることへの懸念があったことは言うまでもない。経済成長への貢献度によって文化の選別を行うことは、これとは性格を異にするものである。とはいえ、文化それ自体に内在しない目的による選別は文化への資源配分を歪めることになる。経済成長への貢献という可能性が文化への公的支援を容易にしたのと同様に、環境ビジネスへの注目は、従来あったような環境か経済かという対立状況から環境政策を解放し、それについての合意を得やすいものにしたが、その一方で環境ビジネスが自らの利益にむすびつく環境問題だけをことさらに強調する可能性があることはしばしば指摘されてきた。いかなる場合でも、政府による介入は、それをうまく利用することで利益を得ようとするレント・シーキング行動を誘発する。文化の領域でこれと同様の現象が生じないと断言できる理由は何もないのである。

4　文化政策と文化の多様性

しかしながら、文化のあり方を歪めるのは経済政策としての文化政策だけとは限らない。『金と芸術――なぜアーティストは貧乏なのか？』の著者で自身も芸術家であるハンス・アビングは、上で述べたのと同様の理由で

政府が芸術に公的支援を行うこと自体について否定的な見解を示している。(8)

アビングによれば、政府が芸術に助成を行うことは、助成された分野に対して特別な地位を与えることであり、芸術間の競争を歪めることになりかねない。オペラやクラシックといった伝統的な芸術が手厚く保護されている欧州諸国のポップ・ミュージックが、アメリカのそれより大きく立ち遅れているのがその証左である。また、アビングは「外部効果の存在に起因する市場の失敗は芸術において間違いなく存在するが、それは本質的レベルの生産不足を引き起こすものではない」とも述べている。(9) 芸術の生産は個人的な寄付その他の民間部門からの無償の援助、とりわけ一般的な労働者よりも低い報酬を自ら喜んで引き受けるという形で行われる芸術家自身からの無償の援助によって支えられているため、政府による助成が減少したとしても、芸術の生産に本質的と言えるほどの影響を与えるものではないというのが彼の主張である。

仮にアビングの見解が正しいとすれば、文化の公的支援は「市場の失敗」への有効な対処ではありえず、むしろ「政府の失敗」の様相を帯びることになる。もちろん、彼の議論は芸術のみを対象としたものであり、同様のことが文化の全領域に一般化できるかは議論のあるところであろう。文化遺産のように、新たに生産が行われることのない文化については当てはまらないとみなすことも不可能ではない。しかし、文化政策が意図せざる資源配分の歪みをもたらし、結果として文化の多様性を制約するという指摘は、とりわけ文化財保護のみに偏重してきたという批判も多い日本の文化政策を考えるにあたっては、傾聴に値すべきものである。

文化政策が文化の多様性を制約することになるとのアビングの指摘は、逆説的に聞こえるかもしれない。なぜなら、文化の多様性を維持することは文化政策の重要な目標のひとつとして捉えられてきたからである。冒頭で紹介したスロスビーの著書『文化政策の経済学』では、ひとつの章を割いて文化多様性の概念が持つ意味と文化政策にとっての意義を検討している。同時に、別の章では、文化多様性が損なわれる可能性のある具体的な現象として国際貿易を取り上げ、文化政策のひとつのあり方として、貿易において文化的例外事項を設けることの意義について詳細な検討を加えている。一方で、文化を画一化するはたらきを持つという批判を市場は常に受けてきた。すでに一九四〇年代に『啓蒙の弁証法』のなかでアドルノとホルクハイマーが、文化産業が文化を商品化し、画一化する可能性を持つことを指摘したことはあまりにも有名である。

これとは対照的に、市場のはたらきを重視する経済学者のなかには、市場によってこそ文化の多様性が生まれると主張するものもいる。その代表的な論者はタイラー・コーエンである。コーエンの著書『創造的破壊』によれば、極彩色のハイチ絵画やジャマイカのレゲエ音楽などは、その土地に住む人々がヨーロッパ諸国との交易を通じて新たに手に入れた画材や楽器を伝統的な芸術に取り入れることで花開いたものである。また、ナバホ族の織物が発達したのは、市場が安価で質の良い毛糸や染料を彼らに供給したのと同時に、それを製品として売る供給先も提供したためである。このような事例から、コーエンは、自由な市場取引こそが文化を生み出す人々に新たなアイデアと創作のための環境を与え、文化の多様性を生む契機になることを指摘している[10]。

同時にコーエンは、アビングと同様に、保護主義的な文化政策には批判的である。たとえば、フランスの映画政策のように、規制や補助金によって自国文化を守ろうとする政策は、確かに国際間での多様性の維持に成功するかもしれないが、反面、国内での多様性が犠牲になるというのが批判の理由である。規制や補助金によって利益を得るのは国内においてすでに地位が確立された文化であり、そうでないものは規制や補助金の恩恵にあずかることは少なく、むしろ、才能のあるクリエーターを国外に追いやることになるとコーエンは言う[11]。また、コーエンは、地域あるいは民族のエートスの保守を自国文化保護の理由として挙げることにも批判的である。生活のあらゆる側面を含む「広いエートス」は確かにグローバリゼーションによって危機的な状況に陥っているのかもしれないが、そうした「広いエートス」が力を失うことは、個別の分野に関わる集団──「オタク文化」を支持する人々のような国境を超えて存在する集団──が持つ「狭いエートス」を生み出すことにつながるというのである[12]。

ここで取り上げた二人の経済学者には、文化の導き手として、政府よりも市場のほうがより望ましいという強い確信があるように見える。その背景には、ブルーノ・フライが指摘するように、文化を評価する主体として誰が望ましいのかを明確にすることは極めて困難であるという事情がある。[13] 文化の領域では、専門家といってもその意見は多様であり、権威による判断は結局のところ恣意的なものになりかねない。そうであるならば、アダム・スミスの言う「見えざる手」に導かれるように、多様な人々の意見や嗜好が集計されてゆく市場に判断を委ね、文化の領域においても「消費者主権」を実現することが望ましいということには一定の合理性があるように見える。

5　規範としての市場

もちろん、すべての経済学者がアビングやコーエンのように市場のはたらきに全幅の信頼をおいているわけではない。ハンガリー生まれの厚生経済学者ティボール・シトフスキーは、この点について興味深い議論を展開している。[14] シトフスキーは、まず、市場経済は金権主義に陥る宿命を負っていると指摘する。市場経済においては、「消費者主権が完全に実現されるように、すべての生産決定の基準をもっぱら買い手の自由な選択に置く」ことが求められるが、市場に参加するすべての消費者が等しい影響力を持つわけではない。「市場は消費者が使用するドルを票数とする自動投票計算機のようなもの」であるため、そもそも票である貨幣をより多く持つものの選好が生産のあり方を決定する傾向がある。これは、金権主義＝金持ち支配にほかならないが、市場にはそれを矯正する手段もあらかじめ備えられている。「規模の経済」である。多くの財は大量生産によってそのコストを下げることができるため、大量生産は金権主義への強力な対抗手段となりうる。しかし、ある財に規模の経済がはたらくためには、多くの人々が共通して持つ欲望を満足させることがその財に要求されることは言うまでもない。

こうして金権主義と大衆支配は現代の「資本主義によって負わされた法則」となるが、その結果として肩身の狭い思いをするのは「風変わり」な嗜好を持つ人々である。これらの人々は、よほど金持ちでない限り、その嗜好をあきらめて大勢に順応せざるを得なくなる。多品種少量生産が技術的に可能となった現在、特に工業製品の分野では、文字通りの大量生産は重要でなくなっている。シトフスキーの議論は、むしろ複製技術によって膨大な数の消費者を獲得する機会を持つ芸術・文化により当てはまるように見える。こうした環境のもとでは、「風変わり」な嗜好を持つ人々にしか好まれない文化は、たまたま「風変わり」な金持ちに巡りあわなければ、経済的に生き残ることができないということになりかねない。そして、どの「風変わり」な嗜好の持ち主が金持ちであるかはまさに偶然の産物でしかない。

したがって、たまたま歴史的な経緯で地位が確立された文化や、たまたま経済政策の手段として有効であった文化が選別されるのと同じことが市場においても起こりうる。つまり、たまたま歴史的な経緯で裕福な家系の嗜好に合致し維持されている文化や、たまたま大金を得た成功者の嗜好に合致する文化が市場のなかでは選別されることになる。文化の側に立つものから見て理不尽な選別が起こりうる可能性があるのは政策過程を通じてだけではないのである。このことを考慮すれば、結果としての多様性の度合いはどうであれ、市場によってもたらされた多様性をそのまま望ましいものと受け入れることには躊躇せざるを得ない。

仮に、アビングやコーエンの言うように、市場に委ねたほうが文化は多様化するという見解を認めるとしても、シトフスキーの議論から明らかになったように、その多様性は現在の消費者の嗜好とその分布に依存した多様性である。そのようにして実現された多様性が、長期的に見て望ましいかどうかはアプリオリには明らかでない。将来世代の視点から見れば、別の多様性のほうが望ましいということがないとは決して保証できない。このように考えれば、芸術・文化の実践も含めて経済活動が行われている時点の人々の嗜好に判断の基準を無条件においているところに彼らの議論の限界があることは明らかであろう。

しかし、このような限界によって制約を受けているのは、アビングやコーエンのように、政策的手段よりも市場のほうが望ましいとする議論だけではない。「市場の失敗」にもとづく公的支援の根拠にも実は同じことが言える。「市場の失敗」に依拠した文化政策は、結局のところ「成功した市場」、すなわち理想的な条件を整えた市場であれば達成できたであろう結果を目標として、政策手段を講じることにほかならないからである。この場合、結果として実現される資源配分が市場によって決まるのではなく、目指されるべき資源配分が市場によって決定される。言い換えれば、市場自体が規範となっているのである。

このことは、資源配分の手段として見る限り、文化政策に与えられた役割は市場を補完することでしかないということを意味しているといってもよいだろう。文化政策にこのような限定的な役割しか与えられないのは、市場に代わる規範が十分に確立されていないからにほかならない。したがって、政策過程という人間が歴史的に手に入れた、市場とは異なる資源配分の手段を市場の枠組みに押し込めることなくより有効に活用するために、それを導く規範を明らかにしていくことが今後の研究に期待される。もちろん、政策一般がそうであるように、民主主義国家において、文化政策を導く規範が民主主義的政治過程を通じて決定されるべきであることは言うまでもない。

注

（1）David Throsby, *The Economics of Cultural Policy*, Cambridge University Press, 2010, pp. 1-5.（デイヴィッド・スロスビー『文化政策の経済学』後藤和子／阪本崇監訳、ミネルヴァ書房、一—五ページ）

（2）Ibid., pp. 6-7.（同上、七ページ）

（3）William J. Baumol and William G. Bowen, *Performing Arts: The Economic Dilemma*, The MIT Press, 1966, pp. 382-386.（ウィリアム・J・ボウモル／ウィリアム・G・ボウエン『舞台芸術——芸術と経済のジレンマ』池上惇／渡辺守章監訳、芸団協出版部、一九九三年、四九五—五〇〇ページ）

（4）ここでの「使用」は「鑑賞」や「実践」を含む広い概念である。

（5）文部科学省『平成25年度　文部科学白書』二〇一三年、三一六ページ

（6）David Throsby, *Economics and Culture*, Cambridge University Press, 2001, pp. 112-114.（デイヴィッド・スロスビー『文化経済学入門——創造性の探究から都市再生まで』中谷武雄／後藤和子監訳、日本経済新聞社、二〇〇二年、一七七—一八一ページ）

（7）John Kenneth Galbraith, *The Liberal Hour*, Houghton Mifflin Company, 1960, pp. 66-67.（ジョン・ケネス・ガルブレイス『自由の季節』鈴木哲太郎訳、岩波書店、一九六一年、七三ページ）

（8）Hans Abbing, *Why are Artists Poor?*, Amsterdam University Press, 2002, pp. 221-224.（ハンス・アビング『金と芸術――なぜアーティストは貧乏なのか？』山本和弘訳、グラムブックス、二〇〇七年、三六七―三七二ページ）

（9）Ibid., p. 217.（同上、三六三ページ）

（10）Tyler Cowen, *Creative Destruction: How Globalization Is Changing the World's Cultures*, Princeton University Press, 2002, pp. 19-46.（タイラー・コーエン『創造的破壊――グローバル文化経済学とコンテンツ産業』田中秀臣監訳、浜野志保訳、二〇一一年、作品社、三六―七〇ページ）

（11）Ibid., p. 81.（同上、一二〇―一二一ページ）

（12）Ibid., pp. 66-70.（同上、九九―一〇四ページ）

（13）Bruno S. Frey, *Arts & Economics: Analysis & Cultural Policy*, Springer, 2000, pp. 13-17.

（14）Tibor Scitovsky, *The Joyless Economy: The Psychology of Human Satisfaction*, Oxford University Press, 1976, pp. 8-11.（ティボール・シトフスキー『人間の喜びと経済的価値――経済学と心理学の接点を求めて』斎藤精一郎訳、日本経済新聞社、一九七九年、二一二―二一七ページ）

第15章　地域・コミュニティ

友岡邦之

1　日本における文化政策のメインターゲットとしての「地域」

戦後日本の文化政策（文化行政）の展開について考えるとき、「地域づくり」や「コミュニティ」といったテーマはきわめて大きな位置を占めている。実際日本の文化政策は、国家レベルの問題としてより、むしろ地方自治体が主導し推進する地域振興の問題として関心の対象となってきた例の方が多いのではないか。もちろん、一九九〇年の「芸術文化振興基金」創設、および九六年の「アーツプラン21」と称する芸術創造推進事業の創設、九七年の新国立劇場開館、九八年の文化政策推進会議による「文化振興マスタープラン」答申など、一九九〇年代には文化庁を中心とした国家レベルの文化政策も劇的に変化した。しかしそれ以前は、文化政策（当時は「文化行政」と呼ばれることが一般的であった）はもっぱら地方自治体の課題であった。

そして二〇〇〇年代以降の文化政策の展開を振り返ってみても、国家レベルの政策としても「地域」は大きな課題の一つとして認識されているようである。たとえば平成二七年度の文化庁予算概要において、トップ項目として挙げられているのは「文化力による地域と日本の再生」であり、その中には「文化芸術地域活性化事業」八五事業と「創造都市事業」六事業が含まれている。こうした文化政策における「地域重視」の傾向は、一九九四年に当時の自治省のはたらきかけを基盤として設立された一般財団法人「地域創造」によっても支えられている。同法人は地域づくりの観点から地域社会における文化振興、そしてそのための公立文化施設支援に取り組んできた組織であり、自治体文化政策の充実に貢献してきた。本章では、この日本の自治体文化政策を支えてきた背景的な論理に注目しながら、その歴史的展開をたどることにしたい。

さて梅原宏司によれば、「文化行政」と「まちづくり」は最初から結びついていたわけではなく、それが理念的に明示されたのは田村明と森啓による編著『文化行政とまちづくり』（時事通信社、一九八三年）によってだという[1]。また実際、野田邦弘も指摘するとおり、戦後における初期の文化行政とは、文化庁と教育委員会の連携体制の下での、社会教育の一環としての芸術普及事業であった[2]（もっとも後述するが、筆者の見解ではそうした時期の国および地方自体の文化行政はきわめて注目度の低いものであった）。

だが少なくとも、現在に至るまでの戦後日本の文化政策の重要なターニングポイントが、一九七〇年代における地方自治体の取り組みであったことは間違いないだろう。よく知られているように、主に地域社会との兼ね合いで文化行政が語られてきたことの背景には、革新自治体の台頭があった。一九六〇年代にスタートした自治体文化行政が七〇年代に重要な転機を迎えたのである。これは一九八〇年代のフランスにおける社会党政権の誕生の際でも同様だったが、革新自治体が地域政策の新しい局面を切り開く手段として、「文化」が注目されたのだった。一九七〇年代に京都や大阪で台頭してきた革新自治体や、それをブレーンとして支えた文化行政研究会および梅棹忠夫の「チャージ／ディスチャージ」論等の議論が、新しい時代の地域政策を先導した。そして関東でも、神奈川県の長洲一二知事、東京都の美濃部亮吉知事、埼玉県の畑和知事らが都県レベルでの文化行政を進めることとなる。

その際、「文化」はきわめて広義に捉えられ、生活文化全般に取り組む施策として文化行政は理解されていった。たとえば先の『文化行政とまちづくり』で紹介されている実例をみれば、「文化行政」が広い意味で受けとめられ、その解釈の下で地域づくり・まちづくり一般が包括的に扱われていることがわかる。野田邦弘は次のように指摘している。

ここには、それまでの文化庁系の「高級芸術」の鑑賞・普及を中心とした社会教育行政の一部としての文化行政ではなく、市民の生活環境全般にわたる「総合行政」としての文化行政の理念が語られた。したがって、文化担当セクションだけが文化に取り組むのではなく、自治体組織全体で取り組むべきだとされた[3]。

つまり戦後の文化行政は、文化庁の示す基本方針の下で、各自治体の教育委員会が社会教育の一環として芸術普及を進めるという取り組みから出発し、それが革新自治体の台頭によって状況が変化する中、広義の文化概念を前提とすることに伴って、文化行政の総合行政化を志向することになったのだった。そしてその延長線上に、次に述べる「行政の文化化」というテーマが浮上することになる。

2　「行政の文化化」再考

ところで、文化政策あるいは文化行政が地域振興と密接なつながりをもち続けてきたといっても、その「地域振興」には市民社会の構築という側面と、地域経済の活性化という側面とがあり、それらを区別する必要がある。そのうちの「市民社会」の構築という側面は、松下圭一や森啓、田村明らをはじめとする論客によって理念形成が進められていった。その際にキーワードとなったのが、「行政の文化化」という概念である。なお畑県知事時代の埼玉県が提唱したいわゆる「埼玉テーゼ[4]」も、「行政の文化化」を規定する考え方として影響力をもった。

市民社会の構築という側面を追求した文化政策（文化行政）上の理念の極端な形態が、この「行政の文化化」である。「行政の文化化」とは、革新自治体による文化行政が展開していく過程で登場した概念であり、文化振興を推し進める行政自体が文化的に変化しなくてはならない、とする考え方である。つまりそれは、改革を遂行する主体がその改革理念を自己反省的に内に向けるプロセスのヴァリエーションのひとつであったといえる。中川幾郎はこれを、「行政の文化的自己革新」と呼び、「要約すれば行政の文化化は、行政と職員が立脚している価値観、すなわち「行政文化」を自治、自立、市民等の視点から問い直し、意識、行動、表現等のさまざまな面からその改善、改革を図ることである」と説明している(5)。

この「行政の文化化」は、地域社会という確固たる基盤のもとに、文化概念の含意を拡張し、文化行政を近代市民社会の確立に寄与させようとする（そしてそれを行政システム自体にも反映させていく）試みだったといえる。これは、先述の通り文化行政が「生活文化」「市民文化」を重視し、総合政策（総合行政）化を志向した帰結として必然的に登場した。後述するように、この「行政の文化化」という考え方は、芸術振興を社会教育行政の旧来的な枠組みから解き放って推進した場合に立ち現れるであろう文化政策の方向性と、コインの裏表の関係にあるといえるのかもしれない。すなわち、文化政策には市民の文化環境を整える「基盤整備型」のものと、先進的な表現と価値観を世に問う「問題提起型」の取り組みとがありうるわけだが、前者は広い意味での市民のリテラシーの涵養に努めるものであり、後者は価値観を揺るがす経験を市民に提供するものといえる。これらについて、（旧来の社会教育行政の一部としてではない、後述の意味での）芸術振興の多くが後者に関係し、結果的に論争可能性を内包しているのに対して、もう一方の「行政の文化化」は基盤整備型のひとつであるがゆえに、それは、この時期における文化行政上の新しい理念として提起しやすかったのではないだろうか。

もっとも、理念レベルの論理と、現実の展開を支える論理は別物である。特に自治体文化行政に関しては、先述のように「行政の文化化」を中心とした理念的な議論の展開と、経済的な観点に基づいた地域振興の帰結としての文化施設建設とは区別して考えなくてはならない。そして野田も指摘するように、「行政の文化化」という目標は、「抽象的で、全庁的理解を得るには説得力に欠けたこと、その推進のための具体的手法の開発が不十分だったこと、文化行政における横割りが従来の縦割り組織の中では十分な機能を果たせなかったことなどの理由から(6)」、十分な成果を上げることができなかったのだった。

3　「芸術」とリベラリズム的価値観の共通性と、八〇年代文化施設建設ブーム

ところで、文化政策というテーマがこのように（近代市民社会の構築という視点であれ、経済活性化という視点であれ）地域社会への寄与という観点から語られるということや、さらに生活文化も含みこむ広義の文化概念に基づいて、文化政策が総合政策として語られるということについては、今少し考えてみる必要がある。すなわち、そもそも文化政策がもっぱらこのような形で地域振興に結びつけて語られてきたのは、（旧来の社会教育行政の枠組みから解き放たれた形で）芸術の価値自体を公共的なものと受け止めて評価する論理が（少なくとも日本では）確立できなかったからだとは考えられないだろうか。言い換えるなら、ともすると一部の者しか解さないとされる芸術の価値について、その公共的側面を明示できなかったからこそ、文化行政は広義の文化概念に基づいて地域振興に結びつけられたということではないだろうか。

当然ながら、芸術作品の価値はすべての人に等価で共有されるわけではない。文化経済学的にいえば、それは公共財ではなく準公共財なのである。[7] つまりそれは、芸術の公共的価値を行政にとって馴染みの「平等性」という観点から保障することが難しいことを意味する。だからこそ文化経済学でも、文化の公共的価値については「オプション価値」等々とさまざまな付帯的価値がリストアップされてきたのである。[8]

しかし平田オリザも指摘するように、芸術の価値においては、異なる価値観の承認という契機こそが重要になる。長くなるが、以下に平田の文章を引用しよう。

> 自治体が芸術創作に直接介入するということは、新しい祭りを作るのとは別の、もう一つの問いかけを含んでいるのではないだろうか。
>
> 祭りとは、御神輿に象徴されるように、共同体への帰属意識を問うものである。

『この御神輿を担ぎますか、担ぐのならば、あなたはこの共同体に入れますよ』

という一種の通過儀礼的な要素が、祭りには内包されている。

だが、芸術作品、とりわけ集団でものを創る舞台芸術にはもう一つ別の問いかけが含まれている。それは、

『あなたと私は、こんなに価値観が違うけど、それでも私たちは同じ作品を創れるだろうか？』

という問いかけだ。

演劇は、異なる価値観をもった人々が集まり、価値観を擂り合わせながら一つのものを創造していく営みである（この点について興味のある方は、拙著『演劇入門』〈講談社現代新書、1998年〉を読んでいただきたい）。どんなに演出家の技術が素晴らしくても、参加者全員と価値観やイメージの擂り合わせができていないと素晴らしい舞台は創れない。これは、いわゆる「祭り」とは、明らかに異なった方向性だろう。だから、この問いかけは、こう言い換えることもできる。

「あなたと私は、こんなに違うけれど、一つの共同体を構成していけるだろうか？」

これは通過儀礼型の問いかけと大きく異なる。「祭り」が、従来の共同体の価値観を、新しい参加者に強要するのに対して、芸術の創造現場では、あらかじめ決まっていることなど何もないのだ。お互いの価値観をいったん尊重し、その個々の価値観はそのままにして、それを擂り合わせていくところから、創作の過程が開始される。そして、この新しい問いかけ、「異なる価値観を異なったままに、新しい共同体を作る」という試みこそが、いままさに地域の共同体、地方自治体に求められている事柄なのではないだろうか。ここに、自治体が文化行政に関わることの、最も積極的で今日的な根拠がある(9)。

このような、異なる価値観をもつ者同士のコミュニケーションの涵養という取り組みは、松下圭一もめざしていた、都市型の近代市民社会の前提となるはずのことだろう。しかし松下をはじめとするかつての「行政の文化化」論は、文化概念を広義に捉えて生活全般の価値観の見直しという方向に向かった。そして近代以降の「芸

術」が固有にはらむ価値の問題に注目しなかったため、結果的に芸術に焦点を合わせた文化政策を展開することができなかったのではないだろうか。つまり「芸術」に焦点を合わせても「市民文化」振興に結びつく論理は作れたはずなのに、そうならずに一九七〇年代以降の自治体文化行政は歩みを進めてきたのではないか。

もちろんこうした姿勢については、当時の文化行政を担当した自治体職員にはそれなりの確信と自負もあったことだろう。たとえば中村順は、文化振興条例をめぐる日本文化行政研究会での討議に言及して「自治体職員の中には、芸術文化の振興に力点を置く立場と、文化行政の原点である総合行政に戻ろうという立場の二つがあるが、後者の立場は、文化振興条例は「文化のまちづくり基本条例」であるべきであって、芸術文化振興に目的を限定してはならないという主張につながっていくのである」[10]と述べ、総合行政としての文化行政という主張が、熟慮の上になされていることを指摘している。このような考え方は、旧来的な社会教育行政下での「高級芸術」鑑賞・普及策として芸術文化振興の問題を捉えるのなら、当然だったといえるかもしれない。しかし平田の指摘のように芸術の意義を捉え返すならば、われわれはもはや中村と同じ視点に立つことはできないのではないか。

そしてこのような芸術の公共的価値を基礎に置いた文化政策の論理が現在においても十分に確立されていないのならば、それは日本におけるリベラリズム的価値観の未成熟さを示すものだともいえるのではないか。なぜならリベラリズムとは個々人の異なる価値観を互いに尊重し、共生の道を探るという思想的立場のはずだからである。一九七〇年代の革新自治体による文化行政の進展、および「行政の文化化」論の展開に続いて八〇年代の自治体文化行政において現れたのはいわゆる箱物建設ブーム、すなわち自治体による公立文化施設の建設ラッシュであった。ここにみられる数多くの「多目的ホール」の建設という状況は、上述のような意味での芸術の公共的価値についての理解が浸透していなかったことの証左だろう[11]。一九八〇年代における自治体文化政策の大勢においては、七〇年代までの、地域社会を近代市民社会に導いていくという理念に基づいてではなく、もっぱら公共投資の対象として文化施設が建設されていった。つまり、単純な（経済的な意味での）地域振興に終始していたのである。ここに日本の社会におけるリベラリズムの未成熟さが明確に確認できると主張するのは、言い過ぎだろうか。

4　パターナリズム批判再考

こうした経緯を踏まえると、直接支援的な文化政策の実行についてしばしば指摘される「パターナリズム(12)」的性質についてもより詳細に考える必要がある。すなわち日本の自治体文化政策の大勢においては、その下で実施される文化事業は「パターナリスティック」とみなせるほどに確固たる信念や基準に基づいて実施されてこなかったのではないか。日本の地方自治体が進めてきた文化振興策の多くは、むしろ主に自治体内の諸文化団体の「声」を吸い上げる形で行われてきたのであり、関係市民団体による利益誘導的運動を少なからず反映していたのではなかったか。少なくとも文化ホール建設においては、自治体内の文化団体の要望を集約する形で合意形成が図られることは珍しくない（もっともこれについては、細かいプロセスは個別の事例によって様々である）。

そして諸々の文化事業（とりわけ芸術鑑賞事業）も、行政、あるいは行政によって委任された意思決定者（芸術監督等）が強い権限をもって事業内容を決定することは、相対的に少なかったはずである。多くの文化事業は、限られた事業予算の範囲内で、プロモーターとの交渉の中でパッケージ事業を選定するにとどまっているのが通例であった。そしてそうした事態は現在でも珍しいことではない。また多くの文化事業は、文化振興策の結果を享受するのが一部の市民のみだったとしても、他の多くの市民によって争点化されることがほとんどない。芸術振興よりも市民文化振興に力点を置いた文化行政の推進が、結果としてこういう事態を下支えしていたのではないか。

地方自治体の文化行政が真にパターナリスティックな方向へと一歩を踏み出したのは、一九九〇年代の専門文化施設建設ブームからだろう。すなわち、水戸芸術館、愛知県芸術劇場、アクトシティ浜松、彩の国さいたま芸術劇場、すみだトリフォニーホール、札幌コンサートホールキタラ、静岡舞台芸術センター（SPAC）、滋賀県立芸術劇場びわ湖ホールなどの特定の芸術ジャンルに特化した専門施設の建設や専門的芸術組織の設置がその契機とみなせる。しかしこうした傾向も、地方自体が設置した文化ホール全体の中では、一部の事例に過ぎないといえよう。またここに挙げたような施設も、現状では財政危機の影響も相俟って、市民への説明責任や、市民との協働、地域社会への貢献を強く求められながら運営されている。特に二〇〇〇年代以降の文化ホールはそうした状況下にあり、たとえば可児市文化創造センターアーラやいわき芸術文化交流館アリオスといった文化ホールは、市民や地域へのはたらきかけを本格的に追求した施設だといえる。もちろんこのような傾向は、否定されるべきことではなく、むしろ日本における芸術を通したリベラリズム的価値観醸成の試みとみることもできるのだが、ともあれこの意味で、日本の自治体文化政策に見出せるパターナリズムの傾向とは、相対的にソフトなものだといえる。このようにみてくると、日本の自治体文化政策においては、リベラリズム的に多様な価値観を交錯させる取り組みは緒に就いたばかりだし、問題提起的にさまざまな施策をトップダウンで提示していくハードなパターナリズムの傾向も、総じて希薄であったとまとめることができよう。

5　創造都市と文化政策の新しいステージ

さて、一九九〇年代後半から日本の研究者にも注目されるようになり、二〇〇〇年代になると日本の自治体でも実例が登場し始めた「創造都市」の取り組みも、これまで論じてきた各時期の自治体文化政策同様に、地域社会との結びつきの中で文化振興が行われるものである。それは文化をはじめとするさまざまなジャンルの創造活動のインキュベーションが継続的に発生するような土壌をつくることで、当該地域社会の持続的な発展を企図する地域づくりだといえる。また「創造都市」を名乗らずとも、特定地域を拠点とした、サイトスペシフィックなアートプロジェクトが二〇〇〇年代以降、日本の地域社会では多く見受けられるようになっていった。

これらの傾向は、それ以前の地域文化政策の延長上にあるようにみえながらも、次の点で重要な相違がある。

それは、(少なくとも方便・建前として)文化的資源、特に「芸術」という、扱いの難しかったものを「手段」と位置づけ、それを地域社会に総合的に「利用」するという姿勢を打ち出すようになったという点である。これは、地域社会と文化政策との結びつきという点で重要であろう。「行政の文化化」の時代から文化政策の総合政策化という構想は語られていたが、(生活文化を含む広義の「文化」、という形ではなく)「芸術」を中心としたクリエイティブな文化資源を総合的に地域づくりに貢献させる取り組みが全国的な傾向として出現したのは、この時がはじめてだからである。

だがもちろん、あるいはだからこそ、その「創造都市」や「地域アート」をめぐってはコンフリクトも発生しうる。すなわち、「地域社会に手段化されるアート」という解釈の是非が問題にされるのである。たとえば藤田直哉の「前衛のゾンビたち——地域アートの諸問題」という論考は、そうしたコンフリクトを象徴するものであろう[13]。

しかしこれは、文化政策が一段階進化した状態だといえるのではないか。すなわちかつてのような、挑戦的なまでにパターナリスティックであるような問題提起的な取り組みにも、多様な価値観同士を向き合わせるリベラリズム的な振る舞いによって可能になったことがあるのではないか。いわばアートの手段化という偽悪的な取り組みにも及び腰であったような文化政策の状態から、アートという本来的に問題提起型の事業に足を踏み入れる形で地域づくり・市民社会づくりに着手することが可能になったということではないだろうか。専門劇場のように建物の内部に「文化」や「芸術」が閉じこもるのではなく、地域社会全体に開かれた形で事業を展開するという創造都市戦略や地域アートプロジェクトの性質が、このことを可能にしたのかもしれない。

ただし、本当にそのリスクを自治体が真剣に受け止めているかどうかは定かでない。このような取り組みは全市民によってアートの価値を共有するものではない、というリベラリズム的精神を理解できていない自治体も多いだろう。仮にそうだとしたら、そうした自治体は、このような施策をめぐって発生しうるコンフリクトに適切に対処できないのではないか。

6　NPMの帰結としてのリバタリアニズム

このように地域文化政策の新しいステージの萌芽ともみなせる状況が出てきた一方で、二〇〇〇年代においては、もう一つの傾向が出現した。すなわち二〇〇〇年代以降、専門性の高い文化ホールの運営や、創造都市的な発想に基づいた事業の取り組みなどで地域文化政策を新たなステージに導いていく自治体が存在する一方で、二〇〇三年の地方自治法改正に伴う指定管理者制度の導入などにより、地域文化政策の領域にもNew Public Management（NPM）の思想が流入してきたのである。

梅原は一九七〇年代当時の文化行政とまちづくりの結びつきとNPMに、自治体改革を志向している点で、相同性をみている。(14) しかしNPMは、少なくとも結果論的には、多くの自治体の文化振興の領域において「効率性」という評価軸が重視されるようになったことを意味しており、この点での両者の相違は大きい。もちろんNPM自体は単に行政の効率化だけを求めるものではない。しかし現実的には、日本の地方自治体では予算削減の方便としてNPM的発想が導入されたことは否定できない。

橋下徹という首長の下での大阪府・大阪市における文化行政は、こうしたNPM的思想の帰結として捉えることができる。というのもその政策は、既得権益の打破という論拠を前面に押し出し、徹底した行政の効率化と合理化を図ろうとするものだからである。橋下による文化行政改革のための助成見直し対象は、博物館施設やクラシカルな音楽を演奏する楽団、そして伝統芸能にまで及んでいる。つまり、多くの市民からの需要が見込めない文化活動が対象とされている。

こうした見直しに際しての橋下の「文化」の捉え方は、それを「興行」として理解するという姿勢で一貫している。たとえば補助金が全廃されるに至った大阪センチュリー交響楽団（現・日本センチュリー交響楽団）、大阪市音楽団、大阪フィルハーモニー交響楽団、そして文楽協会に対しては、「市場の失敗」という観点からの文化振興や文化遺産保護という姿勢はみられない。

この事例は、単にNPMの問題としてのみならず、リバタリアニズム的姿勢を基底としたポピュリズムの発露としても理解することができよう。この橋下府市政の事例は、文化的価値について、共同体的合意に基づいた共有を偽装することの難しさが露呈したことを意味している。その意味では、いよいよもって文化、とりわけ芸術の公共的価値とは何なのか、そしてそれを振興するための機関がどうあるべきなのかについて、市民同士が正面から討議していかなくてはならない時代が到来したのだといえる。だからこそ今日求められているのは、芸術に関して独立性と専門家的権威を伴った意思決定機関であるアーツ・カウンシル設立と、ハイエク的自生的秩序に基づいた民間の文化支援プラットフォームの多様な展開なのだと筆者は考えるが、これについての考察は別稿に譲ることとしたい。

注

（1）梅原宏司「1980年代までの「まちづくり」行政と「文化」の関連について――神戸市の施策と政策思想を中心に」『文化経済学』第六巻第三号、二〇〇九年、一四七―一五七ページ

（2）野田邦弘「神奈川の文化行政」、日本文化行政研究会・これからの文化政策を考える会編『文化行政――はじまり・いま・みらい』水曜社、二〇〇一年、野田邦弘『イベント創造の時代――自治体と市民によるアートマネージメント』丸善、二〇〇一年

（3）野田、前掲「神奈川の文化行政」五一ページ

（4）「埼玉テーゼ」とは畑県政下の埼玉県で一九七八年に提唱されたもので、「人間性」「地域性」「創造性」「美観性」の四つの視点から行政を見直すことを指す。

（5）中川幾郎「行政の文化化」、上野征洋編『文化政策を学ぶ人のために』世界思想社、二〇〇二年、一四七ページ

（6）野田、前掲『イベント創造の時代』一二七ページ

（7）後藤和子『芸術文化の公共政策』勁草書房、一九九九年

（8）片山泰輔「文化経済学と文化政策」、上野征洋編『文化政策を学ぶ人のために』世界思想社、二〇〇二年、七二―七四

ページ
(9)平田オリザ『芸術立国論』集英社、二〇〇一年、五一―五二ページ
(10)中村順「日本文化行政研究会」、日本文化行政研究会・これからの文化政策を考える会、前掲、一八〇ページ
(11)友岡邦之「公共文化構築における卓越化戦略」『文化経済学』第一巻第三号、一九九九年、一九―二七ページ
(12)「パターナリズム」とは「父権主義」「温情主義」とも訳され、権力者や有識者が対象者の利益を慮って、対象者に代わり意思決定を行うことを指す。
(13)藤田直哉「前衛のゾンビたち――地域アートの諸問題」、藤田直哉編『地域アート――美学／制度／日本』堀之内出版、二〇一六年、一一―四三ページ
(14)梅原、前掲

第16章　文化多様性

河野俊行

1　はじめに

二〇〇五年一〇月二〇日ユネスコ総会は「文化的表現の多様性の保護と促進に関する条約」（以下、文化多様性条約）を採択した。総会会期中、明らかな孤立を見せたアメリカ代表はこの条約草案の内容を通烈に批判した。なぜならば、この条約交渉は、ウルグアイ・ラウンドでWTOの設立をめぐって展開された、「文化的例外」に基づく貿易制限措置の可否についての議論を蒸し返すものだったためである。筆者は、専門家草案作成のため、事務局長指名専門家会合に参加し、政府間専門家会合や起草委員会にもわが国の代表団メンバーとして加わり、条約の起草過程全体を通じて議論する機会を得た。本章では、「文化的例外」から「文化的多様性」への議論の発展についてオーディオ・ビジュアル産業を素材として分析する。この条約はオーディオ・ビジュアル産業を直接念頭に置いたものではないが、隠れた真の議題の一つであった。なお本章中の意見は筆者の個人的見解である。

2　オーディオ・ビジュアル産業をめぐる欧米対立の歴史的ルーツ

映画製作技術は一九世紀末にエジソンなど各国の発明者たちの手によって急速に進歩し、一八九五年にリュミエール兄弟により商業的成功を見た。しかし第一次世界大戦によってヨーロッパ諸国は消耗する一方、アメリカはヨーロッパ諸国からの戦費調達の需要に応じることで債務国から債権国に転じた。[1] 映画産業においても、ヨーロッパの衰退に対してアメリカは隆盛し、二〇年代にはアメリカ映画が世界の映画市場の五分の四を占めるに至り、ヨーロッパ諸国は二つの懸念[2]を持つこととなった。その懸念とは、アメリカ映画が上映時間を独占することにより自国の映画製作費用を回収する機会が減少し、自国映画の製作本数が減少するという経済的懸念と、自国の理想や特徴をアメリカ映画が損なうのではないかという文化的懸念である。[3] ヨーロッパは自国映画を保護する一方、アメリカは映画における自由貿易の必要性を訴えるという構図はこの時期に端を発する。[4]

3　第二次世界大戦後――ハバナ憲章一九条

第二次世界大戦によるヨーロッパの弱体化は、スクリーン・クォータ制（国内で製作された映画の保護のために、上映スクリーン数や上映日数に最低限確保すべき基準を設ける制度）の効果を減じたいアメリカにプラスに作用した。たとえば一九四六年に結ばれたブルム＝バーンズ協定は、フランスがアメリカに負う債務を免除する見返りに、アメリカはフランスのクォータ制をアメリカ映画に有利な形に改訂させた。[5] これら第二次世界大戦後の一連の交渉には、アメリカ的理想を普及させるための一種のプロパガンダとしてアメリカ映画を用いるという別の目的もあった。[6]

「自己中心的な貿易制限は国際関係の不安定を招くので除去されるべきである」、「貿易と戦争は結びついている」という信念は、国際貿易機構（ＩＴＯ）設立を目的とするハバナ憲章に結実する。[7] ＩＴＯは第二次世界大戦前の経済政策の排除と自由貿易体制の構築とを主な狙いとし、クォータ制をめぐる貿易紛争の解決も議題だった。[8] スクリーン・クォータ制は結局一定の条件下で許されることとなり、自国映画保護の有効な手段であり続けることとなったが、これは外国との競争から保護されるべき自国映画の性質が認められたためであるとされる。[9] もっともアメリカ国務省は文化的側面には触れず、その収益力ゆえにアメリカ映画は保護されるべきであると考えていた。[10]

4　一九四七年ＧＡＴＴ[11]四条（露出済みフィルムの例外）

ＧＡＴＴ四条は、内国民待遇（三条）やクォータ制禁止（九条）の例外として、加盟国に露出済み映画フィルム（映画館で上映される映画フィルム）のクォータ制を維持または導入し、自国映画の最低上映時間を指定することを認め（同条a号）、同時に、加盟国は維持または導入を欲するクォータ制の廃止、制限、自由化を交渉する義務を負う（d号）ことを規定した。

ＧＡＴＴにおけるスクリーン・クォータ制容認を文化的考慮によるものであると指摘する[12]交渉国もあり、加盟各国は経済・貿易よりもむしろ国内文化政策のゆえに映画フィルムに関する例外を受け入れるよう求められると学説も説明する。[13]

クォータ制は自国映画保護の唯一の有効な手段と見られるため上限は課されておらず、輸入映画フィルムの自国市場へのアクセスも保証しない。ＧＡＴＴ合意後、四条の認める内国民待遇の例外は映画フィルムに限定されるのか、ほかのオーディオ・ビジュアル・メディアにも拡張されるのかという解釈をめぐる論争が生じた。一九六〇年代にはテレビ番組に関する貿易規制が増加したため、ＧＡＴＴがテレビ番組の貿易制限にも適用されるかを検討するワーキンググループが設置され、その議論の過程で三つの見解が見られた。第一は、アメリカに代表される見解で、テレビ番組は物品（goods）でありGATT諸原則の適用を受けるべき、とする主張である。露出済みフィルムとテレビ番組には本質的な違いがあり、テレビ番組の取得における競争は限定的であること、テレビ局を運営するのは通常は政府であり、それゆえ人気のあるテレビ番組を探そうとする圧力がかからないことが多く、他方輸入に規制をかけようとする際の自由度が大きい。このように競争的環境が欠如するため、むしろ外国番組に「合理的（reasonable）」放映時間を割りあてることでマーケットへのアクセスを認めるべきであるとした。カナダは、現在のGATTの義務を超える付加的義務を容認すべきではないと主張した[14]。フランスは、技術革新の結果が十分に明らかになった時点で問題を再度取り上げることを主張し[15]、結局、勧告案を起草する段階には到達しなかった。

5　国境なきテレビ指令

欧州委員会は一九八四年、放送のための共通市場確立に関するグリーンペーパーを発表し、共通市場がヨーロッパの文化的および政治的な統合の促進に大きい役割を果たすことを期待した。また八六年にはヨーロッパのオーディオ・ビジュアル産業のためのアクションプログラムの必要性から、映画やテレビ番組の製作、配給、財政をカバーするMEDIA92（Measures to Encourage the Development of Industry of Audiovisual Production）が策定された。これを受けて八九年にヨーロッパで製作された番組の普及促進を目的とし、娯楽番組の放映時間の五一パーセントをヨーロッパ製作による番組に確保することを求める「国境なきテレビ指令」が採択された[16]。この指令とMEDIA92はヨーロッパの文化を守るという大目的を掲げたが、実質的な最大目標はヨーロッパ各国のオーディオ・ビジュアル産業をアメリカの映画やテレビ番組から守り、ヨーロッパの映画テレビ産業の国際競争力を高めることであった。

6　ウルグアイ・ラウンド交渉――「文化的例外」

オーディオ・ビジュアル部門に関する欧米対立は、ウルグアイ・ラウンド交渉において激化する。とりわけサービス貿易協定（GATS）の交渉過程においてオーディオ・ビジュアル部門を取り扱うかどうかが焦点となった[17]。円滑な交渉のため、物品貿易に関する交渉とサービス貿易に関する交渉に分け、サービス貿易交渉のグループにオーディオ・ビジュアル部門に関するワーキンググループが置かれたが、このことはこの部門が今後GATSの枠内で取り扱われることを示唆するものであった。

交渉に先立ち取りまとめられた「Mons における六つの非公式合意[18]」でのヨーロッパ側の合意事項は、①最恵国待遇の暫定的免除を求める（EU加盟国間のオーディオ・ビジュアル産業優遇と支援のための既存のプログラム維持[19]）、②現状の文化政策維持、規制・援助・補助金拡充の可能性の確保、③現在および将来の放送技術規制の機会確保、④EUのオーディオ・ビジュアル部門のあらゆる側面（創造、製作、テレビ・ラジオ放送、配給等）の促進策、⑤オーディオ・ビジュアル部門のGATS自由化義務からの解放、⑥これまでに達成したEU文化政策の成果確保（「国境なきテレビ指令」の成果はその好例）であった。

交渉にあたりEUには三つの探りうる選択肢があった[20]。第一は、文化的特性に基づく特別規定をGATSにおき、それに該当する分野の付属書を策定することである。これによれば「国境なきテレビ指令」と補助金政策も維持できる。第二は、オーディオ・ビジュアル部門をGATS交渉から排除するという強硬な立場である。そうしなければ、将来的にアメリカの圧力で結局はこの部門を完全自由化せざるを得なくなるのではないか、さらに、あいまいな概念である「特性」の解釈をめぐり困難を来した場合ヨーロッパに不利な判断を導きかねない、という懸念があるためである[21]。この二つの立場の対立を緩和する第三の道として考えられたのが文化的例外の議論である。これはオーディオ・ビジュアル部門をGATSの例外として処理するための工夫であった。

他方アメリカは、オーディオ・ビジュアル部門はエンターテインメントであり経済的観点からのみ理解されるべきとの基本姿勢から、文化的理由によってGATS上の義務の例外を認めることには強く反対してきた。[22] それゆえヨーロッパのオーディオ・ビジュアル部門保護の動きは自由貿易に抗する保護主義的動きだとアメリカは捉えた。結局合意は成立せず、オーディオ・ビジュアル部門はウルグアイ・ラウンド交渉から除かれ、文化的例外の明文規定も置かれなかった。

7　グローバリゼーションと文化支配――ウルグアイ・ラウンド前後のオーディオ・ビジュアル部門をめぐる状況

(1)　アメリカ映画の圧倒的地位

ウルグアイ・ラウンドで欧米の交渉が決裂した頃、世界のオーディオ・ビジュアル市場におけるアメリカの地位は圧倒的であった。一九九四年には世界市場で二三七億ドルを稼ぎ出し、アメリカ映画が世界の映画市場の八五パーセント、ヨーロッパ映画市場の九〇パーセントをおさえた一方で、ヨーロッパ映画のアメリカへの輸出額は二億八八〇〇万ドル（一九九二年）にとどまった。

(2)　グローバルマーケットにおけるアメリカ映画

アメリカが製作した映画は一九九一年に三四五本、二〇〇二年には七八六本と飛躍的に増加し、輸出市場という観点からもアメリカは抜きん出ていた。九三年世界市場で八〇億ドル以上を稼いだ映画一〇〇本のうちアメリカ映画が八八本を占め、[23] EU加盟国で〇一年にリリースされた映画のうち四六パーセントがアメリカ映画、自国映画は二〇パーセントに過ぎなかった。[24]

(3) テレビ番組の状況

一九七〇年代にテレビ番組輸出国トップ4であったアメリカ、英国、フランス、西ドイツのうち、アメリカが輸出した番組の合計放映時間は、ほかの三国の合計の三倍に達し[25]、他方アメリカにおける輸入番組の放映時間は一―二パーセントに過ぎなかった[26]（一九七三年、一九八三年）。

8　ウルグアイ・ラウンド以後における貿易と文化

(1) GATTウルグアイ・ラウンドにおける重要論点としてのオーディオ・ビジュアル部門

GATSの規定の文言上（一条三項）、オーディオ・ビジュアル部門はGATSの適用範囲に入ると解さざるを得ない。すなわち、マーケットアクセスや内国民待遇に関する約束を限定し、最恵国待遇の免除を得たとしても、いずれはこの部門の交渉が始まり、即時の自由化に対する法的な一時休止状態を獲得したに過ぎなかった。

(2) オーディオ・ビジュアル部門の自由化の法的な一時休止状態

GATSの適用範囲

GATS一条と八条[27]の文言から、オーディオ・ビジュアル部門[28]と公共放送サービスはGATSの適用範囲に入ると解釈できる[29]。

GATTの諸原則（マーケットアクセス、内国民待遇、最恵国待遇）も国際貿易の現実に応じて修正されてきたが、サービスの場合は国境における輸入規制が容易でなく、加盟国がマーケットアクセスと内国民待遇の影響力をコントロールしうる手段を見出す必要があった。それが特定約束表である。WTO加盟国はその個別リストに掲げられた部門についてのみ内国民待遇原則に服する。また、二条二項では、最恵国待遇原則に反するすべての措置の維持が許されている。

ＧＡＴＳにおける約束

ウルグアイ・ラウンド交渉はオーディオ・ビジュアル部門の自由化に関して法的な一時休止状態をもたらし、国家は約束しない限り、自由なマーケットアクセスと内国民待遇に拘束されることはない。この約束は、各加盟国が部門ごとにマーケットを開放するか否か、どの程度開放するかを約束するものであり、外国サービス供給業者、内国のサービス購入業者、投資家に対する、当該部門におけるビジネス条件の保証を意味する。

一九九四年のウルグアイ・ラウンド合意においては、一九のＷＴＯ加盟国がオーディオ・ビジュアル部門の約束をしたに過ぎず、多くの国は約束の範囲を限定している[30]。アメリカだけが製作、配給、中継の各段階において自由化を約束し、その他影響力の大きい国がこの市場の自由化に少なくとも積極的な姿勢を見せた。他方、文化的例外の議論を支持した国々は約束をしなかった[31]。また数カ国がウルグアイ・ラウンド後に約束をしたが[32]、これらの国は世界貿易に影響力のあるオーディオ・ビジュアル産業を有していない。

各国が提示する約束表は、マーケットアクセスと内国民待遇義務が適用されるサービス部門とそのサブセクター、また例外措置の維持を欲するサービス部門とそのサブセクターを掲げた文書である[33]。マーケットアクセスと内国民待遇に関する約束は、四つのサービス供給方法それぞれに関してなされる。それは①サービスがクロスボーダーの形で供給される方法、②外国におけるサービス消費、③営業拠点の現在、④自然人の現在、である[34]。それゆえ約束は、上記四つの供給方法ごとに、マーケットアクセスの有無及び内国民待遇の限定の有無を内容とし、その結果一つの約束は八つの項目から構成される。

約束にはさらに一般的（Horizontal）約束と特定約束がある。一般的約束とは、約束表中の全部門に適用される義務の限定であり、通常は特定のサービス供給方法にかかわるものであるため、特定約束を評価するに当たっては、一般的約束をも考慮に入れる必要がある。

最恵国待遇の免除

GATS二条一項は加盟国に最恵国待遇を求めているが、二項は、加盟時に免除表に記載されていることを条件に一定の措置を最恵国待遇義務から免除している。

これらの免除は、自由化約束があまりなされなかったサービス部門、とくに運送サービス（三五パーセント）とオーディオ・ビジュアル部門（二〇パーセント）に集中している。[35] また、文化的例外の議論を擁護する国は積極的に最恵国待遇免除を提出している。免除表は、対象となるサービス部門とそのサブセクター、最恵国待遇義務に合致しない措置、優遇措置を受ける国、かかる措置の維持期間、免除が必要となる条件の説明、の五つの欄からなる。

約束と最恵国待遇免除の分析

アメリカはオーディオ・ビジュアル部門においてマーケットアクセスと内国民待遇を約束したが、National Endowment for the Art（全米芸術基金）の助成金申請対象者をアメリカの市民権を有する者か永住資格を有する外国人に限り、この限度で内国民待遇を限定している。カナダとオーストラリアは、特定約束をせず最恵国待遇の免除を得ることで、GATSの義務をオーディオ・ビジュアル部門に適用していない。ウルグアイ・ラウンドでアメリカの立場を支持した国も、マーケットアクセスと内国民待遇に関して多くの約束をしたわけではない。重要なサブセクターで約束がなされないこともあるため、GATSにおいては約束表に記載されていることよりも記載されていないことがむしろ重要といえる。また、なされた約束には種々の制限が付されている。

このようなGATS特有の構造によって、WTO加盟国は引き続き自国のオーディオ・ビジュアル産業を保護でき、それに対して抑制的態度を示す必要もない。文化的例外はこうして事実上実現できたといえよう。もっとも最恵国待遇免除は一〇年を限度として有効とされたように、文化的例外には暫定的な性格を与えることが意図されていた。一〇年という限度にもかかわらず、この部門につき最恵国待遇免除を提出した加盟国は例外なく

「この免除は期限の定めのないものである」と付記しているが、免除は終了すべきものであると主張する学説もある。[36]

(3) オーディオ・ビジュアル部門の貿易自由化の可能性

二〇〇〇年GATS交渉の準備——交渉提案

GATS一九条[37]により二〇〇〇年一月、加盟国はより高度のサービス貿易の自由化を目指して交渉を再開した。ウルグアイ・ラウンドはオーディオ・ビジュアル部門も自由化交渉から除外しないとして帰結したため、二〇〇〇年交渉は当然この部門に影響を与えうる。[38]直接にオーディオ・ビジュアル部門に言及する提案を行ったのは日本、アメリカ、ブラジル、スイスの四カ国のみで、カナダは文化に言及した一般的な交渉提案を行い、EUは提案を行わなかった。

日本は、オーディオ・ビジュアル部門の自由化の意義について簡潔に「各加盟国の市民の様々な文化や情報へ自由にアクセスする権利を尊重するために重要である」と述べている。[39]アメリカは国の文化的アイデンティティを促進する価値をオーディオ・ビジュアル部門の自由化に認めており、このことはウルグアイ・ラウンドの「オール・オア・ナッシング」的アプローチ[40]から軌道修正する用意があることを示唆し、オーディオ・ビジュアル部門における補助金に関する理解を発展させることで交渉の突破口にすることを考えていた。ブラジルは、発展途上国のとくにテレビに関する利益への配慮が不可欠であり、加盟国が自国の文化政策を実現するためには十分な柔軟性の確保が必要であるとした。[41]スイスは、WTO加盟国に、オーディオ・ビジュアル部門がエンターテインメントか文化かという議論をやめるよう進言し、両見解を貿易政策の枠内で融和させることができる場合にのみ解決策が見つかるであろう、とした。[42]カナダは、その文化政策を実現する権限を制限する可能性があるいかなる約束も拒否するが、文化多様性を保護促進する国家の権利を守るために設計された新しい国際条約が策定されれば、こうしたスタンスを放棄する用意がある、と述べた。[43]文化的な価値をWTO諸協定の一部に組み込むことへの諦めをそこに読み取ることもできる。なんら提案を行わなかったEUであるが、ウルグアイ・ラウンドは弱い文化的例外を認めるにとどまったことを認め、ほかのWTO加盟国がWTOの枠内で文化を特殊扱いすることを支持すべく、文化多様性を保護することに興味を持つべきと主張した(44)。

リクエスト・オファー・アプローチによる交渉

二〇〇一年二月ドーハ閣僚会議とともに開始した交渉ではリクエスト・オファー・アプローチがとられた(45)。リクエストには大別して、①約束表に記載のない部門の追加、②現行の自由化制限の廃止もしくは低減、またはこれまでunboundとされていたサービス供給方法において拘束力を承認、③一八条(46)による追加約束、④最恵国待遇義務免除の廃止、の四種類がある。加盟国から交渉相手国にリクエストの文書が向けられ、受け取った加盟国はそれに答えてオファーを出すことになる。

従来のGATSとオファーの比較

従来のGATSは、積極的な自由化約束が少なく最恵国待遇免除が存在するゆえに、規範としては弱いものに過ぎない。自由化約束がなされない以上、補助金もクォータ制も現状維持が可能であり、仮に最恵国待遇免除がなくなったとしてもことは同じである。というのも貿易制限的な措置がすべてのWTO加盟国に対して維持され続ける以上、こうした状況をもって最恵国待遇の原則が侵害された状況とはいえないからである(47)。それゆえ、GATSでは、含まれていることよりも省かれたことのほうが重要なのである。EUはそもそもオファーをしなかったため、EUのオーディオ・ビジュアル部門におけるマーケットアクセスの制限が効力を持ち続け、約束の数の増加を目指していたアメリカ、日本、ブラジルと歩調をともにしなかった。カナダ、オーストラリア、インド、中国もしかりである。

要するに、オーディオ・ビジュアル部門およびそのサブセクターにおいて実質的な約束はなされなかった、と評価せざるを得ない。アメリカ、日本、ブラジルのように自由化の約束をする方向でのオファーは、オファーすることをそもそも拒否するほかの加盟国と対立しており、貿易自由化と文化をめぐる緊張関係をＷＴＯの枠組みの中で解消するのは難しいと思わせられる。

最恵国待遇義務免除については、現在すべての免除リストが免除期間を限定しておらず、今回のオファーでもその立場は維持され、ＧＡＴＳ二条の規定内容が公の議論では無視されたように思われる。

9　ＷＴＯの枠組み外における文化

（1）International Network on Cultural Policy（ＩＮＣＰ）

ＷＴＯ交渉において貿易と文化の緊張関係を解決する手がかりは見つからず、文化を扱う国連機関であるユネスコに交渉の場を移そうとする国が出てきた。具体的な動きは一九九八年、開発のための文化政策に関する政府間会議にさかのぼる。同年の文化政策に関する国際会議において、各国の文化大臣が自由に文化政策を論じる非公式なフォーラムを立ち上げる構想が具体化し、The International Network on Cultural Policy（以下、ＩＮＣＰ）が生まれた。

ＩＮＣＰは閣僚レベルの六八カ国の代表からなり、活動方針を決めて実行に移すべく、ウルグアイ・ラウンドにおいて文化的例外の議論の推進派であった国々によってコンタクトグループが形成された。

ＩＮＣＰは、文化政策を強化し、政府と市民社会が共同で、多様性、創造性、アクセス可能性、そして自由を尊重する環境を、以下の方法によって作り出すことを目的とする。その方法とは、第一に、加盟国が、専門性を共有し、意見と情報を交換し、国内的および国際的パートナーシップを強化するための手段を提供すること、第二に、文化多様性と文化的アイデンティティが社会的、経済的開発に重要であることについて意識喚起をはかること、第三に、国内の文化的目的と国際的な開発の関係を示すこと、第四に、文化が国際的、国内的そして地方のフォーラムの「俎上に」のることを確保することで文化政策に関する対話を推進することである。

「文化多様性とグローバリゼーションに関するワーキンググループ」[48]はこの目的を実現するために立ち上げられたワーキンググループの一つであるが、そのディスカッションペーパーは閣僚会議に好評のうちに迎えられ、文化多様性を保護するための新しい国際条約の枠組みとスコープを検討するよう求められた。二〇〇一年、閣僚会議はさらに同グループの二年間の作業継続を決定した。

翌年、INCP加盟国は文化多様性に関する条約の予備草案策定プロセスについて報告を受け、この予備草案が文化多様性を保護、促進するというメンバーの合意をさらに発展させる基盤となりうることを確認した。同時に加盟国の文化大臣は、ユネスコが文化多様性に関する条約を策定し執行するに適当な機関であると提案し、INCP代表とユネスコ事務局長の会合がもたれた。[49]

ワーキンググループの文化大臣による二〇〇三年の会合では、国際条約の必要性が再確認され、さらに以下のことが確認された。

第一に、創造性、社会的結合、持続的な開発の源の一つとしての文化多様性を保護し促進するため、適切な文化政策を遂行する各国の権利、義務ひいては自由を強調する。

第二に、文化的な財とサービス cultural goods and services の独自の地位を再確認する。

第三に、発展途上国の特有の事情とニーズを考慮し、その文化的開発を支援するための協力的政策を遂行することと、そのための政治的約束を書き入れること。

第四に、言語の多元性の重要性を認め、各国に世界の言語の消滅に抗するための共同行動をとるよう呼びかけること。

こうした目標をもって、文化多様性に関する条約策定をユネスコの優先課題として促進するために、ワーキンググループの文化大臣はユネスコ事務局長と会談し、事務局長は総会に諮ることを約束した。[50]

ワーキンググループが策定した International Instrument on Cultural Diversity は、文化多様性促進のための基本的ルール策定という基本的目的をもって起草された斬新かつ包括的な文書であるが、国際貿易の文化産業における効果をとくに意識し、基本的には「文化」寄りのスタンスをとる。この文書は、文化多様性を文化に基づく保護主義と置き換えてはならず、貿易と文化のバランスを図ることが主要な目的の一つであると強調する。そのために、保護と開放性の並行的な義務、[51] 文化的活動促進のための措置の透明性の要請、[52] 文化多様性の名の下に行われる濫用に対するセーフガード措置、[53] 外国の文化的な財（cultural goods）に対するより広範なアクセスの約束、[54] などに言及する諸規定が置かれ、これらが単なる精神規定に終わらないように、この文書は二つの紛争メカニズムを置いている。[55]

（2）ユネスコと文化の保護

ユネスコは文化を扱う国際機関である。開発における文化産業の役割を調べる各国比較調査（一九七八年）を行い、一九八八年には「文化的開発のための一〇年」が開始されるなど、その政策において文化と開発が重要な位置を占めている。九一年ユネスコ総会は事務局長に対し、「文化と開発に関する世界委員会」設立、文化と開発に関するワールド・レポートの作成、緊急に必要な活動と長期的な開発の観点からする文化的ニーズに合致する行動の準備を求め、数週間後に国連総会で決議採択された。委員会の九五年レポートは文化多元主義を擁護し、これに基づいたユネスコによる最初の世界文化レポートは、グローバル化した経済が文化多様性に与える影響を扱った。

漸進する貿易自由化の中で文化の位置をどう考えるか、という議論の一般的な方向性は維持継続され、ユネスコの一〇年に及ぶ種々の研究と会議の結果は、[56] 二〇〇一年ユネスコ総会で採択された「文化多様性に関する世界宣言」[57] に結実した。その宣言は以下のように主張している。文化はグローバリゼーションが進む世界において特別の地位を認められるべきであり、それによって文化は多元的に共存しうるようになる。そして文化多様性は新規性や創造性の源となり、自然にとっての生物多様性と類似の関係が人間性と文化多様性の間には存在する。各国は多様で文化的な財とサービスの回復と流通を促進するようにその政策を調整すべきであり、その政策は、文化的な財とサービスの特殊性を、アイデンティティ・価値・意味の指標として認めるところからスタートすべきである。そうすることで、通常の消費財あるいは商品であるという見方から決別できる。また市場は調整機能を持たないため国家の介入が重要である、と。

ＩＮＣＰもユネスコも、文化に特別の地位を認めようとする国が主導権を握っていたため、ＩＮＣＰやユネスコの議論では文化を「例外」という文脈で論じることはなく、むしろ多様性という枠組みで議論が展開され、文化は貿易と同じ地位にあり互いに従属関係にはないとされた。また文化を広く捉えるため、通常文化セクターとされない領域でも保護措置をとる可能性があり、ほかの条約上の義務と衝突する可能性があることを意識しつつ、あえてなお採用することを示唆している。(58)

10　分析と今後の検討の方向――文化的例外から文化多様性へ

オーディオ・ビジュアル部門をめぐっては一世紀にわたる欧米の確執があり、ＧＡＴＴ四条のスクリーン・クォータ制については、加盟国は制限・廃止のための交渉の義務を負い、ＧＡＴＳ下でも加盟国は漸進的自由化義務を負う。しかも最恵国待遇免除は二〇〇五年に失効することになっていた。映画を文化の一ジャンルに位置付けるヨーロッパが状況を傍観することはありえなかった。これにグローバル化の波にさらされた途上国の事情が重なる。途上国にとって、グローバル化はアメリカ化であり、自国文化の衰退・喪失・破壊を意味した。こうした自由貿易に対する動きは、オーディオ・ビジュアル部門にとどまらず、より大きい「文化」という枠組みから捉えなおす動きへとつながる。そして「文化的例外」という表現自体が不適切であり、むしろグローバル化に対置されるべき文化多様性という概念の中で再構成する動きへと発展してゆく。その最終目標の一つとして、グローバル化の象徴である自由貿易体制に抗する動きが国際規範策定のレベルで起こり始めたのが、文化多様性条約の起草作業であった。それは、戦争を回避するために編み出された自由貿易体制が、文化を理由として揺らぎ始めた歴史的瞬間であったのかもしれない。(59)

付記

本章は「文化多様性と国際法（1）オーディオ・ビジュアル産業をめぐる貿易摩擦を素材として」（民商法雑誌第一三五巻第一号、五八―一〇一ページ）と「文化多様性と国際法（2・完）オーディオ・ビジュアル産業をめぐる貿易摩擦を素材として」（民商法雑誌第一三五巻第二号、二八七―三一六ページ）をもとにしているが、大幅に改稿している。

本章が取り扱ったのはブロードバンド普及期前の議論であるが、そのバックボーンを形成する議論は、ＥＵが現在でもヨーロッパの映画産業に対して持つ危機感に通底するように思われる。たとえば二〇一四年に欧州議会が発表したステートメント（http://www.europarl.europa.eu/RegData/etudes/BRIE/2014/545705/EPRS_BRI(2014)545705_REV1_EN.pdf）（最終チェック二〇一七年一一月一七日）、を参照されたい。

注

（1）Kristin Thompson/David Bordwell. Film History: An Introduction 2nd ed.（2003）21.

（2）John David Donaldson, "Television Without Frontiers", The continuing Tension between Liberal Free Trade and European Cultural Integrity, 20 Fordham Int'l L. J. 95（1996）.

（3）Thomas Guback, Hollywood's International Markets, in The American Film Industry（Tino Balio ed., 1976）. 388.

（4）Guback, Hollywood's International Market 393, cited in W. Ming Shao, Is there no Business Like Show Business? Free Trade and Cultural Protectionism, 20 Yale J. Int'l L, 129（1995）.

（5）Ivan Bernier, Local Content Requirements for Film, Radio and Television as a Means of Protecting Cultural Diversity: Theory and Reality 2 available at（http://www.diversite-culturelle.qc.ca/fileadmin/documents/pdf/update031112section1.pdf）（最終チェック二〇一七年一一月一七日）

（6）W. Ming Shao, op. cit., 129.

（7）John H. Jackson, The Jurisprudence of GATT and the WTO: Insight on Treaty Law and Economic Relations 21 (2000).

（8）ARTICLE 19

Special Provisions Relating to Cinematograph Films

The provisions of Article 18 shall not prevent any Member from establishing or maintaining internal quantitative regulations relating to exposed cinematograph films. Any such regulations shall take the form of the screen quotas which shall conform to the following conditions and requirements:

(a) Screen quotas may require the exhibition of cinematograph films of national origin during a specified minimum proportion of the total screen time actually utilized over a specified period of not less than one year, in the commercial exhibition of all films of whatever origin, and shall be computed on the basis of screen time per theatre per year of the equivalent thereof.

(b) With the exception of screen time reserved for films of national origin under a screen quota, screen time, including screen time released by administrative action from time reserved for films of national origin, shall not be allocated formally or in effect among sources of supply.

(c) Notwithstanding the provisions of sub-paragraph (b) any Member may maintain screen quotas conforming to the requirements of paragraph (a) which reserve a minimum proportion of screen time for films of a specified origin other than that of the Member imposing such screen quotas; Provided that such minimum proportion of screen time shall not be increased above the level in effect on April 10, 1947.

(d) Screen quotas shall be subject to negotiation and shall accordingly be treated as customs duties for the purposes of Article 17.

（9）Clair A. Wilcox, Charter for World Trade 77 (1949).

（10）John H. Jackson, World Trade and the Law of GATT 293, note 1 (1969).

（11）ＧＡＴＴは一九四七年に、ハバナ憲章準備のために開催され、ＩＴＯ憲章の最終草案交渉も行われる予定であったジュネーブ会議において合意された。ＧＡＴＴの諸原則はＩＴＯ憲章草案から取られたものであったが、その適用対象が物品貿易に限定されている。Jackson, op. cit., 22 (2000).

（12）Second Session of the Preparatory Committee of the United Nations Conference on Trade and Development (Geneva 1947) Doc. EPTC/TACF/SR/10.

（13）John H. Jackson, World Trade and Law of GATT 293 (1969): Robin L. Van Harpen, Mamas, Don't Let your Babies Grow Up to be Cowboys: Reconciling Trade and Cultural Independence, 4 Minnesota Journal of Global Trade 167 (1995).

（14）John Filipek, Cultural Quota: The Trade Controversy over the European Community's Broadcasting Directive, 28 Stanford Journal Of International Law 342 (1992).

（15）John Filipek, ibid., 342 (1992).

（16）Council Directive 89/552/EEC of 3 October 1989 on the coordination of certain provisions laid down by Law, Regulation or Administrative Action in Member States concerning the pursuit of television Broadcasting Activities, O. J. L 298/23 (1989). これは一九九一年一〇月に施行されている。Council Directive NO 97/36/EC O.J.L 202/60 (1997).

（17）John David Donaldson, op. cit., 139 (1996).

（18）GATT/Audiovisual: Update on an increasingly Controversial Dossier, Tech Europe, 87, Nov. 4, 1993.

（19）Co-production agreements, the MEDIA I, MEDIA II, EURIMAGES 等がそれにあたる。Franklin Dehouse & Fracoise Havelange, Aspects audiovisuals des accords du GATT Exception ou specifite culturelle? L'Europe et les enjeux du GATT das le domanie de l'audiovisual, 99 (1994).

（20）Sandrine Cahn and Daniel Schimmel, The Cultural Exception: Does it Exist in GATT and GATS Framework? How dies it Affect or it Affected by the Agreement on TRIPS? 15 Cardozo Arts & Ent. L. J 293 (1997).

（21）Sandrine Cahn and Daniel Schimmel, ibid., 295-295 (1997).

（22）Judith B. Prowda, U.S. Dominance in the "Marketplace of Culture" and the French "Cultural Exception", 29 New York Journal of International Law and Politics 198 (1996-1997).

（23）Leonard Klady, Int'l Top 100 Earn $8 bil, Daily Variety, Jan. 4, 1994, 1, cited by Ming Shao, 116 (1995).

（24）European Communities, Cinema, TV and Radio in the EU Statistics on Audiovisual Services (1980-2002) 42 (2003).

（25）Tapio Varis & Kaale Nordenstreng, Television Traffic-One-Way Street 32-36 (1974), cited in Ming Shao, op. cit., 117 (1995).

（26）Tapio Varis, The International Flow of Television Programs, in current Issues in International Communications 26, 28 (L. John Martin & Ray E. Hiebert eds., 1990), cited in Ming Shao, op. cit., 117 (1995).

（27）GATS 8条1項は、"Each Member shall ensure that any monopoly supplier of a service in its territory does not, in the supply of the monopoly service in the relevant market, act in a manner with that Member's obligations under Article 11 and specific commitments" と規定する。

（28）Sandrine Cahn and Daniel Schimmel, op. cit., 292 (1997). See also Christoph Beat Graber, Handel und kultur im Audiovisionsrecht der WTO Völkerrechtheth, Ökonomishe und Kulturpolitische Grundlagen einer Globalen Medienordnung, 182 (2003).

（29）Christoph Beat Graber, op. cit., 22 (2004).

（30）Patrick A. Messerlin, Stephen E. Siwek, and Emmanuel Cocq, The Audiovisual Services Sector in the Gats Negotiations 33 (2003).

（31）Ibid., 32.

（32）Christoph Beat Graber, op. cit., 23 (2004).

（33）Word Trade Organization, Guide to Reading the GATS Schedules of Specific Commitments nad the List of Article II (MFN) Exemptions (http://www.wto.org/english/tratop_e/serv_e/guide1_e.html)（最終チェック二〇一七年一一月一七日）

（34）これのサービス供給方法とは、以下のようなものである。①サービスがクロスボーダーの形で供給される方法：ある加盟国外に本拠を有するサービス供給業者が、当該加盟国領域内においてサービスそのものが国境を越える形で提供されること。②外国におけるサービス消費：加盟国国民がほかの加盟国の領域においてサービスを購入する自由を持つこと。③営業拠点の現在：外国サービス供給業者が加盟国領域内に、支店、代理店、一〇〇パーセント子会社といった営業拠点を設置、運営、拡大する機会を与えること。④自然人の現在：サービスを供給するために、外国人が加盟国に入国し短期間滞在する機会を与えること。Patrick A. Messerlin, Stephen E. Siwek, and Emmanuel Cocq, op. cit., 15; Chirstoph Beat Graber, op. cit., 183 (2003); World Trade Organization, Services: rules for growth and investment (https://www.wto.org/english/thewto_e/whatis_e/tif_e/agrm6_e.htm)（最終チェック二〇一七年一一月一七日）

（35）Rudolf Adlung, The GATS Turns Ten: A Preliminary Stocktaking. WTO Staff Working Paper ERSD 2004 at (https://www.wto.org/english/res_e/reser_e/ersd200405_e.htm)（最終チェック二〇一七年一一月一七日）

（36）Patrick A. Messerlin, Stephen E. Siwek, and Emmanuel Cocq, op. cit., 22 and 29 (2003); Americo Beviglia, Zampetti, WTO Rules in the Audiovisual Sector, 229 HWWA REPORT 7 (2003)（http://ageconsearch.umn.edu/bitstream/26051/1/re030229.pdf）（最終チェック二〇一七年一一月一七日）: Christoph Beat Graber, op. cit., 55 (2004).

（37）同条一項は以下のように規定する。"In pursuance of the objectives of this Agreement, Members shall enter into successive rounds of negotiations, beginning not later than five years from the date of entry into force of the WTO Agreement and periodically thereafter, with a view to acheievening a progressively higher level of liberalization. Such negotiations shall be directed to the reduction or elimination of the adverse effects on trade in services of measures as a means of providing effective market access. This process shall take place with a view to promoting the interests of all participants on a mutually advantageous basis and to securing an overall balance of rights and obligations."

(38) Mary E. Footer and Christoph Beat Graber, Trade Liberalization and Cultural Policy, 3 Jorunal of Economic Law 118 (2000); Patrick A. Messerlin, Stephen E. Siwek, and Emmanuel Cocq, op. cit., 6 (2003).

(39) Communication from Japan, The Negotiations on Trade in Services, S/CSS/W/42 (22 December 2000), paragraphs 36-37.

(40) アメリカは、旧リストではセクターごとに分類していたのを改め、新しい構築を提唱しており、それは劇場動画（制作、配給、映画上映）、テレビ（広告を含む番組制作・販売）、ホームビデオエンターテインメント（ホームビデオエンターテインメントの制作、複製、流通）、中継サービス（電波、ケーブル、衛生による放送）、録音音楽（サウンドレコーディングの制作、複製、流通）からなる。Communication from the United States, Audiovisual and Related Services, S/CSS/W/21 (18 December 2000), ANNEX A. paragraphs 5-10.

(41) Communication from Brazil, Audiovisual Services, S/CSS/W/99 (9 July 2001).

(42) Communication from Switzerland, GATS 2000: Audio-visual Services, S/CSS/W/74 (4 May 2001).

(43) Communication from Canada, Initial Canadian Negotiating Proposals, S/CSS/W/46 (14 March 2001) paragraph 9.

(44) Rapport d'information n° 1824, « De la mondialisation subie au développement contrôlé Les enjeux de la Conférence de Seattle » (http://www.assemblee-nationale.fr/europe/rap-info/i1824.pdf（最終チェック二〇一七年一一月一七日）

(45) Word Trade Organization, *Technical Aspects of Requests and Offers* (2002).（http://www.wto.org/english/tratop_e/serv_e/requests_offers_approach_e.doc）（最終チェック二〇一七年一一月一七日）

(46) 同条は以下のように規定する。"Members may negotiate commitments with respect to measures affecting trade in services not subjected to scheduling under Articles XVI or XVII, including those regarding qualifications, standards or licencing matters. Such commitments shall be inscribed in a Member's Schedule."

(47) Turkey – Taxation of Foreign Film Revenues, WT/DS43/1. Request for Consultation by the United States of 17 June 1996;

Turkey – Taxation of Foreign Film Revenues, WT/DS43/3, Notification of Mutually Agreed Solution of 24 july 1997. この紛争の争点は、トルコが外国映画を上映する際に限って映画館に課した税金であった。アメリカは、この映画税金はＧＡＴＳ三条の内国民待遇原則を侵害するという立場をとった。この紛争は、トルコが国内映画に関しても税金を課すことを受け入れて一九九七年七月二四日に両国が和解して終了した。課税措置はトルコ以外にも存在する。スウェーデンは入場料収入の一〇パーセントをSwedish Film Instituteに移管し、Swedish Film Instituteはこれをスウェーデン映画制作の助成に用いる。フランスは、一九四八年以来、映画入場料にTaxe Speciale Additionelleという二パーセントの税金を課しており、これがＣＮＣの主要財源となった国内映画助成に用いられる。ドイツは、映画を上映する業者に対して年間収入の一・五―二パーセントの税金を課しＦＦＡの財源としている。これらの税金は内外の映画に等しく課せられるため最恵国待遇業務に違反しない。もっともこれらの国々はオーディオ・ビジュアル部門における約束をしていないため、内国民待遇違反かどうかは実益のない議論となる。Christoph Beat Graber, op. cit., 20–21 and 35–37 (2004).

（48）Ivan Bernier, A UNESCO International Convention on Cultural Diversity, in Christoph Beat Graber, Michael Girsberner and Mira Nemova (eds.) op. cit., 68–71 (2004).

（49）Ivan Bernier, op. cit., 65 (2004).

（50）Ivan Bernier, op. cit., 65 (2004).

（51）Articles 7 and 13

（52）Article 8

（53）Article 13

（54）Article 11

（55）Article 18

（56）Unesco, Universal Declaration on Cultural Diversity (https://s3.amazonaws.com/berkley-center/011102UNESCOUniversalDeclarationCulturalDiversity.pdf)（最終確認二〇一七年一一月一七日）

（57）Ivan Bernier, op. cit., 66 (2004).

（58）Bernier はＷＴＯ協定を修正するにはＷＴＯ枠外でなされた合意は効果的ではないであろう、と述べる。Ivan Bernier, op. cit., 68 (2004).

Sergie Regourd は文化多様性一般にさめた見方をしている。その著書 L'Excepcion Culturelle では、貿易交渉の文脈においては、文化多様性という考え方は機能性を欠いていると指摘し、厳格な用語法をめぐる交渉ではアメリカの法律家がリードし、文化多様性は居場所がないであろう、とする。Sergie Regourd, L'exception Culturelle 98 (2002).

(59) Peter Aspden, Bands across the Water, FT, Aug. 13/14, 2005 は、セネガルのスーパースター・ミュージシャンのユッスー・ンドゥールがロンドンにおける記録セッションの際に、ロンドンのプロデューサーのジョー・ボイドと衝突したエピソードを紹介している。ボイドはマーケットで好まれるシンプルなサウンドをンドゥールに要求したところ、ンドゥールは、アフリカの音楽を否定する差別主義者、と非難したというのである。こういうミクロなレベルにおいても自国文化とグローバル化の衝突現象が見られて興味深い。

第17章　文化資源

小林真理

1　はじめに

文化財と聞いて、経済学用語かと勘違いするのは経済学的素養をもっている人だといえるだろう。というのも経済学は公共財・準公共財・価値財等の概念を取り扱っているからだ。しかし、実際は異なる。「人間が文化的発展を遂げる中で形成した、有形・無形の文化的遺産」を指し、いまや一般的な用語ともなっている「文化財」の語が広く使用されるようになるのは、経済学とは関係なく、一九五〇年に文化財保護法が制定されてからのことである。この言葉が、英語の Cultural Property、ドイツ語の Kulturvermögen の訳語であると解説したのは文化財保護行政に長らく携わった山本信吉である。山本の解説ではさらに「第二次世界大戦以降、日本が文化国家を志向する中で日本語として定着した」と説明されていることから、「文化財」は戦後に一般化したと考えられる。法律が制定されることによって、新たな政策用語――政策を遂行していくために制定された法律において作られた言葉――が普及するのは珍しいことではなく、近年では二〇〇一年に制定された文化芸術振興基本法における「文化芸術」という言葉もその一例である。(1)

また近年、文化政策に関連する領域においては文化資源という言葉が注目されるようになっている。二〇一六年現在、都道府県レベルで文化資源の語を冠している部局としては、奈良県の地域振興部文化資源活用課や東京都文京区のアカデミー推進課文化資源担当室が存在している。長野県大町市は文化資源活用ビジョンを一六年に策定した。また、行政における文書で地域という語がついている場合がよくあるように、文化資源を頻繁に目にするようになってきた。地方公共団体の部課名や文書に採用されているということは、一過性の場合もあるが、それなりに公的な必要性から普及していると考えていいだろう。しかし、文化財保護法における「文化財」や文化芸術振興基本法における「文化芸術」のように、法律的裏付けのもとに政策が実行される過程で普及していくのとは異なるプロセスや意図が文化資源という言葉には含まれているように思える。それでは文化資源はなぜ必要とされてきているのか。

2　「活用可能性」を語る言葉

地方自治体の文化行政関連のキーワードとして文化資源が取り上げられた事例で早いものは、おそらく一九九〇年に首都圏文化行政研究会が編纂した『新編　文化行政の手びき――文化行政は人々の楽しみをつくることができるか?』である。そこでは事例の見出しに「文化資源の発掘と地域振興――うだつの城下町／徳島・脇町」とあり、文化資源という言葉が使われている。

阿波藍の集散地として、江戸時代後期から明治初期にかけて栄えた徳島県脇町は、藍の衰退とともにさびれ、活力を失ってきました。しかし、近代化から取り残されたことが逆に、文化資源を保存させることとなり、地域振興の核となる文化を残すことができました。
この文化資源こそ、当時の藍商・呉服商の富豪の繁栄を忍ばせる南町のうだつ（卯建）の町並みです。(2)

一九八八年に重要伝統的建造物群保存地区に指定される現・美馬市脇町の取り組みの紹介において、「うだつ」(本来火除け壁として防火のために造られたが、富裕層のステイタス・シンボルとなった装飾)が「近代化から取り残されていた」ことによって、地域の文化特性を継承していくのに活用できる資源として発見されたという文脈で文化資源が使われている。伝統的建造物群保存地区という文化財保護制度は、七〇年に文化財保護法が改正されて追加されたものである。そもそもこの改正は、六八年に日本学術会議が民家の緊急調査を内閣総理大臣宛に勧告し、それが契機となり各都道府県で調査が行われた結果として制度化されたものと考えられる。経済的な発展からは取り残されたが、文化的に価値があると考えられる全国各地に残る町並みの保存がこの制度によって検討され始めた。

この場合、自らの地域に存在する文化的価値を資源と見なすことについて文化資源が使われている。この制度は、それまでの国主導の指定文化財と異なり、市町村と市町村教育委員会が重要な役割を担うという意味で文化財保護行政の新たな展開を可能にした。それは、自らの地域の文化的価値継承のための仕組み(地域内での調整、保存条例の制定等)を整えながら、市町村が主体的に活動する必要があるということである。

戦後、行政は文化への関わり方にとりわけ苦慮しており、文化財保護法が地域文化振興を意図して文化財保護に市町村の役割を課したことの意味は大きい。しかしながら、一九八〇年代に学術的な調査によって伝統的建造物群保存地区にふさわしいと認定されながらも、地域での合意が得られないまま時間が過ぎてしまった事例もあり、文化財保護のための調整の困難さとそれによってもたらされる価値や効果に気づけなかったという問題は残る。いまでこそ、経済的な発展から取り残されていた文化的価値こそが、逆に経済的な効果を生みだす可能性を有している事例があることは知られるところだが、保存制度が整えられた当初はまだそうした認識が十分に浸透していなかった。そのような意味では活用できる資源として地域の事象や事物を捉えるためには、もう少し時間や状況変化が必要であったかもしれない。

3　文化資源という言葉の必要性

奈良県の文化資源活用課は、課の創設とともに、文化資源活用補助金という事業を立ち上げた。この制度が継続的に実施されていくのか不明な点もあるが、その趣旨からは県の文化財保護行政の課題がみえてくる。

奈良県「文化資源活用補助金交付金要綱」によれば、本要綱の趣旨について第一条に以下のように記されている。

第一条
知事は、文化財や、『古事記』・『日本書紀』・『万葉集』など奈良県ゆかりの文献史料、歴史上の人物及びそれらに基づく伝承・旧跡等、幅広い歴史文化資源を活用した地域振興に資する取り組みの拡充を図るため、歴史文化資源の活用に係わる経費について、予算の範囲内において補助金を交付するものとし、その交付に関しては奈良県補助金交付規則に定めるほか、この要綱に定めるところによる。

そして、定義については以下としている。

第二条
この要綱において、「歴史文化資源の活用」とは、歴史に触れ親しむ機会を創出し、または理解を深める一助となり、住民の郷土意識や地域への誇りの醸成をはじめとする地域振興に資する取り組みを行うことを指す。

補助対象団体は、県内市町村ならびに条件を満たす歴史文化資源を所有または管理する者ないしは団体、歴史文化資源を活用した事業を実施する団体となっている。補助対象事業は、保存・修理事業、活用のための整備に係わる事業、普及啓発のための情報発信事業となっている。詳しくは表1を参照してほしい。補助対象団体については細かい条件もあり、その団体の性格により政策誘導的である。申請のフローは、所管部局で書面審査をした上で、外部の有識者等を含む選定審査会による第二次審査を経て、採択の可否を決定することになっている。

平成二七年度から奈良県は、文化財保存補助事業においても、文化財保存活用認定会議を設けた。いずれも「活用」を視野にいれた制度である。これもあまり類例のない取り組みである。その文化財保存補助事業では、文化財保護行政の一環として、保存修理をすべき文化財や国指定および県指定の文化財について、その破損度を点数化して順位を付けて補助をする。文化財保存活用認定会議は、これまで極めて専門的に内部的に処理されていた事項を外部に開くとともに、保存補助事業の活用可能性（一般的には、保存の価値を啓発する方法）を確認する場になっている。(3)

文化財保存事業費補助金とは別に、文化資源活用補助金制度を創設したのには全国第三位の文化財保護保有率を誇る奈良県ならではの事情がある。文化財保存補助事業において、建造物の場合、国の補助率は二分の一であり、その他のコストを所有者と主に県で負担することになる。国指定の文化財を多数有し、そのほとんどが国と社寺によって所有されている状況の奈良県はこれまで、財源が限られるなかでも文化財所有県としての面目は果たしてきた。たとえば、国の文化財保存事業関係補助金交付要綱において、国宝・重要文化財建造物の修理の際は、補助事業者が地方自治体ではない場合であっても、補助事業を教育委員会に委託することが京都府や滋賀県と同様に奈良県では定められている（第四条（一七））。これは建造物修理における設計や調査、建造物の保存に不可欠な宮大工を県の職員として雇用しているからである。(4)その意味でも、保存のための補助事業以外の部分――技術の継承等――において奈良県が果たしてきた役割は大きい。

ところで、文化財の保存は、建造物や美術工芸品が修復されて、その見栄えがよくなるという類いのものでは

表1　文化資源活用補助金の概要

事業内容	補助対象事業	対象となる歴史文化資源（以下に記すいずれかに該当するもの）
①歴史文化資源の活用につながる保存・修理事業	市町村指定文化財及び未指定文化財の保存・修理	(1) 市町村指定文化財（『古事記』『日本書紀』『万葉集』等、本県ゆかりの文献史料に記載された奈良時代までの事物に関連するものに限る） (2) 未指定文化財（『古事記』『日本書紀』『万葉集』等、本県ゆかりの文献史料に記載された奈良時代までの事物に関連するもの）。ただし、保存・修理事業の内容が特定の宗教活動に利する事業ではないものに限る。
②歴史文化資源活用のための周辺整備に係る事業	環境整備 ・解説案内板、誘導表示、標識・記念碑、展示施設の設置 ・指定文化財の復原物、レプリカの設置	(1) 国指定文化財 (2) 県指定文化財 (3) 市町村指定文化財（『古事記』『日本書紀』『万葉集』等、本県ゆかりの文献史料に記載された奈良時代までの事物に関連するものに限る） (4) その他の歴史文化資源（『古事記』『日本書紀』『万葉集』等、本県ゆかりの文献史料に記載された奈良時代までの事物に関連するもの）。ただし、周辺整備に係る事業の内容が特定の宗教活動に利する事業ではないものに限る。
③歴史文化資源の普及啓発のためのイベント事業	・歴史文化資源を学ぶ講演会、講座、シンポジウム等 ・歴史文化資源を周遊する参加型事業等 ・歴史文化資源を活かした演劇、演奏会等 ・歴史文化資源を普及啓発する催し等	(1) 国指定文化財 (2) 県指定文化財 (3) 市町村指定文化財 (4) その他の歴史文化資源（『古事記』『日本書紀』『万葉集』等、本県ゆかりのもの）

補助対象団体

	①保存・修理事業	②周辺整備に係る事業	③イベント事業
(1) 県内の市町村	○	○	×
(2) 歴史文化資源を所有する者・管理する者	○	○	×
(3) 歴史文化資源を所有または管理する団体	○*	○**	○
(4) 歴史文化資源を活用した事業を実施する団体	○	○	○

＊　対象とする歴史文化資源が（1）市町村指定文化財（『古事記』『日本書紀』『万葉集』等…に限る）の場合は、宗教活動を目的とする団体も申請可能。

＊＊　対象とする歴史文化資源が（1）国指定文化財、（2）県指定文化財、（3）市町村指定文化財（『古事記』『日本書紀』『万葉集』等…に限る）の場合は、宗教活動を目的とする団体も申請可能。

ない。それは極めて専門的である上、その内容によっては、修理した文化財を簡単に公開できない（見られない）場合も多い。これまでに多々指摘されているように、保存と公開活用は相互に矛盾を孕む。たとえば、数年に一回しか開帳されない秘仏や屋根瓦や茅葺き屋根といった目につきにくい個所のメンテナンスが必須な建造物について思い起こせばそれは理解できるだろう。小修理や維持修理などといった作業は地道であり、容易にはその必要性がわかりにくいが、文化財の保存には欠かせない基礎的な事業である。指定文化財を多く有する自治体はそれだけ補助事業の経費を準備しなくてはならない。しかし、保存事業に対して予算に承認を与える議会や一般公衆の理解を得るのは容易ではない。多額の費用をかけて文化財を保存できても、その重要性は一部の専門家だけが了解しているにとどまる場合が多い。文化財の価値を伝えていくためには、保存だけでは足りないのである。

文化財の活用を困難にしている点として、文化財の所有者の存在がある。国指定の重要文化財だからといって、必ずしも国が所有しているというわけではない。文化財保護法では、保存修理の補助や税制優遇措置等が講じられているが、監督官庁の関与のもとで、文化財所有者の管理責任と所有権に制限を課している。所有者が修理等を申請し、破損度が高いものから補助事業をするという文化財保護のあり方に、文化財や文化の価値についての理解促進のために文化財を活用するという試みが合致するかどうかはまだわからない。しかし、所有者のイニシアティブに原則任されている文化財保護行政の枠組みを超えた仕組みが必要であることを奈良県は認識したのだと思われる。

奈良県で導入された文化資源活用とは、指定文化財を「保存」して活用するという従来の視点とは異なり、「活用」に主眼をおき、県がイニシアティブをとって事業を展開するという方法である。奈良県においては、古事記、日本書紀、万葉集等といった「文字文化誕生の地」という、県下に共通する歴史の地層に潜在している、活用できそうな事象を文化資源と位置づけ、指定文化財にとらわれないモノや文書、伝承、記憶を県が主導して掘り起こし、県内での文化理解を促進しようとしている。ここには人材・人員・資金不足で文化的な資源を活用できない県下市町村を支援する意図もある。

奈良県の事例が興味深いのは、文化資源の活用を観光と結びつけるのではなく、「住民の郷土意識や地域への誇りの醸成をはじめとする地域振興」を目的としている点である。橿原考古学研究所所長の菅谷文則は、奈良県の文化（財）に対する住民の思いはいまでも「信仰・祈り」と結びついているところに特徴があると指摘している。そうした背景のもと、社寺・仏閣等を積極的に観光に活用する他県とは異なる振興方法を奈良県では模索する必要があり、そこから観光資源とも異なる文化資源という概念に可能性が見いだされたと思われる[5]。文化財保護法では実現できない文化行政を構築しようとしており、奈良県の事例は挑戦的な試みである。オリンピック開催に伴うインバウンド戦略や地域固有の文化の見直しを促す全国的な風潮も奈良県の実践の追い風となっている。

奈良県の場合は歴史文化を文化資源と見なしているが、地域によっては文化財概念とは別に、文化資源を地域で愛されてきた自然やそれを愛で大事にしてきた住民の活動として捉えるところもでてきている[6]。

4　文化資源の保存・公開・活用

文化資源は、文化と資源という二つの言葉が意味するものに可能性を見いだすことから作られ使用されてきた概念である。今世紀に入り、文化資源は、研究分野においては文化資源学として徐々に存在感を増してきている。最初に、文化資源を冠した専攻を設置したのは東京大学大学院人文社会系研究科の文化資源学研究専攻である。ここは学部に専修課程をもたない、独立専攻として設置された。このことは、学部のいずれかの専修課程を卒業した者が自身の研究を展開していく場として、あるいは社会人が実務での問題を学術的に解決していく場として、どこからも独立している必要があったことを意味している。

東京大学の文学部人文社会系研究科に属する各学問領域においては、専門分化が進み、研究対象となる文字資料や形態資料を総合的に取り扱う視点が薄くなってしまった。そのため、文化資源学においては各学問領域で扱う文字資料や形態資料を、その通奏低音である資源という視点から見直すことで学際的な研究発展の可能性を模索してきた。文化資源学専攻が開設して以降、そこに所属する研究者によるさまざまな研究成果が文化資源学の輪郭を形作ってきたといえるだろう。

しかしながら、文化資源学は学際性を志向するがゆえに、組織や研究者ごとに文化資源学の解釈や方針には違いがある。このことについて、文化資源という言葉そのものの孕んでいる問題について佐藤健二は、「文化を資源としてとらえる見方が直面する問題」として以下を指摘している。文化と資源という二つの表象を「隣り合わせ」るか、あるいは「意味を掛け合わせて」いるので、文化資源という概念がブラックホールになり、空洞化する危険性が高い。そもそも文化とは、辞書的には、自然に対して人間が働きかけを行ってできた成果のすべてであり、また資源は働きかけの対象となる「可能性の束」であるとすれば(7)、文化資源の意味するところは茫漠となってしまう。しかしながら、誰にとって、または何にとって、という視点を導入することで限定し、有効に活用することができる。

文化資源学研究専攻のウェブサイトには「人間が生み出すさまざまな文化を、既成の観念や既存の制度にとらわれず、「ことば」と「おと」と「かたち」を手掛かりに、根源に立ち返って見直そうとする姿勢から生まれました。多様な観点から文化をとらえ直し、新たな価値を発見・再評価し、それらを活かしたよりよい社会の実現をめざす方法を研究・開発しようとするものです」とある。どのような研究領域においても、特定のディシプリンのなかで研究の独自性や固有性を研究者は探究している。資源という言葉を冠することで活用や実践までをも射程に入れ、「それら［文化資源：引用者注］を活かしたよりよい社会の実現をめざす方法」を検討することが文化資源学研究専攻では構想されている。文化資源を見いだすことと（＝研究）、文化資源を活用すること（＝経営・実践）は両輪であり、それこそが文化資源学が資源学たるゆえんだろう。

先述の地方自治体での取り組みは、保存・公開・活用を、実際の自治体文化政策のなかでどのように実現していくかという試みである。地方自治法第一条の二において、地方公共団体は「住民の福祉の増進を図ることを基本」として活動するものであると規定されている。それぞれの地域の文化は誰のものか、誰が作りだしてきたのかという視点が重要である。つまりは、文化を作りだしてきたのはそれを守る努力をしてきた人（決して保守的な意味合いだけではない）やその地域に住む人々であり、行政では決してないということである。日本が近代的な国家として歩み始めてからまだせいぜい一五〇年ほどである。行政は近代化以降に整備されてきた制度である。しかし、地域の文化は近代化以前から存在していたのである。文化こそが先にあり、行政は後から現れた存在なのである。

先述したように、一九七五年に文化財保護法に伝統的建造物群保存地区という制度が追加され、経済的な発展からは取り残されたが、文化的に価値があると考えられる全国各地に残る町並みの保存が図られるようになり、その際に、市町村の役割が重視された。そして、全国の地方自治体が美術館や文化ホールを建設しだす時代がその後に続いた。この時に地方自治体が注目した文化とは、普遍的な位相に力点がおかれ、固有性という視点は置き去りにされていた。また文化を発掘し活用するのは誰かという観点はまだ欠けていた。しかし、九〇年代以降から現在まで、市民参加型のさまざまな催しが試みられたり、ボランティア活動を市民参画と呼称したり、市民参加、市民参画、市民協働等々、さまざまな言い回しで市民と行政との関係の構築は試みられてきており、その成果は改めて問い直す必要がある。

文化振興や文化行政は既存の芸術文化と結びついて語られてきた。その枠組みのなかだけでの実践が繰り返されている状況を見るにつけて、確認しなければならないのは、芸術文化と生活文化の違いについてである。日本において、かつて生活文化といえば、日常の生活のなかに息づいてきたお茶やお花、そして掛け軸などの設えといった、習慣や風習に根付いたものと理解されてきていた。その後、そのようなかつての生活文化は、「茶道」や「華道」のように芸術文化の領域へと変化し移行した。それでは現代の生活文化とはいったい何なのであろうか。言い方を変えれば、地域に根ざした地域文化といったものははたしてあるのだろうか。このようなことに筆者が関心を持ち始めたのは、さまざまな地方自治体に関わるなかで、各地域に存在しながらも発見されていない資源や雰囲気の存在に気づいたからである。それは、地域の人たちにとってはあまりに当たり前すぎて意識されないようなものであり、「文化」とも見なされていない。そうであるからこそ、地域の文化振興の方針や計画を作成するためにはこれらの存在を浮かび上がらせ明らかにすることが不可欠である。しかし、その地域にとっては当然過ぎて何ら価値を見いだしていない物や事象に光を当て、活用することを行政と一緒に行うのは非常に困難である。

行政機関というのは基本的に、法律の枠組みのなかで方針や計画を策定していく。組織についても同様である。従来の枠組みを超える思考をするのが不得意である。たとえば、文化という領域一つとっても、文化財保護については、主に教育委員会において文化財保護法の枠組みのなかで行政実務を執行していくのが基本である。二〇〇一年に制定された文化芸術振興基本法において作り上げられた政策用語である「文化芸術」は、決して狭い内容ではなく、条文の見出しには、芸術、メディア芸術、伝統芸能、芸能、生活文化、国民娯楽、出版物、文化財、地域における文化芸術などが明記され、また個別の条文においてはより詳細なジャンルが記されている。たとえば、「芸術」の条文の第八条においては、「文学、音楽、美術、写真、演劇、舞踊、その他の芸術」があげられ、「伝統芸能」の第一〇条には、「雅楽、能楽、文楽、歌舞伎その他の我が国古来の伝統的な芸能」と無形の文化的活動によって固有性を獲得したジャンルが並べられており、そうかと思えば「芸能」(第一一条)では「講談、落語、浪曲、漫談、漫才、歌唱、その他の芸能」が言及される。芸能と伝統芸能を分けるのは、「我が国古来の」という点だが、「古来」とはいつからのことなのか……。その複雑極まりない「文化芸術」のジャンルの多様さを前にして、地方自治体は、「基本理念にのっとり、文化芸術の振興に関し、国との連携を図りつつ、自主的かつ主体的に、その地域の特性に応じた施策を策定し、及び実施する責務を有する」(第四条)と規定されているが、実際にどのように関わればよいのかは不明確である。また、法の文言の解釈に加えて、やっかいなのが「地域の特性」を知るということである。文化行政は取り組むのに困難を抱かざるを得ない政策領域だと思わせる要素が、この法律のなかには含まれている。

行政とは、法体系に基づいた業務指針のもと、誰であろうとも公平平等に対応することにその特徴がある。その反面、個別の問題に対処するのは不得手である。文化を対象とする場合はその個別の問題にコミットする必要があるため、二、三年ごとの異動が通例の行政人事システムにおいては効果的な対応がしにくい。また、公平平等を原則とするため、地域文化に精通している特定の住民とのみコミットすることも難しい。

しかし、地域文化の振興のために鍵となるのはやはり住民の力である。ひんぱんな異動が避けられない公務員とは異なり、地域の住民であるという意識が高い人は地域の事象に関心が高く、細かい事情まで知識をもっている。そうした人たちと協働しながら、その地域の資源となる文化は何か、そしてそれを活用していくために住民の力を最大限発揮できるようにする環境とは何か、そこでの最適な行政の役割（行政の変容も含む）とは何か、といったことを問い続けなくてはならない。

私がこれまでいくつかの地方自治体に関わって見えてきたことは、都市部であろうと中山間地域であろうと文化にまつわる問題は一見似ているようだが、それぞれの文化の特性や違いに応じて解決方法も異なるということである。

注

（1）おそらく一般の感覚として当時「文化芸術」という言葉は耳慣れない言葉であったはずである。実際、文化芸術振興基本法が制定されてまだ数年も経っていない文化審議会を傍聴したおり、当時の会長が「いまだに文化芸術の意味がよくわからない」という発言をし、行政の担当者が「これは政策用語ですから」と答えていた。
（2）首都圏文化行政研究会編『新編　文化行政の手びき――文化行政は人々の楽しみをつくることができるか？』公人社、一九九〇年、一五―一六ページ
（3）さらに平成二九年には奈良県文化財保護体系検討会議が開催されることになり、「保存」と「活用」のあり方の検討に入った。
（4）調査・設計の職員をおくのは京都府、滋賀県、奈良県、和歌山県、宮大工については京都府と奈良県である。
（5）ところで、県が、文化の内容を限定して振興施策を講じることについて、とくに古事記などは戦争中に愛国心の高揚

などに利用された歴史があるなどのことから、庁内的に中立性を重視する地方行政として適当かどうか議論はあったようだが、古事記に限定せずに「文字文化誕生の地」とすることによって、中立性を確保できるとした。

(6) 長野県大町市は、大町市の自然環境や風土、建造物や街並み、衣食住をはじめとする暮らし、歴史、言語、伝統芸能や祭り、芸術的な創作活動、市民活動、産業、遊休施設などを「文化」として広義に捉え、この多様な「文化」を活用するという視点で見直した時に、「文化資源」になると考えている。

(7) 佐藤仁編『資源を見る眼――現場からの分配論』東信堂、二〇〇八年

第18章　仲介者

佐藤李青

1　はじめに――アートマネジメントと「つなぎ手」

アートマネジメント（Arts Management）は、一九六〇年代のアメリカで学問としての体系化が始まった[1]。六五年の全米芸術基金（NEA）設立によって、政府による芸術支援が本格的に始まり、公的資金を活用した芸術活動の効果的な運営と説明責任が要請されるようになった。NEA設立に呼応するように経済学者のウィリアム・ボウモルとウィリアム・ボウエンは六六年に刊行した『舞台芸術――芸術と経済のジレンマ』において「コスト病」とも呼ぶ実演芸術の性質を示し、芸術活動への公的支援の論拠を提示した。また、アルビン・トフラーは、六四年の著書『文化の消費者』において、当時「文化の爆発」と呼ばれた芸術文化を享受する層の急激な拡大を明らかにした。こうした「文化の民主化」の進行は、既存の芸術文化活動に生き残りのための方策を迫ることになった。このような社会状況の変化において、アートマネージャーは芸術文化活動の「変革の担い手」として期待された。その育成を行うため、大学を中心としたアートマネジメントの教育体系が整備されていくこととなる[2]。

一方、日本では一九九〇年代になってアメリカと同様に芸術文化環境の変化や理論的な発展を伴いながら、本格的にアートマネジメントの議論が展開されるようになった。そうしたなか、アートマネジメントの議論を牽引してきた伊藤裕夫が提起した「芸術と社会の出会いをアレンジする」という、芸術と社会を対置し、両者を「つなぐこと」を目指すアートマネジメント像が一般化してきた。そして、アートマネージャーは「つなぐこと」を職務とする芸術と社会の仲介者として位置づけられてきた。

このような「芸術と社会をつなぐ」という考え方は、日本の芸術文化環境の変化やそれを巡る文化政策の議論を背負った、ひとつの理念だといえるだろう。それでは、なぜ、日本では「芸術と社会をつなぐ」という理念が叫ばれる必要性が生まれたのか。そこで想定された「社会」とは何であったのか。そして「つなぐ」ことに求められた役割とは、どのようなものであるのか。

本章では「アートマネジメント」を体系化された実践的な技術のまとまりと捉えるのではなく、芸術文化環境を巡って、さまざまな議論がなされた舞台＝領域を示す概念だと捉える。その舞台上で展開された「論」に着目し、現在の私たちが手にした「アートマネジメント」という領域の立脚点を確認する。そして、その思想を体現する実践者である「アートマネージャー」に求められた役割の抽出を試みる。

2 「アートマネジメント」という舞台

(1) ハードからソフトへ

「ハコモノ批判」への応答

日本でアートマネジメントが要請された背景には、第一に、日本各地に整備された公立文化施設の活用という課題があった。一九八〇年代に急増した公立文化施設はいわゆる「ハコモノ批判」の対象となる。「多目的ホール は無目的ホール」という揶揄に表されるように、多機能な施設（ハード）のみが整備され、企画（ソフト）が不在であることが問題となった。その解決策として、事業を生み出す企画制作（プロデュース）の能力をもった専門的な人材の配置が公立文化施設に求められた。その人材を生み出す方策として期待されたのがアートマネジメントであった。

日本のアートマネジメント教育は、一九九一年に慶應義塾大学の「アートマネジメントセミナー」が開講することから始まったとされる。九四年には昭和音楽大学に音楽芸術運営学科が学部教育として設置され、大学機関以外では、九三年に全国公立文化施設協会が主催する全国公立文化施設アートマネジメント研修会が始まる。九四年に財団法人地域創造が設立されると公立文化施設職員の研修プログラムとして「ステージラボ」が開始される。こうして、それまでは欧米への留学か、単発のセミナーや講座でしか学ぶことができなかったアートマネジメントの体系的な教育実践が広がっていった。

アートマネジメントと文化政策

公立文化施設を巡る議論では施設のソフト（＝企画）づくりだけが焦点となったわけではなかった。これらの議論は、施設の活用方策だけでなく、芸術文化振興の手法や概念の再考を迫るものでもあった。

たとえば吉本光宏は、一九九一年に刊行された『文化のパトロネージ――芸術する社会』所収の「「生産装置」としての文化施設」という論考において以下のように指摘した。

文化施設が、文化を消費するだけの装置から脱却し、新しい芸術文化を生み、育てていくには、独自のソフト（作品）づくりのしくみと、それを支える人材や組織を内包したものでなくてはならない。言い換えれば、これからの文化施設は、文化を生産する〝仕掛け〟へと移行していく必要があろう。(3)

そして、前述のような公立文化施設の課題を「文化施設という枠を越えたわが国全体の大きな課題」と位置づけ、鑑賞中心の消費装置という「機能」から生産装置としての「仕掛け」へと文化施設の転換を促し、そうすることで「文化施設は芸術文化のインフラとしての本来の姿を取り戻す」と続け、文化施設単体の活動だけではなく、より広い文脈における新たな機能像を示した。

一九九一年に出版された『文化ホールがまちをつくる』においても同様の議論を見て取れる。七〇年代からの自治体文化行政論を主導してきた編者の森啓は、冒頭の論文で「文化活動を育てるために文化会館を建てたのであるのならば、「主催公演＋貸し館」ではなくて、地域に文化活動を育てるための「自主事業」を工夫すべきである」[4]と述べ、ハコモノ批判に応答した。そして、自主事業を「文化ホールの設置目的の実現をめざして行われるさまざまな営みの総称」[5]とし、文化ホールの設置目的は地域の文化振興であると続ける。「文化ホールは地域を文化的なまちにするために能動的な活動をする「主体」[6]」だという森の主張には、地域の文化振興において果たすべき文化施設の役割への期待があった。

このようにして公立文化施設は、「ハコモノ批判」を契機に、地域の文化政策を実現するための基盤として衣替えを期待された。それに端を発したアートマネジメントの議論は、公立文化施設が向き合う「観客」と地域の「住民」への魅力的なソフト（自主事業）の提供を通して、芸術活動と「つなぐ」という技術に加えて、それが地域の芸術文化振興に寄与するという文化政策の視点と両輪で展開されていくこととなる。それは次に取り上げる「文化行政から文化政策へ」という環境変化にも同様にいえるだろう。

（2）文化行政から文化政策へ

担い手の多様化と自治体文化政策の始まり

アートマネジメントという領域が成立したことのもうひとつの側面として、文化政策の主体の多様化がある。一九九〇年の芸術文化振興基金と企業メセナ協議会の設立は日本の文化政策の転換点として語られ、前者は芸術文化の振興における公的な支援が制度化された（本格化する）ことを、後者は「メセナ元年」とも呼ばれ、企業の芸術文化支援の動きが活発化したことを示している。

後藤和子は『文化政策学——法・経済・マネジメント』において「文化政策の担い手は、政府ばかりではなく市民や芸術家や企業」であり、「文化政策学のなすべきことは、国や自治体の文化政策を分析するだけでなく、政府と市民社会が協働して、どのように芸術や生活の質を高めることができるのか、そのダイナミズムを解明することである」[7]と端的に述べている。文化政策は行政のみが主体なのではなく、社会を構成する多様な主体によって推進される公共政策であるという認識に転換していった。

同時に、行政全般における分権化の進行は自治体における文化行政への主体的な取り組みの重要性を高めることになる。一九七〇年代から積み重ねられてきた自治体文化行政論を基盤に、地方自治法の改正といった法整備も進み、意識的にも制度的にも自治体が主導権を握る必要が出てきた。そのなかで、自治体文化行政論を整理、発展させた中川幾郎は『分権化時代の自治体文化政策――ハコモノづくりから総合政策評価に向けて』において、国や他自治体に追随する「文化行政」から、各自治体の主体的かつ包括的な総合政策としての「文化政策」への転換を提起した[8]。

この点において、アートマネジメントの実務の現場では、多様な主体と向き合う「社会性」を裏づけるマネジメント能力の必要性と、その活動が立脚する「地域」(自治体)が、芸術文化活動の向き合うべき社会として前景化することになる。

企業メセナと「つなぎ手」の育成

この環境変化のなかで、企業メセナの分野は、アートマネジメントの議論の定着を牽引してきた。特筆すべき活動に、一九九六年に始まったトヨタ・アートマネジメント講座(以下、TAM)がある。「非営利の芸術活動を通して地域社会を活性化するアートマネージャーを各地に増やし、地元に密着したアート・プロデュースが行政・文化機関・市民などさまざまなレベルで盛んになることを目的」とした本講座は、二〇〇四年まで全国各地で五三回開催され、のべ一万人以上の参加者を数え、好評を博したという[9]。講座終了後には、アートマネジメントの総合サイト「ネットTAM」を立ち上げ、「キャリアバンク」をはじめ、現場の実践にとって重要な情報基盤となっている。このような環境整備事業にトヨタ自動車という私企業が取り組んだことが、「メセナ元年」以降の象徴的な例だといえるだろう。

また、芸術文化活動の環境整備のための「担い手」や「つなぎ手」に期待がかけられることとなる。アーティストやその作品や公演を直接の対象とするだけではなく、社会との仲介役となるアートマネージャーや芸術団体への支援が行われるようになる。つなぎ手としてのアートマネージャーの人材育成や雇用が文化政策における焦点のひとつとなっていくのである。

企業メセナ協議会の機関誌『季刊メセナ』の一九九八年夏号では「めざせ！アートマネージャー」という特集が組まれている[10]。アートマネージャーに「アートとその普及に携わる職業として、若者たちの熱い視線が集まっている」と社会の期待を示し、その実例として、劇団のプロデューサー、ギャラリスト、文化財団職員、企業の文化担当者などの仕事が紹介されている。この時点において、アートマネジメントが採用した「芸術と社会をつなぐ」という枠組みを体現する領域で仕事を行う、既存の肩書きをもった人々を包括する概念としてアートマネージャーは用いられている。そして、それらの人々の経験がＴＡＭなどの実践を通じて共有されることで、アートマネジメントの人材育成事業や教育プログラムは発展していくことになる。そうしてアートマネージャーを肩書きとする担い手も生まれてきた。

アートマネジメントは一九九〇年代の芸術文化環境の変化のなかから生まれてきた。そして、アートマネージャーは、転換する「時代の人材」としての役割を期待されたのである。それでは、このようなアートマネジメントという舞台で立ち回る、アートマネージャーには何が期待されるのだろうか。次にアートマネージャーの役回りを、職種や技能に分節するのではなく、その背景にあった理念と日本の九〇年代以降の現場の変化とともに確認したい。

3 「アートマネージャー」の役回り

（1） 市民社会に芸術を位置づける「翻訳者」として

公共性の担い手として

第一に、アートマネージャーは、現代社会において、公共性を伴った非営利の活動を成立させることが役割として求められた。多様化した芸術文化活動の主体間の調整役、もしくは、その活動領域を広げるために他分野の主体と交渉する「翻訳者」として職務を果たすことが期待された。

伊藤裕夫は、アートマネジメントの概念について欧米での社会の変化に続けて、次のように指摘している。

> アーツ・マネジメントという概念は近年になって生まれたもので、そこには芸術の〈公共性〉ということが前提されている。すなわち、今日、芸術は一部の金持ちの慰みものではないことはもちろん、また市場で流通する消費財でも私的な余暇活動でもない、広く社会的環境の形成に関わる社会サービスの一つと見なされ、そうした社会性獲得の経営戦略として、それは位置づけられている。[11]

ここにおいて、アートマネジメントと結び付けられた芸術文化活動は「金持ちの慰みもの」といったパトロン的に支援される性質のものではなく、「社会的環境の形成」に必要な「公共性」の高い活動と位置づけられている。

伊藤は企業メセナの議論における「パトロネージ」との差異からアートマネジメントの定義を発展させてきた。「社会サービス」という言葉には企業のサービスが対置されており、企業に代わる公共性を担保するための組織として「非営利組織」が想定されている。企業の資源獲得方法が、需要にもとづき、市場メカニズムに依存する一方で、非営利組織は、社会的な必要（欠如）に応じて、社会へ訴えかけ、資源を獲得していく。ここでの社会は「公衆（Public）」である。それは不特定多数の、多様なコミュニケーションのコードをもった主体である。それらとの交渉を行うための「社会性獲得」が「経営戦略」として必要とされ、その技術こそがアートマネージャーの存在意義となってくる。

伊藤の想定した非営利組織とは、かならずしも法人形態としての特定非営利活動法人のことだけではない。その後、公的な資金にもとづく支援の拡大や、一九九七年の特定非営利活動促進法の制定により、「法人格」としてのNPOの活動は増加していく。公共性は公的な資金を用いる「公益性」へ、そして非営利組織はNPO法人という「法人運営」へ話題は移行していくことになる。ここでは、アートマネジメントにおいて、芸術活動の公共性を立脚点として、アートマネージャーは非営利活動の領域に位置づけられてきた原点を確認しておきたい。

行政の文化専門職

ところで、アートマネージャーの役割を考えるにあたって、アーティストと行政との間という立ち位置も重要な論点となる。たとえば、横浜市で長く文化行政の担当を務めた野田邦弘は以下のようなアートマネージャー像を提示している。

> それ［アートマネージャー：引用者注］は、アーティストと自治体の間に立って双方を調整しながら、アーティストが表現しようとしている内容を具体化し、社会に提示する機能である。(12)

野田は、「自治体内部で文化行政を担当する専門職」という意味合いでアートマネージャーという言葉を使っている。この背景には、行政職員は二—三年で異動があるため、特定の分野での専門性を培うことが難しいという問題意識がある。それゆえ、異動がなく、行政の行動原理を知悉し、芸術文化を理解し、双方の橋渡しをすることで、アーティストの仕事を実現させるという文化専門職の理想像が語られることとなる。
野田は、「文化の専門家集団としての文化振興財団と協働」した事業遂行にも文化専門職としてのアートマネージャーは重要だと指摘している。行政と現場の「間」に立つ財団という組織やその職員にも、文化専門職としてのアートマネージャーと同様の役割が期待されてきた。つまり、行政とアートの現場双方の「翻訳者」となることは、芸術活動を行政論理に直訳し、その意図に沿ったかたちで円滑に進めるだけでなく、芸術活動の論理を重視し、ときには意訳し、その公的な意義を高めながら、芸術活動の独立性や自律性を維持することが期待された。

文化政策の主体の多様化は行政の役割を相対化したが、それでも依然として行政との関係性は議論の主要な位置を占めた。むしろ、公的支援の拡大は、その役割を高め、事業実施における行政との関係性に言及することの重要性は高まっていくこととなる。芸術活動の公共性や独立性、公的な資金を支出するための正当性を巡って「翻訳者」としてのアートマネージャーの役割は重要になっているのである。

（2）創造活動を実現するための「共犯者」として

「創造」への関与

アートマネージャーの第二の役回りは、同時代のアーティストの制作活動を共に担うことである。この点において、アートマネージャーは、アーティストに伴走し、その表現活動を共に企てる「共犯者」となる。このことは一九九〇年代の日本の芸術文化環境の変化のもうひとつの重要な側面と関係している。それは芸術文化活動の「創造」が文化政策の焦点となってきたことである。

小暮宣雄は、九〇年代の変化を振り返り、以下のように述べている。

企業の社会文化貢献部門や国・自治体の文化振興セクターに明確なターゲットとして「芸術」が登場したの

は、ほんの最近のことなのだ。特に「いま」を生きる芸術家によって創られつつある「生きた」芸術が対象となるのは[13]。

文化政策の新たな主体の登場とそれに伴う関係性の変化は対象も変化させた。それは、作品を扱うだけでなく、現存の作家と向き合い、新たな表現を生み出すことが仕事の範疇に含まれるようになったことを意味する。それが「創造」という言葉に象徴され、政策や事業における頻出用語となる。そして、創造都市論の発展に表されるように芸術文化の振興が地域や都市の活力を生み出すという言説にも結びついていく。

作品の表現形態において制作過程を公開することが成果として見なされるようになってきたこととも関係するが、アーティスト・イン・レジデンス、芸術祭やアートプロジェクトなどといった事業形式の拡張に応じて、アートマネージャーの現場も拡大している[14]。ここでは事業の遂行にあたって「観客」の「鑑賞」だけでなく、「市民」の「参加」という要素が重要視されることになる。

アーティストと信頼関係を築き、その意向と真摯に向き合い、同時に社会から要求される成果や活用可能な資源との折り合いをつけなくてはならない。そうしてアートマネージャーは、アート＝芸術性とマネジメント＝社会性の「板挟み」のジレンマにも陥ることになる。

アートへの愛着、知識、経験

TAMの立ち上げ時から演劇ディレクターを務めた市村作知雄は、TAMを通して「アートの専門家」ではなく「マネジメントの専門家をつくり出していたようだ」と語り、以下のように述べた。

何よりもアートに深い知識と洞察力をもつ必要があるのがアートマネジメントだった。しかしながら、特に舞台芸術では、アートマネジメントはアートそのものについての自身の考えを語らない。アートそのものの価値判断をすることを避ける。そこが現在でもなかなか突破できない境界線である。車のことが専門的にわからない車の営業職がいないように、アートのことが専門的にわからないアートマネジメントもいないのである。[15]

この発言は、アートマネジメントにおいてはアートに対する愛着、知識、（鑑賞）経験が必須条件であることを端的に表現している。アートマネージャーに求められる資質において、これらを第一の条件とする議論も多いが、その背景にはアートマネージャーがアートの価値を社会に伝達するための最初の「評価者」であるという認識がある。

さらに、市村はアートマネージャーに代わるものとして舞台における「ドラマトゥルク」という職能の可能性を提示している。演出家と共に作品制作に関わるクリエイション型と、劇場やフェスティバルのディレクターと共にその方針やプログラムづくりを行う制作型の二種類のドラマトゥルクを挙げ、両者に共通するのは「優れた知的な作業者」として、「制作上の雑用」はやらない「アートの専門家」である点を強調している。

平田英一朗『ドラマトゥルク——舞台芸術を進化／深化させる者』では、ドラマトゥルクの仕事の特性を以下のように述べている。

ドラマトゥルクの仕事は、本人、劇場、制作ごとに変わり、手がけた仕事は制作のなかに溶け込んでいき、舞台初日にはほとんど見えなくなってしまう。彼らの活動が「消失の芸」（Kunst des Verschwindens）と呼ばれる由縁もここにあるのだろう。[16]

平田は「あいだ」「パートナー」「外側」がドラマトゥルクの「基本的な構え」としているが、ここにはアートマネージャーの議論にも共通するジレンマを確認することができる。つまり、制作活動においてアーティストの

「共犯者」としての役割に注力した場合、仕事の成果からは、その「共犯者」の役割が見えづらくなるということである。ドラマトゥルクの役割においては、舞台の制作過程の仕事が「溶け合い」、表現活動としての成果の質が高まることが理想とされる。それゆえ、その成果は多くの場合、アーティストやディレクターの署名性に回収されることになる。

市村の発言にはアートマネージャーの仕事を「専門家」として確立することが意識されていた。ともすれば「雑用」まで広がってしまう職務領域への危機感があった。アートマネージャーを巡る議論において、とくに舞台芸術の分野では、その職能の確立が焦点となってきた。その際に、職場の法的根拠として博物館法があり、職務には学芸員資格がある美術館の学芸員が引き合いに出されてきた。法や資格による雇用等の労働環境の改善への有効性については別途検討が必要であるが、ここでは作家と観客の「間」に位置するアートマネージャーが、創造活動の伴走者となる際の根本的なジレンマを確認するに留めたい。

（3）制度の外で制度をつくる「設計者」として

アウトリーチからアートプロジェクトへ

現在のアートマネージャーは、劇場やホールといった既存の芸術領域を対象としない活動をその職務領域に含むようになった。既存の制度の外で活動を成立させるとき、事業実施だけでなく、そのための活動基盤や環境を整える「設計者」という第三の役回りが求められる。これは、一九九〇年代後半から二〇〇〇年代に起こってきた変化である。

公立文化施設において、一九九〇年代初頭より、芸術活動と観客を「つなぐ」ための手法として芸術活動を観客に「届ける」という意味をもつアウトリーチが着目された。文化施設の資源を活用し、芸術活動を施設外へ「出前」する。出前先は高齢者施設や学校など文化施設以外の場所であり、普段は施設にアクセスしづらい地域住民との接点づくりが目的となった。施設職員を対象にアートマネジメントを冠したセミナー等でアウトリーチに関するノウハウの多くが共有されてきた。そうしたことは「地域の文化拠点」としてのミッションを果たすために、アウトリーチを積極的に館の事業として位置づける文化施設の登場へもつながっていく[17]。

そして、二〇〇〇年代になると、施設の活動から独立した運営形態をもつアートプロジェクトといった形式が増加していくこととなる。アートプロジェクトという言葉が社会に流布する発端となった書籍『社会とアートのえんむすび　1996-2000——つなぎ手たちの実践』の冒頭で本プロジェクトの実行委員長の森司は一九九〇年代のアート環境を語るための言葉として「アートマネジメント」と「NPO」を挙げ、美術評論家の村田真は「脱美術館」という言葉で美術館の「外」で成立する事象からアートプロジェクトという現象を語り、小暮宣雄はアウトリーチの観点から、他の分野に「侵入」するアートプロジェクトの特性について語った[18]。共通することは、アートプロジェクトという言葉を用いて、芸術と「社会」の接点について語っている点だろう。

その後、アートプロジェクトという形式は一般化していくが、二〇〇〇年代に大阪のアートプロジェクトの現場を調査してきた吉澤弥生は、二〇一一年に刊行した『芸術は社会を変えるか？——文化生産の社会学からの接近』の冒頭で「芸術の社会化」の進行について語っている。そして、アートプロジェクトを「日常生活や社会のなかに「芸術」を見いだしていく実践[19]」と定義した。こうして「社会化」を目指して、芸術活動の「外」（＝社会）との接点づくりを志向したアートマネジメントの現場は、具体的な地域社会の「内」での活動に実践領域を広げることになる。

制度をつくるために

社会の「内」でこのような活動をするスタッフが「アートマネージャー」という肩書きを用いる場合、その所属は、行政や財団だけでなく、実行委員会やNPOといった組織になることが多い。そこで求められるのは、事業実施の環境を整え、持続させるための制度設計の技術である。つまり、事業の運営における体制から決裁方法の整備まで、組織の管理機能を構築することが求められる。

従来、文化施設においては、展示や公演といった文化「事業」の企画立案と運営は「施設」の管理運営やその制度的基盤を前提として成立してきた。とくに行政が設立した文化施設や組織の場合、行政から出向してきた職員が担う管理部門によって「館」業務の基盤が担保されてきた。

だが、「施設」などの制度的な基盤がない場所で、活動を立ち上げる際、組織や体制づくりはアートマネージャーの仕事になる。非営利組織であっても、起業家精神にもとづいて、法人を社会的に運営していく技術が求められる。事業を一定期間「何とかやりぬく＝マネジメントする」技術だけではなく、中長期的な視点から事業を計画する組織運営の能力がアートマネージャーには必要とされるのである。この意味で「マネージャー（manager）」が本来意味する「経営者」としての側面をアートマネージャーはもつといえるだろう。

しかし、公的な財政支援の多くはアートマネージャーの人件費といった管理費の計上を認めていない等、制度的な課題やアートNPO等の非営利組織の運営基盤の脆弱性はこれまでも指摘されてきた。「新しい公共」や「民営化」の流れを受けるなかで、非営利組織が行政との実効性をもった「協働」や「パートナーシップ」を対等な関係において確立するためにも運営基盤の整備はますます重要となるだろう。

4　おわりに――「つなぎ手たち」のこれから

「芸術と社会をつなぐ」というフレーズとともに日本各地の現場で数多くのアートマネージャーたちが奮闘している。ある場面では芸術の価値を社会の多様な分野へ届ける翻訳者として、別の場面ではアーティストの活動に伴走する共犯者として、ときに相反する理念や規範、利害関係をもつ芸術と社会の「間」に立ち、仲介者として職務を全うしようとする。加えて、自らの拠って立つ場所もつくりあげる設計者としての役割も求められるようになった。

こうしたアートマネージャーの労働環境の改善は依然として課題である。本章におけるアートマネージャーとは、拡張する芸術文化活動の「つなぎ目」に立つ人々を指し示す言葉であった。現場は、常に未踏の領域に踏み込む性質をもつ。それゆえ、社会的な位置付けは不安定になりがちだ。その分野を背負い、社会に存在を示す専門性をもつのか。現場に溶けこみ必要な作業を一手に引き受ける調整役となるのか。両者は対立するものではないが、仕事の可視化を巡るジレンマは尽きない。概念の普及によって舞台が生まれ、そこで立ち回ってきた実践者が存在している。そうした人々の経験を踏まえた現状を見定め、議論を重ねる必要があるだろう。

社会から芸術への要請も高まっている。まちづくり、都市計画、福祉など他分野との連携が広がった。いままでは芸術と社会のつながりは、より双方向なものとなったともいえる。芸術が、その「外」の社会と向き合ったとき、アートマネージャーという「つなぎ手」が生まれたように、社会の「内」の多様な領域に芸術が触れていく現在は、新たな役割をもった仲介者が生まれてくるときなのかもしれない。

注

（1）アートマネジメントという言葉の表記には、Arts Managementという英語表記の読み方を踏襲し、ジャンルの多様性を重視した「アーツ」を用いるもの、アートとマネジメントという二つの単語からなる複合語として「・」を用いるもの、積極的に日本の文脈に議論を落とし込むため「芸術経営」や「芸営」など漢字表現を用いるものなどがある。これらの言葉の下に行われた議論も含めて、本章では翻訳概念ではあるが、独自の文脈を背負った日本語化された一単語（カタカナ語）としての側面が強調される「アートマネジメント」という表記を用いる。

（2）宮崎刀史紀「アートマネジメント教育の展開」『ネットTAM』二〇〇六年（http://www.nettam.jp/course/management/2/）

（3）吉本光宏「「生産装置」としての文化施設」、電通総研編『文化のパトロネージ——芸術する社会』洋泉社、一九九一年、一三七—一三八ページ

（4）森啓「文化ホールが文化的なまちをつくる」、森啓編『文化ホールがまちをつくる』学陽書房、一九九一年、五ページ

（5）同上、一七ページ

（6）同上、二二ページ

(7) 後藤和子「序章　文化政策とは何か」、後藤和子編『文化政策学――法・経済・マネジメント』有斐閣、二〇〇一年、一〇ページ
(8) 中川幾郎『分権時代の自治体文化政策――ハコモノづくりから総合政策評価に向けて』勁草書房、二〇〇一年、ⅲページ
(9) 「トヨタ・アートマネジメント講座（TAM）――主旨と開催方法」『トヨタ・アートマネジメント講座の軌跡　1996-2004　全講座収録版』トヨタ自動車株式会社、二〇〇四年、七ページ
(10) 『季刊メセナ』第三三号、企業メセナ協議会、一九九八年
(11) 小林真理／片山泰輔監修・編『アーツ・マネジメント概論　三訂版』水曜社、二〇〇九年、一五ページ
(12) 野田邦弘『イベント創造の時代――自治体と市民によるアートマネジメント』丸善ライブラリー、二〇〇一年、一三八―一三九ページ
(13) 小暮宣雄『アーツマネジメントみち――社会に未知、まちにダンス』晃洋書房、二〇〇三年、四ページ
(14) 帆足亜紀「変化するアート・マネジメントの現場」『組織から考える継続する仕組み』公益財団法人東京都歴史文化財団、二〇一四年、一二ページ
(15) 市村作知雄「アートマネジメントを超えて」『ネットTAM』(http://www.nettam.jp/column/5/)
(16) 平田英一朗『ドラマトゥルク――舞台芸術を進化／深化させる者』三元社、二〇一〇年、一七ページ
(17) 地域創造の地域創造大賞（総務大臣賞）の受賞施設に代表される。
(18) ドキュメント2000プロジェクト実行委員会『社会とアートのえんむすび　1996-2000――つなぎ手たちの実践』トランスアート、二〇〇一年
(19) 吉澤弥生『芸術は社会を変えるか？――文化生産の社会学からの接近』青弓社、二〇一一年、九七ページ

第19章　アーツアドミニストレーション

鬼木和浩

1　アーツアドミニストレーションの意義

（1）アーツアドミニストレーション

本章においてアーツアドミニストレーションとは、文化政策の具現化を目指す行為、すなわち文化行政を指す。行政機関にとって、文化政策の本質的な目的は、国や自治体固有の文化を生み出し、その文化によって国民・市民のアイデンティティを形成することによる統合・融和ないしは自治意識の浸透にある。また、文化権の視点からは、国民・市民の文化権を保障することによって、豊かな文化を誰もが自ら自由に創造し、享受できる社会をつくり出すことが目的である。近年ではこれらに加え、文化による様々な効用を経済活性化、産業振興、社会的包摂等へ活用することへの期待も大きい。この目的の実現にあたり、市場原理に任せていたのでは実現できない部分を担うのが文化行政である。

文化行政に求められる専門性は文化政策の内容によって変化する。市民の自主的な活動の支援や既存の芸術団体の公演や民間企業の展覧会を「買う」だけの施策であれば、文化行政の担い手に求められる専門性は市民ニーズに対応する力となるが、芸術創造やまちづくりへの展開も視野に入れると、新しい価値観へ恐れずに踏み込んでいく理解力も必要となる。

(2) 文化行政の変遷

戦後日本では、文化政策という言葉は文化統制という意味で受け取られたため長く使用が避けられてきた。一九六八年になって文化庁が設立され、国における文化政策が本格的にスタートしたが、その際にも文化政策という言葉は使われなかった。

自治体文化行政においては、一九七〇年代後半が大きな転機となった。経済成長が一段落し、経済的な豊かさが一定程度充足されるとともに地域コミュニティの崩壊等から、精神的、文化的な豊かさへの欲求が高まった。このニーズに応える形で、自治体における文化行政が全国に急速に広まった。

当時の文化行政は、単に事業面にとどまらず、文化による自治体全体の行政改革という側面も含んでいた。当時「行政の文化化」が盛んに唱えられ、行政自体が文化的に変わることで、「市民」が担う「自治」が新たに創出されるという議論がなされた(1)。

一九九〇年以降、バブル経済の崩壊後の行政改革が進むにつれ、文化行政は芸術文化振興の色合いを強めていく。都市の衰退から文化芸術の力への期待が高まり、文化が経済活性化や地域再生の手段として捉えられるようになる。また指定管理者制度の導入をはじめ、行政が民の力を積極的に活用するようになり、文化行政の担い手は多様化した。

以下、本章では、自治体におけるアーツアドミニストレーションについて、横浜市の事例を中心に考察する。

2　横浜市における文化行政の歴史とアーツアドミニストレーション

（1）戦後復興期

一九四五（昭和二〇）年の横浜は、度重なる空襲により焼野原となっていた。衣食住がままならないなか、市民は演劇、音楽、美術活動などを戦後早々に再開した。戦後混乱期にあっても横浜市は文化行政に着手し、四七年には民生局文化課という組織を立ち上げた。

当時の「文化」は、戦時体制からの人間性の回復という意味を帯びていたし、文化課という言葉には、文化による復興への期待が込められていた。当時、市役所職員は、専門的職員ではなかったものの、文化事業を企画し、市民とともにマネジメントを担う存在であった。その後文化行政は、教育委員会へ所管が移った。

（2）高度成長期と文化への市民ニーズ

高度経済成長期を経た横浜市では、急速な経済発展による住環境改善への期待、ベッドタウンとしての人口急増と新住民の流入、横浜「都」民といわれるように市民アイデンティティが未形成な状態であることなどが表面化してきた。これらの課題によって文化への市民ニーズが高まった。

一九八一（昭和五六）年一二月にスタートした、横浜市の将来計画を体系的にまとめた「よこはま21世紀プラン」では、「豊かな市民文化の創造」という項目が設けられ、文化環境の充実や市民文化の振興と活動の推進がうたわれた。八二（昭和五七）年に、文化行政の所管が教育委員会から首長部局に移り、市民局市民文化室がスタートしたことによって横浜市でも本格的に文化行政が開始された。八五（昭和六〇）年の同プランの改訂版では、「文化は、市民生活を支える基盤であり、文化自体が固有の価値を持つ市民の共有財産となって、市民性を特色づけ、都市のアイデンティティを形成する根源ともなります」と明記され、文化が市民をつくり、自治体の基盤となることが明示された。

（3）市民ニーズの具現化としての文化施設整備

文化へのニーズが高まるにつれ、文化施設整備への要請が高まった。戦後、横浜市内に整備されてきた公会堂は集会施設であり、文化活動（自らの表現活動（練習、発表）、芸術鑑賞等）のニーズに十分には応えられなかったため、専門的な設備を備えた施設が望まれた。

一九七〇年代後半から八〇年代にかけて、全国の自治体は一斉に文化施設建設へと動く。多くの自治体政策が文化に傾倒し、目に見える成果として文化施設整備が目指されたことが大きな要因である。

横浜市では一九八七年に関内ホール、八九年に横浜美術館と吉野町市民プラザ、九〇年に旭区民文化センターと専門的な文化施設の整備が急速に進められた。特に区民文化センターについては、地域の文化特性に応じた文化活動の拠点として、行政区単位での整備が政策目標とされた。八九年の「よこはま21世紀プラン」では、第二部第二節第六項で「豊かな市民文化の創造」が掲げられ、「市民文化の振興と活動の奨励」「文化環境の整備充実」に取り組むこととされた。

（4）芸術文化振興へと収斂する政策と財団の設立

文化施設の整備が進み、プロフェッショナルな公演や質の高い展覧会などが身近で開催されることが横浜市内でも増えたことにあわせ、文化行政が目指していた市民文化の振興と行政の自己改革という方向性が薄れ、文化予算の大半を文化施設の整備と運営が占めるなか、文化行政は芸術文化振興に収斂されていった。

技術と経験を蓄えた専門家集団に文化施設の管理運営を担わせるため、各自治体は文化財団（文化事業団）を設立した。単年度を超える事業実施や出演者との専門的な交渉、舞台技術、展示技術、美術作品の保管、利用者のニーズに対応した柔軟な運用など自治体職員では対応が困難な業務を担うことで、財団は実質的に文化行政の執行者となった。横浜市では、横浜美術館の運営を目的とした横浜市美術振興財団、他の文化施設運営と各種文化事業の実施を目的とした横浜市文化振興財団が相次いで設立され、後に両者は統合された。

ちなみに一九八五（昭和六〇）年の横浜市文化基本構想においては文化財団について、「横浜市の文化を真に市民全体の創造性あふれるものにするために、民間のエネルギーを活用した文化事業、文化活動の推進母体となる文化財団等を設立する。文化財団は、文化人、文化活動のリーダー、文化団体をはじめ、企業などの参画を得て、ユニークな活動や地域の自主性を活かした活動を主眼としていく」としている。

しかし実際には、民間や企業から参加する人は理事や評議員として間接的にのみ関わり、実質的な活動を担う事務局は、プロパー職員と横浜市からの出向職員によって設立された。

文化施設の整備が進み、全国で文化財団が誕生するにつれて、文化施設運営を通じて、あるいは教育機関でのアートマネジメント課程や実演家団体での制作経験を経て、専門的人材が文化財団に蓄積された。ある特定の芸術家による創造活動への支援は、行政の公平性とは相いれない性質のものであり、芸術文化の質の判断を伴う高度な専門性を必要とする。それを誰がどのような形で担うのがふさわしいのかという議論は、本来は様々な選択肢があり得たが、文化行政の重点が施設整備・運営管理にシフトしたことにより、専門性の確保は文化財団に事実上集約されていく。専門性の確保についての議論が十分になされた結果というよりは、数年で異動してしまう自治体職員に対して、団体職員の専門性蓄積の比較優位性が自ずと生まれ、問題が実質的に整理されていったと見るべきだろう。

横浜市は国内最大の基礎自治体として、文化施設数も多い。文化施設中心へとシフトすることで、行政は文化行政における専門性の多くの部分を外部機関としての文化財団に担保していくようになったのである。

横浜市では、文化施設整備・運営管理の他にも、横濱JAZZプロムナードや横浜ダンスコレクション、横浜トリエンナーレ等、横浜を代表する大型の文化イベントが開始された。これらの運営においても市の財団が大きな役割を果たすこととなった。こうしたイベント実施のノウハウも、行政側ではなく市の財団に蓄積されていくこととなり、専門性が一層強化された。

しかし、文化行政における専門性のすべてが自治体から外部化されたわけではない。自治体職員に固有の専門性、例えば、文化政策の策定、市民や議会をはじめとした主たるステークホルダーへの説明、すべての市民への公平性の保障、文化施策評価制度の構築、顕彰制度の実施等については、ほとんど議論されることがなかった。

(5) 行政改革、創造都市による文化政策の変容

二〇〇〇年代に入り、全国の自治体が行政改革を推進していくなか、横浜市においては、低迷していた都心臨海部の活性化を主目的として、創造都市政策がスタートした。二〇〇四年に文化芸術都市創造事業本部が誕生し、文化振興とともに創造都市の推進を掲げ、創造的活動としての文化芸術が観光やまちづくりの推進と結びつけられることとなった。

こうして横浜市の文化政策は、文化による経済的・社会的果実の追求へと大きく舵を切る。都市の活性化が主目的となり、市民文化の創出や市民自治の基盤づくりという目的は後方へ退き、「市民文化」という言葉は横浜市の計画からも組織名からも消えることとなった。

二〇〇三年の地方自治法の改正により導入された指定管理者制度により、当初自治体設置の財団が独占していた文化施設の管理運営の門戸が民間企業にも開かれ、PFIにより施設整備にも民間資金が導入された。

都市デザインの先駆的取り組みを行ってきた横浜市では、二〇〇四年に開始した創造都市の代表的政策となるBankART等の横浜市歴史的建造物の実験的活用において、アートNPOによる施設運営を開始した。

また、市内小学校、中学校、特別支援学校を対象とした次世代育成事業である横浜市芸術文化教育プラットフォームや、地域課題の解決を目指すアートプロジェクトを支援するヨコハマアートサイトといった地域の文化を支える事業の事務局は、地域の事情とアートプロジェクトの実施運営に精通しているアートNPOが担っている。

行政改革の推進と文化政策の変容によって、横浜市の文化行政における財団の役割は相対的に減少し、企業、

NPO法人等文化行政の担い手は、ここ十数年で多様化した。

3　アーツアドミニストレーションにおける専門性

以上の横浜市の事例を踏まえて、自治体のアーツアドミニストレーションにおける専門性について考察する。

(1)　自治体職員

自治体職員は、特定の人物や団体への利益供与を防ぐため、また、政策ジャンルのバランスがとれた執行者となるため、通常はゼネラリストとして養成されるが、業務内容によっては高度な専門性を要求される場合がある。例えば税務や福祉等の分野では、複雑な法令の理解や、困難なケースへの対応等がそれにあたる。そのため、ゼネラリストの集団のなかに、分野ごとに専門性の高い職員を適所に配置することで、高度化する行政課題に対応してきた。

しかし文化行政の分野は歴史が比較的新しいため、文化行政に携わる職員が備えるべき「専門性」の概念が明確に共有されておらず、文化行政の専門職員は養成されてこなかった[2]。

一九七〇年代、自治体文化行政が成立した当初、自治体職員は文化政策の立案者であり執行者でもあった。そのため、市場性から一定の距離を保ちつつ、文化行政における専門性を内部でまかなっていた。文化にはオリジナリティ、差異化、個性という価値が求められ、行政側にも公平性だけではない判断基準が求められる。一定の重点配分、短期的な成果を求めない継続性、多様で重層的な評価基準がなければ文化を育むことはできない。しかしながら、ゼネラリストとして養成される自治体職員は、元々文化行政に対する認識のないまま採用されていることに加え、通常三、四年で人事異動となり、特定分野におけるこのような専門性の蓄積は困難な状況にある。

専門性は、「組織」あるいは「マニュアル」や「引継書」での担保は困難であり、「人」にこそ宿る。文化行政における専門性の確保がなされず、通常の行政の論理で文化行政が推進されると、文化の力が十分に発揮されず、文化行政自体が矮小化する懸念がある。しかし「行政の文化化」の時代においては、自治体職員全体の意識を文化的に変えることが目指されたため、文化行政における固有の専門性とその蓄積における困難さについてはほとんど指摘されることがなかった。

（2）文化協会、文化分野別協会

市民文化の振興を掲げた文化行政の目的の実現のため、市民の文化団体の組織化が図られていることが多い。横浜市においても、戦後すぐに横浜市文化団体連絡協議会が設立されており、美術系、音楽系、伝統文化系等文化ジャンルごとの協会が設立されている。

こうした組織の運営にはいくつかの課題も指摘されている。例えばメンバーが固定化し、新陳代謝が起こりにくいために高齢化が進む。事業自体が○○文化祭などの定例行事が中心となり、毎年同様の企画となりがちである。行政からの支援頼みであったり、場合によっては事務局を行政が担うこともあり、代替わりも含めた形での市民の自主的な活動という側面が見えづらいといった課題がある。アーツアドミニストレーターとしての役割を委ねるには慎重にならざるを得ない。

（3）財団（外郭団体）の専門性と機能

財団には、外部機関として、自治体にはない「民の力」が期待される。具体的には効率性や柔軟性、機動力等に加え、文化に関する専門家集団としての役割がある。財団に期待される専門性として以下の四点がある。

①芸術創造に関するプロフェッショナルなスタッフ育成

文化事業の質は、担当スタッフの実力に左右される部分が大きい。制作業務、舞台技術、展示構成など芸術創造に関するプロフェッショナルなスタッフの育成は、短期の人事異動が前提となる自治体では困難である。長期的な人材登用が可能な財団であればスタッフ育成が可能となる。

②芸術創造団体やアーティストとの信頼関係、ネットワークの形成

芸術創造団体との間には、当該ジャンルに関する共通の理解がなければ各種調整事項は進まない。当該分野独特の「商慣行」についての知識も不可欠である。また、アーティストは独特な発想・感性・行動をすることがあるため、通常の契約関係だけではうまくいかない場合もある。このような芸術分野特有の事情を理解し、信頼を得て、事業を実現していくノウハウの蓄積には時間がかかる。また、専門文化施設の職員同士のネットワーク、当該ジャンルの専門家同士のネットワークなどの構築にも一定の期間が必要である。

③長期的な準備を要する企画立案

美術館での大規模な展覧会、海外招聘を含む舞台公演などにおいては、関係各所との調整に数年を要する場合があり、調整期間全体にわたり交渉先との信頼関係の継続が不可欠である。全く異なる部署間での異動が頻繁な自治体職員では、長期にわたる制作業務に携わることは困難である。

④文化芸術の力を最大限に伸ばす

文化芸術の影響力は時に想像を超える。自治体の意向をくみ取りつつ、その意図を深いレベルで実現する、あるいはその意図を超えて、文化芸術を提供し得るのが財団の専門性といえる。「心の豊かさ」「多様な価値観の受け入れ」といった言葉を深く掘り下げ、文化芸術の力が最大限に発揮されるような取り組みを実現していくことで、行政サイドの想定を超えて、文化芸術の射程を最大限に伸ばしていくことができる可能性がある。

自治体では対応が困難である文化の力を最大限に引き出すための専門性を財団に形成することが、文化行政を執行する外部の機関を設置した目的でもある。財団の専門性が発揮されたことにより、さらに財団に対して期待される機能としては次のようなことがあげられる。

①アーカイブ形成

長期的な取り組みが可能な存在であることから、文化芸術に関するアーカイブを形成することが可能である。当該地域やジャンルについて、イベント情報レベルにとどまらず、アーティスト情報等様々なデータや資料を蓄積し、後世に継承していく部分については、長期的な拠点が必要となるだろう。

②調査研究

文化芸術に関する調査研究においては文化芸術に対する深い理解が前提となる。調査研究により、政策提言の前提となる地域の文化に関する動向等の各種基礎データを把握するとともに、来るべきニーズの予測も可能となる。

③政策提言

文化政策立案者たる自治体に対して、新しい政策の可能性を説き、その推進を後押しするのが政策提言機能である。文化政策立案にあたっては、これまでの実績や想定を検証し評価する際にあぶり出された現場の知が不可欠である。政策が現実とかけ離れていては、いくら理想的な政策だったとしても、それは実現不可能である。また、行政職員が公平性や効率性という視点から構築する政策が文化政策の分野では必ずしも効果的でない場合もありえる。専門家集団としての財団が持つ現場の知や文化芸術固有の可能性を活用し、市民感覚に根差した有機的な政策の立案を目指すことで，予算の重点的で適正な配分が可能となり，実現可能性の高い施策実施につながる。

(4)　財団と自治体の関係

自治体は文化政策立案者としての機能を，外部機関たる財団は文化行政・文化事業における執行者としての機能を果たす。財団と行政職員とがパートナーとなり，相互に理解しあう関係に立って，政策立案を進めていくことで，政策立案者と執行者を分離し，外部化したことによる効果を十分発揮し，政策に還元することができるはずである。

自治体から財団に対して適切な権限移譲がなされ，行政改革の論理の追求のみによって専門性が阻害されないような関係性を構築し，両者の専門性が発揮しやすい環境づくりが求められる。

文化行政の歴史は文化の力が様々な可能性を切り拓いてきた過程でもある。文化芸術は無限の可能性を秘めているため，文化行政のアウトプットは，いわば政策立案者たる行政の想像を超えたもの，あるいは想像を裏切るものになる可能性がある。それによって，政策そのものの射程を広げ，ひいては文化の力がより深く地域で活かされることにつながる。

財団は，その自治体におけるアーツアドミニストレーションの中核を担いつつ，文化行政の将来像をも照らし出すことを期待されている存在であるといえよう。

4　アーツアドミニストレーションにおける課題

以上，横浜市の事例を中心に見てきたが，アーツアドミニストレーションにおける構造的な課題に加えて，近年の文化政策をめぐる状況は新たな課題を生じさせている。

（1）専門性の外部化における構造的な課題

外部化によって専門性を確保しようとした自治体と財団の関係性は双方にとって必ずしも望ましい状態を維持できるとは限らない。外部化によって専門性を確保するための構造的な課題を指摘する。

第一に、財団は自治体が設置した存在であり、民間企業でいえば子会社（下請け）にあたる存在であることから来る力関係である。設置のための基本財産の出資だけではなく、職員人件費、事業費等の大部分を行政からの資金で賄っている場合が多い。主要ポストを地方自治体出身者が占めている場合もある。これにより、財団職員のキャリア形成に影響が生じるとともに、財団組織としての意に反しても、あるいは文化芸術の観点からは必ずしもプラスではないという場合であっても、自治体側が力関係で優位に立ってしまうことで、不本意でも自治体担当者の申し出に従わざるを得ない場合が出てくる。これは、財団の専門性の発揮の障壁となり、財団職員のモチベーションの低下を招く恐れがある[3]。

第二に、文化芸術に関する両者の意識の違いが生む相互不信である。自治体職員はゼネラリストとして養成されているため、文化全般について非専門家であることを前提として業務を行うことになる。自治体職員にとって当然の、公金支出の厳格さや説明責任の重要性が財団に伝わらないこともある。また、財団職員は、文化芸術に無理解の行政職員と常に接することになり、結果的にコミュニケーション不全が避けられず、ゼネラリストと専門家の間の分断を招きかねない。

このように、文化行政の専門性を担保するための組織でありながら、自治体の傘下にあることで、いわゆるアームズ・レングスの原則が働かず、実質的に自治体の下部組織になってしまうという構造的な課題がある[4]。

（2）行政改革によるアーツアドミニストレーションの主体の縮小

行政の質的な変化を求めた「行政の文化化」の時代とは異なり、一九九〇年代以降の行政改革は、財政支出や職員数の圧縮に着目し、スリムな自治体を目指すものに変化した。その結果、自治体が設置した第三セクター全般に関しても改革のメスが入ることとなった。財団の財政的自立度、自治体OB再雇用の受け皿という問題点もクローズアップされ、効率化の推進のもと、合併または廃止となった財団もあった。こうして、行政改革の波は、アーツアドミニストレーションの主体である財団の縮小をもたらした。

また、二〇〇四年に導入された指定管理者制度により、指定管理者施設を持つ財団職員の非正規雇用化が進み、短期に職場・業務内容が変わるとともに、専門性のあるスタッフが全国の文化施設を渡り歩くといった人材の流動化が生じてきた。そのため、専門性を担保したはずの外部機関である財団にも、専門性が蓄積されないという状況が生じつつある(5)。

(3) 文化政策の新しい展開

近年、文化政策の領域は子どもたちへの芸術文化体験の提供、次世代アーティストの育成、文化によるソーシャルインクルージョンの推進、創造都市施策の展開、文化的コモンズ形成への貢献など、様々な広がりをみせている(6)。

芸術文化の持つ力が政策にもたらした結果ともいえるが、これに伴い、文化行政において求められる専門性も地域への理解、コミュニティとアートとの関わりなどへ拡大している状況にある。当初、主に施設運営や施設での事業展開のために設立された財団が時代の変化に対応して新しい専門性を獲得できているかという課題がある。人材の流動化が専門性の拡大を補完できているのか、あるいは妨げているのかについては検証が必要である。

(4) 多様化する担い手

公共と私領域は複雑にからみあうようになった。NPM(7)の浸透により、公共事業を官が自ら執行するという姿は急速に縮小しつつある。行政改革の進展によって、アーツアドミニストレーションの主体が縮小し、専門性の外部化の担い手には財団以外の様々な主体が参入できるようになった。

指定管理者制度本格導入から一〇年を超え、この間継続して文化施設運営を担ってきた民間企業には、すでに一定のノウハウが蓄積されている。また、一九九八年の特定非営利活動促進法の施行以来、「新しい公共」という概念の中核を担うＮＰＯ法人は文化領域でも全国で多くの施策の担い手として進出してきた。ＮＰＯ法人は、自らの固有のミッションを持つため、プロジェクトのミッションで共有できる部分において行政と協働することを基本とする。この点が、自治体が設置し、ミッションや予算の大半は自治体から与えられ、事業方針は自治体の政策の枠内で立てられるものであるために自治体の下部組織になりがちな財団との違いである。

担い手が多様化するなか、アーツアドミニストレーターの一員としての財団は、「新しい公共」に対して、「古い公共」と見なされかねない。今後も、文化行政においてこれまでの地位を維持できるのか、外郭団体たる財団の存在意義や地域における役割をめぐる議論は岐路にさしかかっている。

（５）アーツアドミニストレーションの中核を担う自治体職員

ＮＰＭによる行政改革は今後も継続されると見込まれる。市場性の導入による効率性の追求は文化行政においても要請され続けるだろう。文化政策が担うべき公共性とは何なのかについても一層の説明責任を要求される。それでも、市場性だけでは社会が抱える矛盾を解決することはできないことに変わりはないし、自治体の存立基盤たる市民の精神的な土台づくり、あるいは市民の文化権の保障といった文化政策の意義は今後も消えることはないだろう。

アーツアドミニストレーションにおける自治体職員の役割は、一九七〇年代の「行政の文化化」の頃とは異なるものになってきた。自治体職員は、アーツアドミニストレーションに必要な多くの専門性を、外郭団体である財団も含めた多様な担い手の誰にどのように担保していくのが望ましいのか、その地域にとっての最適解を探す過程においてこそ、その専門性を発揮しなければならない。

アーツアドミニストレーションの中核を担う自治体職員には、多様な外部の力を引き出して、コーディネートする力、すなわち「新しい公共」の時代にふさわしい新しい専門性の獲得が求められている。

注

（1）森啓編『市民文化と文化行政』学陽書房、一九八八年、二四四ページ

（2）野田邦弘『文化政策の展開――アーツ・マネジメントと創造都市』学芸出版社、二〇一四年、八三ページ

（3）小林真理「自治体文化行政と行政改革――理念と現実の乖離」、小林真理編『行政改革と文化創造のイニシアティブ――新しい共創の模索』美学出版、二〇一三年、二六ページ

（4）太下義之「アーツカウンシルにおける「アームズ・レングズの原則」に関する考察」『文化政策研究』第八号、二〇一四年

（5）一般財団法人地域創造『災後における地域の公立文化施設の役割に関する調査研究報告書――文化的コモンズの形成に向けて』二〇一四年、五二―五三ページ

（6）吉本光宏「再考、文化政策―拡大する役割と求められるパラダイムシフト――支援・保護される芸術文化からアートを起点としたイノベーションへ」『ニッセイ基礎研所報』第五一巻、二〇〇八年（http://www.nli-research.co.jp/report/detail/id=37889?site=nli）

（7）ＮＰＭ（New Public Management、新公共経営）と指定管理者制度の関係については、片山泰輔「指定管理者制度の今――制度の概要と論点」、中川幾郎／松本茂章編『指定管理者は今どうなっているのか』水曜社、二〇〇七年、一六―二四ページ参照。

編者・執筆者紹介

土屋正臣（つちや　まさおみ）

城西大学現代政策学部准教授

主要著書・論文に『市民参加型調査が文化を変える』（美学出版），『新時代のミュージアム』（共著，ミネルヴァ書房）など

阪本 崇（さかもと　たかし）

京都橘大学現代ビジネス学部教授

主要著書に『シリーズ大学3　大学とコスト』（分担執筆，岩波書店），『文化経済論』（共著，ミネルヴァ書房），『文化政策の経済学』（監訳書，ミネルヴァ書房），『文化政策学の展開』（分担執筆，晃洋書房）など

友岡邦之（ともおか　くにゆき）

高崎経済大学地域政策学教授

主要著書・論文に『地域政策学事典』（共編著，勁草書房），『地域政策と市民参加』（共編著，ぎょうせい），『指定管理者制度』（分担執筆，時事通信出版局），「地域振興団体における領域横断性と「中庸のネットワーク」」（『地域政策研究』第17巻第4号）など

河野俊行（こうの　としゆき）

九州大学理事・副学長

主要著書・論文に『知的財産権と渉外民事訴訟』（編著，弘文堂），『ドイツ民法 上』（共訳書，信山社出版），「知的財産権の国際的執行の現状と課題」（『論究ジュリスト』第11号），「国際裁判管轄における普通裁判籍と特別裁判籍」（『ジュリスト』第1386号）など

佐藤李青（さとう　りせい）

アーツカウンシル東京プログラムオフィサー

主要著書に『アートプロジェクトのつくりかた』（共編著，フィルムアート社），『アートプロジェクト』（分担執筆，水曜社），『これからのアートマネジメント』（分担執筆，フィルムアート社）など

鬼木和浩（おにき　かずひろ）

横浜市役所

主要論文に「自治の文化化」（『文化政策研究』第5号）など

編者・執筆者紹介（編者以外は執筆順）

小林真理（こばやし　まり）［編者］

東京大学大学院人文社会系研究科教授

主要著書に『文化権の確立に向けて：文化振興法の国際比較と日本の現実』（勁草書房），『文化政策学：法・経済・マネジメント』（分担執筆，有斐閣），『指定管理者制度：文化的公共性を支えるのは誰か』（編著，時事通信出版局），『行政改革と文化創造のイニシアティヴ：新しい共創の模索』（編著，美学出版），『文化資本：クリエイティブ・ブリテンの盛衰』（訳書，美学出版）など

武田康孝（たけだ　やすたか）

独立行政法人職員

主要著書・論文に『総力戦と音楽文化』（分担執筆，青弓社），『アーツ・マネジメント概論　三訂版』（共著，水曜社），「昭和20年の音楽放送検討」（『文化資源学』第12号）など

李 知映（イ・ジヨン）

東京大学政策ビジョン研究センター特任研究員

主要著書・論文に『TINY ALIE IN WONDER YEARS［1983.04-2014.03］小劇場タイニイアリスのゆりかごから』（編著，芸術新聞社），「韓国における米軍政期の文化政策」（『文化政策研究』第9号）など

中村美帆（なかむら　みほ）

静岡文化芸術大学文化政策学部准教授

主要論文に「日本国憲法第25条「文化」概念の研究：文化権（cultural right）との関連性」（東京大学大学院人文社会系研究科博士論文），「戦後日本の「文化国家」概念の特徴」（『文化政策研究』第7号）など

山内文登（やまうち　ふみたか）

国立台湾大学文学院教授

主要著書・論文に「文明・文化言説と国民帝国・中華帝国・日本帝国」（『東洋文化研究所紀要』第171号），『Colonial Modernity and East Asian Musics』（共編著，*The World of Music* 特集号 1-2012）など

新藤浩伸（しんどう　ひろのぶ）

東京大学大学院教育学研究科准教授

主要著書に『公会堂と民衆の近代』（東京大学出版会），『触発するミュージアム』（共編著，あいり出版），『地域に根ざす民衆文化の創造』（分担執筆，藤原書店），『成人教育と文化の発展』（監訳書，東洋館出版社）など

菅野幸子（かんの　さちこ）

AIR Lab　アーツ・プランナー／リサーチャー

主要著書・論文に『文化政策のフロンティア1 グローバル化する文化政策』（分担執筆，勁草書房），『行政改革と文化創造のイニシアティヴ』（分担執筆，美学出版），『ダイバーシティと文化政策に関するレポート』（分担執筆，文化庁地域文化創生本部事務局総括・政策研究グループ）など

長嶋由紀子（ながしま　ゆきこ）

東京大学大学院人文社会系研究科研究員

主要著書・論文に『フランス都市文化政策の展開：市民と地域の文化による発展』（美学出版），「国内の文化多様性に向き合うフランス文化政策の議論と実践：「差異への権利」を中心に」（『文化政策研究』第11号）など

文化政策の現在1
文化政策の思想

2018年 2月20日 初 版
2020年 11月 5日 第2刷

[検印廃止]

編 者 小林真理

発行所 一般財団法人 東京大学出版会

代表者 吉見俊哉

153-0041 東京都目黒区駒場 4-5-29
http://www.utp.or.jp/
電話 03-6407-1069 Fax 03-6407-1991
振替 00160-6-59964

装 幀 水戸部功
組 版 有限会社プログレス
印刷所 株式会社ヒライ
製本所 牧製本印刷株式会社

ISBN 978-4-13-003495-1 Printed in Japan

多様なセクターによって実践されている文化政策について
学術的に基礎づけ，その可能性を総合的に展望するシリーズ

文化政策の現在 ［全3巻］

シリーズ編者　小林真理

A5判上製／平均300頁

第1巻　定価（本体価格4200円＋税）

第2巻　定価（本体価格3800円＋税）

第3巻　定価（本体価格4000円＋税）

第1巻　文化政策の思想

第Ⅰ部　国家との相克　第Ⅱ部　権利概念の創出

第Ⅲ部　制度規範と文化

第2巻　拡張する文化政策

第Ⅰ部　領域　第Ⅱ部　政策概念

第Ⅲ部　担い手の多様化

第3巻　文化政策の展望

第Ⅰ部　価値の転換　第Ⅱ部　実践の深化

第Ⅲ部　文化政策の再定義